버킷리스트 24

이 책을 소중한

_______________님에게 선물합니다.

_______________________ 드림

• 운명을 바꾸는 종이 위의 기적 •

버킷리스트 24

기획 | **김도사 · 권마담**

맹경숙 김여진 손수현 권연희 유은주
박수경 박 경 최현희 김희정 최경선
한예진 대니 리 김시현 이선영

위닝북스

PROLOGUE

버킷리스트는 성공을 향한 첫 발걸음이다!

어린 시절에는 누구나 꿈이 있다. 꿈은 바뀌고 바뀌기를 반복하며 우리는 그렇게 성장해왔다. 품었던 꿈과 다르게 현실은 어른으로서의 무게감과 책임감만이 남았다. "당신의 꿈은 무엇입니까?"라는 물음에 자신있게 대답하는 사람은 몇 명이나 될까? 누구나 꿈이 있었지만 이제는 꿈 이야기를 하지 않는다. 그 많던 꿈들은 다 어디로 갔을까….

이 책의 주인공들도 '한국책쓰기1인창업코칭협회'에 오기 전에는 버킷리스트 다섯 가지를 적어보라고 했을 때 단숨에 적어 내려가지 못했을 것이다. 버킷리스트가 뭔지는 알지만 내가 뭘 하고 싶은지 적어 보는 사람은 흔하지가 않다. 적는다는 것에 의미를 두지 않기 때문이다. 나 또한 이곳에 와서 버킷리스트를 적어 보면서 나의 꿈이 무엇이었는지 생각이 났고 그 꿈을 이룰 수도 있겠다는 의지가 생겼다.

목표가 없고 꿈이 없으면 삶이 지루하다. 오늘도 어제와 같고 내일도 오늘과 같다. 목표를 가지고 그 목표를 이루기 위해 살아간다면 삶이 지루할 틈이 없다. 이곳에 모인 우리 작가들은 꿈을 찾고 새로운 목표를 향해 나아갈 것을 약속했다.

세상을 바라볼 때 어떤 시각으로 바라보느냐는 나의 마음에 달려 있다. 부정적인 생각을 하면 안 좋은 일만 일어나고 감사한 마음을 가지면 좋은 일만 생긴다고 한다. 한책협에 와서 사람들의 마음가짐이 많이 달라졌을 것이다. 어떠한 부정적인 생각도 허락하지 않는 곳이다. 그래서 성공하는 사람들이 나오는 것은 당연한 것인지도 모른다.

"종이 위의 기적, 쓰면 이루어진다."라는 말과 같이 우리는 소원을 종이 위에 적었다. 우리는 작가가 되었고 성공을 위한 발걸음을 떼었다. 이제부터 시작이다. 결국, 우리 모두의 소원은 이루어질 것이다.

2020년 9월

맹경숙

CONTENTS

PART 07 경단녀, 싱글맘, 이혼녀들에게 용기를 주는 동기부여가 되기

박 경

PART 08 사람들이 백만장자가 되도록 도와주는 메신저의 삶 살기

최현희

PART 09 해외에 저작권 수출하고 퍼스널 브랜딩에 성공해 TV, 라디오 출연하기

김희정

PART 10 인간 본연의 감정으로 회복시키는 감정 베스트셀러 작가 되기

최경선

PART 11 힘겨운 삶에 위로가 되어 주는 그림을 그리는 작가 되기

한예진

PART 12 미국에 보험 에이전시 만들고 성공한 작가로서 한국 방송 출연하기

대니 리

PART 13 마음이 상한 사람들을 치유하며 기쁘게 하는 아름다운 인생 살기

김시현

PART 14 비범한 100억대 부자로서 간호사들의 빛 되기

이선영

PART 01

베스트셀러 쓰고 경제적 자유 누리는 건물주 되기

· 맹경숙 ·

맹경숙

어린이집 원장, 사회복지사, 학부모상담가, 자기계발 작가

8년 동안 어린이집 교사로 근무하였고 지금은 원장으로 있다. 아동학대에 시달리는 수많은 아이들을 보며 다시는 우리의 소중한 아이들이 학대받는 일이 없기를 바라는 마음으로 학부모 상담과 자기계발 작가로 활동 중이다. 저서로는 《굿바이, 아동학대》가 있다.

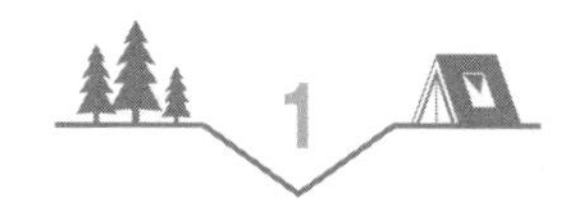

베스트셀러 작가 되어 라디오, TV 출연하기

나는 왜 작가가 되고 싶은가?

사실, 원래 나의 꿈은 작가가 아니었다. 나는 단 한 번도 책을 써야겠다는 생각을 해 본 적이 없었다. 사람들이 나에게 꿈이 뭐냐고 물으면 대부분의 사람들처럼 돈 많이 벌어서 지금보다 조금 더 넓은 집으로 이사를 가고 싶다, 더 좋은 차를 갖고 싶다, 나이 들어서 일을 쉬고 여행을 다니고 싶다, 그리고 노후에 편안히 살고 싶다거나 건강, 인간관계 정도를 얘기했다.

나 또한 나이가 들어가면서 '꿈'이라는 단어를 잊고 살았다. 지금 내가 처한 환경, 빚, 직장에서 벗어나 여유로운 삶을 누리는 것이 목표였다. 그래서 매일 어떻게 하면 수입을 좀 더 늘릴 수 있을까 고민했다. 그러던 중 성공한 사람들의 유튜브를 접하면서 '한국책쓰기1인창업코칭협회(이하 한책협)'를 알게 되었다.

거기에서는 책을 쓰면 나를 알릴 수 있고 강연 요청, 라디오 등에서 섭외 요청이 들어온다고 했다. 그 말에 나도 책을 쓰고 그 책이 베스트셀러가 된다면 라디오, TV에 출연할 수 있겠구나. 그렇게 되면 자연히 내 책이 홍보가 되고 수입이 발생할 수 있겠구나, 하는 생각이 들었다. 그래서 책을 쓰기로 결심하게 되었다. 그러면 중·고등학교 때 나의 또 다른 꿈이었던 강연가가 될 수도 있지 않을까. 책 쓰기는 그야말로 나의 꿈을 일깨우는 계기가 되었다.

나는 주로 소설책을 많이 읽었었다. 자기계발서나 에세이는 지루하고 재미없을 것 같았다. 그래서 추리소설이나 의학소설 같은 흥미진진한 책들을 읽곤 했다. 흥분해서 주변 사람들에게 소개도 해 주면서. 특히 내가 좋아했던 작가는 《개미》의 저자 베르나르 베르베르, 《돌연변이》의 저자 로빈 쿡이다. 지금도 잊을 수 없는 작가들이다.

나는 이 작가들의 작품을 모두 읽고 싶었다. 새로 나오는 그들의 작품을 거의 다 읽은 듯싶다. 책을 읽으면서, 혹은 다 읽고 나서는 '어쩌면 이렇게 재미있게 책을 쓸 수가 있을까. 역시 법학을 전공하고 의대를 나온 사람들이라 머리가 좋구나'라고 생각했다. 그런데 내가 책을 쓴다고 생각하니 웃음도 살짝 나오고 베스트셀러가 될 만한 글을 쓸 수 있을까 싶기도 하고 여러 감정이 얽히고설킨다.

내가 베스트셀러 작가가 되기 위해서 이제 쓰고자 하는 주제는 아동학대에 관한 것이다. 나의 실제 10년간의 어린이집 생활을 통해 경험한, 재미있고 감동적이고 슬프고 화가 났던 사례들을 거침없이 풀어낼 것이다. 그래서 읽는 사람들로 하여금 간접경험을 하게 하고 몰랐던 사실들을 알게 할 것이다. 그럼으로써 우리 아이들의 평생을 좌우하는 영·유아기에 좋은 잠재의식을 심어 줄 것이다. 그렇게 다 함께 노력하는 계기가 될 수 있도록 최선을 다할 것이다.

이제 나는 작가가 되기로 결심했고 그 결심을 실행으로 옮기면서 꿈과 목표가 선명해졌다.

버킷리스트를 이루기 위해서는 내 책이 베스트셀러가 되고 라디오, TV에 출연해야 한다. 그러면서 내가 원하는 수입을 벌어들여야 한다. 또한 강연가가 되려는 꿈도 이루어야 한다.

모두가 평등했었던 그때. 똑같이 교복을 입고 같은 책상에 앉아 같은 시간을 보냈던 학창시절. 나는 공부도 잘하고 노래도 잘하고 붓으로 사군자를 그릴 줄 알뿐더러 기타도 칠 줄 알아 친구들의 부러움의 대상이기도 했었다.

나는 욕심이 많은 편이라 내가 하고 싶은 건 용돈을 모아서 학원에 다니며 배웠다. 그래서인지 늘 자신감이 있었다. 수업시간에 앞에 나가서 발표를 한다든지 어떤 주제로 얘기를 하면 친구들은 선생님의 수업보다 내 이야기에 더 귀를 기울였다. 그리고 나에게 압도당하는 듯한 모습을 보였다. 때문에 나에게는 강연가가 되고 싶은 꿈이 있었다. 잘할 자신이 있었다.

하지만 돈이 없으니 대학도 못 가고 늘 직장에 매여 있었다. 그러다 여느 사람들과 마찬가지로 때가 되니 결혼하고 애를 낳아 키우게 되었다. 그러면서 직장생활을 하면서 자신감 넘치던 나는 어디로 갔는지 없어졌다. 이제는 사람들 앞에 서기만 해도 떨리고 자기소개도 자신감 있게 못하는 사람이 되어 있었다.

하지만 한책협을 만난 이후 내 책이 베스트셀러가 될 것이라는 희망과 자신감이 생겨났다. 그리고 나의 꿈을 이룰 수 있다는 확신마저 든다.

상상하면 이루어지는 만큼 요즘은 내가 작가가 되어 라디오, TV에 출연하는 상상을 자주 하게 된다. 그래서 살을 빼야겠다고 다짐했다. TV 화면에는 평균적인 몸매를 가진 사람도 뚱뚱하게 비춰지기 때문에 나는 꼭 살을 빼야 한다.

우리는 아이돌이나 예쁜 연예인들을 실제로 보면 너무 말라서 깜짝 놀라곤 한다. 그 정도는 되어야 날씬하게 보이는 게 TV이기 때문이다. 나 같은 몸매는 아마 뚱보 같아 보일 것 같다.

그전에 앞서 우선은 내 책을 알릴 수 있는 마케팅을 해야 하는데 나는 그 방법을 잘 모르겠다. 때문에 이번 주에 진행되는 출판 마케팅 과정도 수강하고 책을 알릴 방법들을 모색해 봐야 할 것 같다.

내가 베스트셀러 작가가 되어 원하는 대로 라디오와 TV에 출연한다? 상상만 해도 가슴이 뛰고 설레는 일이 아닐 수 없다. 나는 현재 기부라고 하기에도 부끄러울 만큼이지만 매달 3만 원을 굿네이버스에 기부하고 있다. 굿네이버스를 통해 나의 둘째 딸과 동갑내기인 몽골의 열 살 소녀와 인연을 맺었다.

최고 빈곤층을 선정해서 선택된 친구인데 3만 원으로 쌀, 고기, 옷 등을 살 수 있다고 했다. 그리고 굿네이버스에서는 1년에 한 번 생일이나 명절에 맞춰 선물금을 보내 줄 수 있도록 한다. 3만 원, 5만 원 둘 중에서만 선택 가능한 일이다. 내가 작년에 5만 원을 소녀의 생일에 맞춰 보내 주었더니 그곳 지사에서 아이가 원하는 옷을 직접 고르고 입곤 활짝 웃는 모습을 찍은 사진을 보내 주었다. 그때의 감동을 나는 지금도 잊을 수가 없어 가끔 사진을 들여다보곤 한다.

지금 나에게는 3만 원도 큰돈이 되었지만 후원을 끊을 수는 없다. 그 아이가 18세가 될 때까지 후원 가능한데 그때까지는 계속할 생각이다. 내 수입이 늘어나면 이와 같은 인연들을 더 많이 만들어 갈 것이다.

나로 인해 누군가의 생활이 조금 더 나아지고 행복해진다는 건 해보지 않은 사람은 모르는 기쁨이다. 선물은 받는 것보다 주는 기쁨이 더 크듯이 말이다.

지금은 작가가 되려는 게 꿈을 이루고 수입을 올리려는 목표 때문이지만 책이 나온다면 나는 또 다른 책을 쓰지 않을까 싶다. 나의 책이 사람들에게 감동을 주고 내 삶이 변화하는 걸 느끼게 되면 진정 책의 힘을 알게 될 것이기 때문이다.

내가 다시 꿈꾸고 목표들을 향해 나아갈 수 있도록 기회를 주고 동기부여해 주고 계신 한책협의 모든 분들께 깊은 감사를 전하고 싶다.

1,000만 원에서 시작해 월 5,000만 원 수입 올리기

나는 3남 2녀 중 막내로 태어났다. 위로 오빠가 셋, 그리고 언니와 내가 있다. 언니의 바로 밑에 오빠가 한 명 더 있었다고 한다. 그 오빠가 다섯 살 때 사고로 죽었다고 한다. 그 충격에 엄마가 무척 힘들어하시다 나를 낳게 되셨다고 한다. 그래서 언니와 나는 11년의 차이가 난다. 초등학교 1학년 때 아빠가 돌아가셔서 나에겐 아빠에 대한 기억이 없다. 다섯 살쯤에 찍은 가족사진이 아빠와 함께 찍은 유일한 사진이다. 아빠가 돌아가시던 날의 아침만 생생하게 기억날 뿐이다.

나는 우리 집이 잘사는지 못사는지 어릴 때는 잘 몰랐다. 산골동네였고 친구들도 다들 비슷하게 살았던 것 같다. 그런데 언니, 오빠들의 얘기를 들어 보면 우리 집이 잘살지는 못했었던 것 같다. 의사인 아빠는 밤이든 낮이든 이 동네 저 동네 진료를 봐 주러 다니셨다. 하지만 돈도 안 받고 무료진료를 많이 해 주셨다고 한다. 그게 엄마의 불만이었을 뿐더러 우리 집이 가난했던 이유다.

우리 집 다락방에는 유리 주사기와 앰플들, 그리고 이상한 의료기구들이 있었다. 나는 그것들을 가지고 놀기도 했었다. 한번은 이마가 찢어진 내 친구를 집에서 아빠가 꿰매 주었던 기억이 난다. 그래서였을까. 나는 간호사를 꿈꾸었다. 하지만 엄마는 혼자 국밥집을 운영하면서 나를 대학에 보내는 것은 힘들다고 하셨다. 그래서 나는 고등학교 3학년 2학기 실습 기간 때 서울로 가서 간호학원을 다니게 되었다.

간호학원을 마치고 자격증을 따면 간호대학에 갈 수 있다고 학원생 모집 팸플릿에 적혀 있었다. 때문에 자격증 취득 후 야간 간호대학에 입학할 희망으로 낮에는 학원에서 알선해 준 치과에 다니고 밤에는 학원을 다니며 자격증을 취득했다. 하지만 간호대학에서는 간호조무사 자격증은 아무런 특혜도 없다고 했다. 수능을 봐야 대학에 갈 수 있다고 했다. 그래서 나는 그 후 약 10년 동안 병의원에서 근무하며 청춘을 보냈다.

《미친 꿈에 도전하라》의 저자 권동희 작가는 '청춘, 현재의 기쁨을 내일로 미뤄라'라는 주제에서 "청춘들은 귀가 따갑도록 치열하게 살아야 한다고 충고해도 귀담아듣지 않는다.", "젊을 때 놀지 언제 노냐.", "청춘은 즐기라고 있는 것 아니냐."라고 한다며 "젊을 때 치열하게 살지 않고 방탕하게 살면 반드시 그 대가를 치르게 마련이다.", "성공한 사람들은 젊어서나 나이가 들어서나 항상 뜨겁게 산다."라고 말했다.

나는 청춘을 어떻게 보냈는가? 지금 되돌아보면 열심히 살았다고 할 수 있을까? 일하는 시간을 제외하곤 술과 친구들과 노는 데 집중했으니까. 나는 다들 그렇게 사는 줄 알았다. 내 주변의 평균적인 삶이 그랬으니까.

그렇게 세월은 흘렀고 나도 여느 사람들처럼 결혼도 하고 아이도 낳고 행복한 날, 덜 행복한 날들을 보내면서 지금에까지 이르렀다.

남편의 직장이 문을 닫은 후 언니에게 빌린 돈과 은행에서 대출을 받은 돈으로 남편은 PC방을 운영하게 되었다. 그럭저럭 생활은 나아져서 우리는 빌라에서 아파트로 담보대출을 끼고 이사를 갔다. 그리고 나는 보육교사에게서 작은 가정 어린이집을 인수해 원장이 되었다.

몇 년 동안 별문제 없었던 PC방은 점점 매출이 줄어들고 매달 마이너스가 되었다. 그러던 와중에 PC방은 코로나의 직격탄을 맞았다. 그런데다 어린이집은 원아 모집이 되지 않았다. 결국 매달 고정적으로 지출되는 금액을 마련하기 위해 또 대출을 알아보는 상황이 되었다.

월수입 1,000만 원은 되어야 지금의 상황이 해결될 것 같았다. 조금 안정적인 삶을 살 수 있을 것 같았다. 그렇게 수입을 늘릴 방법을 찾아보던 중 책 쓰기계의 구루이신 100억 부자 김도사님을 알게 되었다. 그리고 지금 나는 이렇게 작가가 되는 문에 한 걸음 다가서고 있다.

생각해 보면 나는 지금까지 여유롭게 살아 본 적이 없다. 늘 아껴야 했다. 다른 사람이 안 입는 옷도 맞기만 하면 얻어 입었다. 먹고 싶은 것도 참아 가며 살았다. 하지만 생활이 딱히 나아지지는 않았다.

시간적 경제적 자유와 여유 있는 삶은 누구나 꿈꾸는 삶이 아닐까? 그러려면 월수입이 1,000만 원은 되어야 하지 않을까?

월수입 1,000만 원. 대기업 임원이라면 가능할지도 모르겠다. 하지만 대부분의 직장인의 수입은 평균 300만~500만 원이라고 한다. 그래서 목표하는 만큼의 수입을 올리기 위해 내가 선택한 것은 베스트셀러 작가다. 그리고 2,000만, 3,000만, 5,000만 원까지 수입을 창출할 수 있는 방법들을 찾아야 할 것이다.

수입이 1,000만 원이 되는 상상만으로도 행복하다. 목표가 달성되면 우선 어린이집을 그만두고 책 쓰기에 집중할 것이다. 라디오와 TV에 출연하는가 하면 강연도 다니면서 강연가의 꿈을 이룰 것이다. 그렇게 나는 많은 사람들에게 꿈을 포기하지 않도록 조언해 주는 동기부여가가 될 것이다.

또한 월드비전, 굿네이버스 등에 기부하며 나로 인해 다른 사람들의 삶이 나아질 수 있도록 노력할 것이다.

젊은 사람들이 외제차를 타면 부모 잘 만난 덕이고 자수성가해서 부자가 된 사람들은 운이 좋아서라고 치부하는 세상이나. 나 또한 그렇게 생각했었다. 수없이 실패하고 좌절하고 피나는 노력을 하면서도 결코 포기하지 않았던 그들의 목표와 꿈에 대해서는 궁금해하지도, 들으려고도 하지 않았다.

한책협을 만난 지금 나는 그동안 관심도 없었고 나와는 아무런 상관이 없다고 생각했었던 수많은 성공한 사람들의 이야기를 매일 읽고 듣는다.

김도사님은 유튜브에서 내 주변에 부자가 없으면 다들 평범하게 사는 줄 안다며 부자가 되고 싶으면 부자 옆으로 가야 하고 성공하고 싶으면 성공한 사람 옆에 가야 된다고 하셨다. 유튜브 속의 김도사님 말씀을 듣고 나는 평범한 내가 부자를 어떻게 만날 수 있을까 했다. 그런데 마침 책쓰기 1일 특강이 있다고 해서 100억 부자를 한번 만나나 보자 싶어서 달려갔다. 그것이 계기가 되어 이제는 나도 부자의 길, 성공의 길로 가는 첫 걸음을 떼었다.

나는 매주 월수입 1,000만 원을 이루려고 부자와 성공한 사람들이 모여 있는 한책협으로 간다.

남편 PC방 200대 규모로 늘리기

현재 남편은 70대 규모의 PC방을 운영하고 있다. 2014년 7월에 인수해서 지금까지 운영해 오고 있다. 처음부터 오래된 건물에 들어간 데다 세월이 흐르다 보니 인테리어와 건물이 낡아서 새로 개비해야 할 상태가 되었다. 그래서 집을 담보로 대출을 추가로 받아 책상, 의자를 바꾸고 사양이 많이 떨어지는 컴퓨터도 업그레이드했다. 그러나 건물이 낡아 빛이 나지 않는다. 그리고 PC가 200대 정도는 되어야 어느 정도 여유 있게 수입이 창출된다고 한다.

지금은 코로나로 인해 어디로 옮겨도 장사가 되지 않을 것이다. 코로나가 진정되고 매출이 좀 좋아질 때까지는 이곳에 있어야 할 것 같다. 그렇게 유지하다가 옮겨야 하는데 현재로서는 매출이 오른다고 해도 더 넓은 규모로 이사하기가 어려울 듯하다.

PC방을 운영 중인 사장들 모임에서 200대 규모로 PC를 들여놓고 인테리어까지 고급지게 해 놓은 곳을 보다 보면 그런 마음이 든다. 남편도 말은 안 해도 부러운가 보다.

왜 그렇지 않겠는가. 내가 직접 가서 봐도 우리 매장과는 비교할 수 없을 만큼 세련되고 좋아 보이는데 남편은 얼마나 더 부러울까. 생각하면 마음이 아프다.

우리가 커피숍에 가서 4,500원 하는 커피 한 잔을 마시면서 몇 시간 동안 있을 때 눈치를 주는지 생각해 보자. 작년 여름에는 더위를 피해 사람들은 커피숍, 영화관, 대형마트, 금융기관 등으로 몰렸다. 그래서 커피숍에서는 2시간 이상 있을 수 없다는 방침을 만들기도 했다. 그런데 PC방은 한 시간에 1,000원, 규모가 크면 500원까지도 금액이 내려간다. 이 얘기를 지인에게 해 주었더니 자기도 PC방으로 피서 가야겠다고 말했다.

PC방은 컴퓨터 대수와 손님이 머무는 시간이 돈이다. 규모가 클수록 이용료가 저렴해도 매출은 더 높다. 사람들은 더 싸고 더 좋은 곳으로 가게 마련이다. 그래서 대학가 PC방들은 잘되는 대신 경쟁이 치열해서 수시로 인테리어를 바꾸고 업데이트를 해야 한다고 한다. 그러다 보니 매출이 잘 나와도 무조건 좋지만은 않다고 한다.

적당한 위치에 적당한 규모를 찾기란 쉽지 않지만 옮길 수만 있다면 옮겨야 한다. 나는 내 수입이 1,000만 원이 된다면 우리 매장부터 옮길 것이다. 현재 수입을 더 늘릴 수 있는 방법은 내가 쓰는 책이 베스트셀러가 되는 것이다. 방송매체에 출현해 내 책을 더 널리 알리고 나아가서는

1인 창업을 해야 한다.

PC방을 이용하지 않는 사람들은 PC방을 유흥업소와 비슷하게 생각하거나 성인물을 볼 수 있는 곳이라 착각하는 사람들이 있다. 하지만 PC방에서는 술, 담배를 일절 팔 수 없다. 담배는 반드시 흡연실에서만 피울 수 있다. 또한 성인물은 절대 볼 수 없도록 금지되어 있다. 우리 PC방에서는 영화와 TV를 무료로 볼 수 있는 서비스를 제공한다. 가끔 구석 자리에서 시청하는 사람들이 있는데 카운터에선 어떤 자리에서 뭘 하는지 다 알 수 있기 때문에 제지를 당한다.

예전에는 PC방이 어두침침하다며 이미지가 좋지 않았었다면 요즘은 카페 못지않게 예쁘고 화려하고 밝고 편한 분위기다. 유흥주점도 갈 수 없고 마땅히 갈 곳도 없는 학생들의 놀이터가 되어 주는 곳이기도 하다. 하지만 청소년은 밤 10시 이후에는 이용할 수가 없다.

우리 어린이집 선생님은 아들과 아빠와 함께 한 번씩 PC방에 게임하러 간다고 하시며 아주 좋다고 말씀하셨다. PC방에 대해 좋지 않은 이미지를 가지고 계시다면 아들과 함께 가 볼 것을 권한다. 라면, 만두, 과자, 음료수, 커피, 햄버거, 핫도그, 떡볶이 등등 먹거리도 다양하다.

내가 남편의 PC방을 옮겨 준다는 건 내 수입이 그만큼 늘었다는 의미이기도 하다. 또한 더 좋은 환경에서 매출도 더 올라가는 계기가 된다. 때문에 나도, 남편도 꼭 그리 되기를 바란다.

내가 원하는 만큼 수입이 늘어서 남편의 매장을 옮겨 줄 수 있다면 그 기분을 어찌 말로 다 표현할 수 있겠는가. 자신의 일에 더 자신감이 생기고 열심히 일할 남편의 모습이 그려진다.

PC방을 어렵게 인수한 남편은 처음에 직원 한 명과 함께 인테리어를 거의 다 손수 했었다. 그렇게 새벽까지 일하고 아침에 또 출근했다. 그런 생활을 한 달 정도 하고 나자 손님이 서서히 늘어났다. 그리고 얼마 되지 않아 매출이 올라가기 시작했다. 그러자 우리의 생활에도 조금 여유가 생겼다. 하지만 지금은 너무 힘들게 한 달 한 달을 보내고 있다. 얼른 코로나가 종식되고 다시 1년쯤 전의 수입만큼으로 돌아갔으면 좋겠다.

이제 나는 한책협에 와 나의 꿈을 다시 꺼내었다. 그리고 내 꿈을 이룰 수 있다는 확신을 가지고 열심히 해 보려 한다. 김도사님을 믿고 이끌어 주시는 대로 따라가다 보면 목적지에 도착할 것이다. 뿐만 아니라 가속이 붙어 성공의 길로 갈 것이라고 확신하며 오늘도 그날을 상상한다.

상상하면 현실이 되니까.

남편이 원하는 차(지프)로 바꿔 주기

갖고 싶은 것을 말해 보라고 하면 여자들은 흔히 옷, 가방, 신발, 더 크게는 집에 관심을 보인다. 반면에 남자들은 자동차, 낚싯대, 프라모델처럼 취미생활과 관련된 것에 관심을 많이 갖는다. 그중 남자들한테 최고는 단연코 자동차일 것이다.

여자들이 차에 관심이 없는 건 좋은 차를 타고 직접 운전해 보지 않았기 때문이라고 생각한다. 여성 운전자들이 많아졌지만 좋은 차보다는 아담하고 예쁜 차, 가볍게 타고 다니기 좋은 차를 주로 선택한다.

집에 차가 두 대라면 남편은 큰 차, 아내는 소형차를 타는 것이 보통이다. 좋은 차가 있더라도 여성들은 큰 차를 부담스러워하며 잘 타지 않으려고 한다. 이와 반대로 남자들은 큰 차, 좋은 차를 선호한다. 좋은 차라고 하면 비싼 차를 말할 것이다. 어떠한 물건도 싸면서 좋을 수는 없다.

자동차의 금액이 올라갈수록 옵션이 많아지고 기능이 좋아진다.

좋은 차를 타 본 사람은 알 것이다. 왜 비싸고 좋은 차를 타고 싶어 하는지.

내가 면허를 따고 본격적으로 운전을 한 지 10년이 조금 넘었다. 그때만 해도 여성 운전자도, 자동차도 지금처럼 많지는 않았다. 하지만 관련 수치는 매년 더 증가하고 있다. 이제는 1인 1대의 자동차를 가진 시대가 되었다. 그에 따라 차 종류도 많아졌다. 길에서도 다양한 차들을 볼 수 있다.

내가 처음 탔던 차는 아반떼급 차였다. 그다음엔 산타모, 뉴카렌스를 거쳐 지금은 그랜저를 탄다. 그랜저를 사게 되면서 우리 집에도 차가 두 대가 되었다. 남편은 아직 뉴카렌스를 몬다.

보통의 집들과 달리 우리 집은 내가 크고 좋은 차를 타고 남편이 더 작고 낡은 차를 타고 다닌다. 어린이집을 인수하기 전에 남편이 어느 날 차를 한 대 더 사야 될 것 같다고 했다. 차가 한 대다 보니 내가 불편해서 안 되겠다고 했다. 나는 무슨 소리냐, 우리에게 무슨 차가 두 대나 필요하냐며 펄쩍 뛰었다. 나는 전혀 불편하지 않다고 하면서. 그러나 남편은 중고차로 살 테니 너무 걱정하지 말라고 했다. 그렇게 아는 지인한테 중고차를 알아본 남편은 그랜저HG를 사 왔다. 지금은 내가 그 차를 타고 출퇴근한다.

처음 시승하던 날, 하얀색의 크고 멋진 차가 서 있는데 참 예쁘고 고급스러워 보였다. 중고차였지만 전 차주가 얼마 타지 않아서인지 새것처럼 깨끗했다. 남편이 나를 운전석에 앉히더니 "당신한테 꼭 좋은 차 타게 해 주고 싶었어. 중고차라서 미안해. 먼저 이거 타다가 좀 여유가 생기면 더 좋은 차로 바꿔 줄게. 자, 한번 출발해 봐."라며 새로운 차의 기능에 대해 이것저것 설명해 주었다. 3년이 지났지만 그때를 생각하면 지금도 울컥한다. 한없이 고맙고 '내가 남편 하나는 참 잘 만났구나' 싶다.

지금은 좋은 차가 많아졌지만 그랜저가 "꿈의 그랜저"라고 불리던 시절이 있었다. 그만큼 고급 차였었다. 그 명성답게 지금도 차를 타 보면 속도가 잘 나오고 편안하다.

나도 소형차를 타고 다닐 때는 큰 차는 뭐가 좋은지 비싼 차는 뭐가 다른지 몰랐었다. 지금은 내가 몰던 카렌스만 타 봐도 이 차를 좋아라하고 탔었나 싶을 만큼 불편하다. 가끔 친구가 모는 모닝을 타 보면 장난감 차 같기도 하다. 그런데도 남편은 나에게 좋은 차를 주고 본인은 낡아서 장거리를 뛰기도 힘든 카렌스를 타고 다닌다.

자동차에 대해서 잘 모르는 나도 '그랜저가 이 정도로 좋으면 더 비싼 고급차나 외제차는 얼마나 좋을까' 싶어서 타 보고 싶은 욕심이 난다. 하물며 남편은 어떻겠는가.

한번은 내가 이렇게 물어보았다.

"당신은 어떤 차가 갖고 싶어?"

"나는 지프차가 갖고 싶어. 새 차보다는 중고차를 사서 마음에 들게 튜닝해서 타고 다니고 싶어."

"사진 있어? 사진 한번 보여 줘봐."

그랬더니 남편은 사진과 동영상까지 보내 주고선 "이건데 어때? 예쁘지 않아? 이 차에 당신 태우고 달리면 너무 좋을 것 같아."라며 신나했다. 금액을 물어봤더니 새 차는 1억 정도 하는데 어차피 튜닝할 거니까 중고차를 선택하면 5,000만~6,000만 원이면 된다고 했다.

내가 월 1,000만 원을 벌게 된다면 제일 먼저 PC방을 옮기고 두 번째로 남편에게 남편이 갖고 싶어 하는 지프차를 사 줄 것이다. 남편한테도 말해 두었다. 당신 차는 내가 사 준다고. 꼭 사 줄 테니 기다리라고. 혼자 속으로만 생각할 수도 있다. 하지만 말로 표현할 때 힘이 더 커지고 말로 내뱉었기 때문에 더더욱 약속을 지켜야 할 의무감도 생길 것 같았다.

남편은 카렌스가 정이 들고 편해서 좋다며 안 바꿔도 된다고 한다. 하지만 그건 진심이 아니다. 그렇게 말하는 이유를 내가 왜 모르겠는가.

"골이 깊어야 산이 더 높다.", "지금의 삶이 힘들고 오르막이 긴 만큼 반드시 꼭대기는 있고 내리막도 길다."라고 《미친 꿈에 도전하라》의 권동희 저자는 말하고 있다.

나는 예전에는 자기계발서를 전혀 읽지 않고 소설책만 읽었었다. 지금에 와서는 그것이 후회된다. 앞서 성공한 사람들이 이렇게 멋진 말들로 자신들의 경험을 얘기해 주는데 왜 나는 그걸 몰랐을까. 읽어 보지도 않았으면서 지루하고 재미없을 것이라고 단정했던 우둔함. 그렇게 흘러가 버린 청춘. 시련을 겪어 봐야 성공할 수 있다는 말이 유난히 더 와 닿는 요즘이다.

《미친 꿈에 도전하라》라는 책은 읽는 내내 한숨이 나오도록 가슴을 건드렸다. 구절구절이 명언에 뼈아픈 가르침이었다.

수많은 성공자들은 "부정적인 생각을 버려라, 긍정적으로 생각해라."라고 말한다. 그래서 부정적인 나도 긍정적으로 바뀌려고 노력했다. 그러다 보니 세상에는 감사할 일도 많고 고마운 일도 많다는 걸 깨닫게 되었다. 요즘 나는 우리 집에 배달 오시는 분들에게 음료를 하나씩 드린다. 작은 것이지만 그분들이 크게 감동받으시는 걸 보면 마음이 참 따뜻해진다. 앞으로도 긍정적으로 생각하도록 노력할 것이다.

"사랑하는 남편! 차 사러 가는 날, 대중교통 타고 가서 그토록 갖고 싶었던 지프차 몰고 꼬불꼬불 산길 따라 드라이브하며 오자고 했지? 머지않아 우리 둘이 손잡고 멋지게 지프차 타고 오게 될 거야. 시작하면 반은 성공한 거래. 그리고 상상하면 이루어진대. 나는 매일매일 그날을 상상하며 열심히 일하고 있어.

지금 많이 힘들고 지쳐 있을 테지. 그런데도 가족들한테 표현도 안 하고 혼자 삭이고 있다는 거 알고 있어. 우리 이 시기를 잘 넘겨보자. 앞으로 분명히 더 나아질 거고 더 잘살게 될 테니까."

5층 상가 건물주 되기

8년 전까지만 해도 우리는 24평 아파트에서 살았었다. 보증금 1,500만 원에 월세 15만 원이었다. 복도식 구조여서 24평이지만 20평 정도 되는 크기였다. 아파트에서 살아 본 적이 없던 나는 그곳이 무척 좋았다. 문 하나만 닫고 들어가면 바깥세상과 차단되고 신경 쓸 일도 없었기 때문이다.

그런데 살다 보니 월세 부담이 컸다. 게다가 2년 계약이 끝나면 집주인은 월세를 30만 원으로 올린다고 했다. 보통 월세든, 전세든 2년 계약을 하고 그 기간이 지나면 올려 받는다. 물가도 올라가고 땅값도 올라가기 때문일 것이다.

우리가 드라이브 삼아서 자주 가던 곳이 있다. '보문산'이라는 곳인데 크게 높지 않은 정상에 정각이 있고 거기까지 차가 들어간다. 그곳에서 내려다보면 대전 시내의 일부분이 보인다. 그날도 저녁을 먹고 느지막이 남편과 보문산에 드라이브를 갔다. 정상에서 내려다보니 수없이 많은 집들과 차들이 불빛을 뿜어내며 아름다운 스카이라인을 연출하고 있었다. 그 풍경에 젖어 한참을 바라보다가 내가 말했다.

"참 집들도 많다. 저렇게 많은 집들 중에 내 집 한 채가 없네. 우리는 언제쯤 집 한 채 살 수 있으려나."

"…."

그냥 무심코 한 말에 남편은 많은 생각을 했었나 보다. 대출을 끼고 언니한테 도움을 받아서 처음으로 31평짜리 빌라를 산 후 보문산을 다시 찾아갔던 날 남편이 말했다.

"당신이 그때 했었던 말 기억나?"

"어떤 말?"

"이 많은 집들 중에 내 집 하나 없다고 했던 말."

"응. 생각나."

"내가 그때 얼마나 마음이 아팠는지 알아? 가슴에 뭔가 콱 박힌 듯하고 멍해지더라."

"아… 그랬었어? 나는 별 생각 없이 한 말인데."

우리는 결국 빌라를 사게 되었고 그 집에서 행복하게 지내고 있었다. 그리고 남편 PC방 이 잘 운영되고 있을 무렵 작은딸이 초등학교에 들어갈 시기가 되었다. 남편은 아파트로 이사를 가야겠다고 했다. 아이가 학교와 학원을 오갈 때 찻길이 위험해서 안 되겠다고 판단했기 때문이다.

처음 입학하면 학부모가 익숙해질 때까지 아이를 데리고 다녀야 하는데 나도 일하기 때문에 방법이 없었다. 그래서 부랴부랴 집을 내놓고 아파트를 알아보았다. 빌라를 팔고 싼 아파트로 이사 가면 대출을 조금만 받아도 되는데 사람 욕심은 그게 아니었다. PC방도 잘되고 나도 벌고 하니 좀 더 좋은 아파트로 가기로 한 것이다. 우리가 선택한 아파트는 34평짜리 넓고 좋은 곳이었다. 학교도 바로 옆에 있어서 길을 건너지 않아도 되었다. 단지 내에서 모든 것이 해결되었다.

최고 한도까지 대출을 받아 이사를 왔음에도 매우 만족스러웠다. 그렇게 1년 정도가 지나고 PC방 매출이 서서히 하락하면서 힘들어지기 시작했다. 코로나 직격탄까지 맞아 여기저기서 대출을 더 받게 되었고 아직도 회복이 어려운 상태다.

누구나 현재보다 더 잘살고 싶을 것이다. 하지만 어려운 시련을 겪어보지 않았을수록 현재의 삶에 만족하면서 살게 되는 것 같다. 나도 한때는 현실에 만족하면서 살았었다. 하지만 지금은 누구보다 성공하고 싶고 잘살고 싶다. 나의 버킷리스트가 이루어지기를 간절히 원한다.

우리 PC방은 3층 건물 중 2층을 사용하고 있다. 이곳에는 4개의 매장이 입주해 있다. 1층에는 싱크대 가게와 콩나물 국밥집, 3층에는 당구장이 있다. 이 건물에 입주한 매장들의 임대료만 해도 600만 원은 넘을 듯하다. 오래된 건물이라 임대료가 많이 비싼 편은 아닌데도 말이다. 하물며 최근에 지은, 우리 평수가량 되는 매장 하나의 임대료가 위치에 따라 200만 원에서 300만 원은 된다고 한다.

시간적 자유, 경제적 여유를 누리려면 5층 건물주 정도는 되어야 하지 않을까?

나는 뭐든지 배우는 것을 좋아한다. 취미생활도 하고 싶다. 남편과 함께 여행도 다니고 싶다. 5층짜리 건물에 원룸도 들어설 수 있겠지만 나는 상가 건물을 갖고 싶다. 1층에는 약국이나 안경점, 2층에는 우리 PC방, 3층, 4층에는 병원, 5층에는 커피숍이 들어왔으면 좋겠다.

세상에 부자들은 많다. 작은 음식점으로 시작해서 부자가 된 사람, 부동산 투자로 부자가 된 사람, 김도사님처럼 책을 써서 부자가 된 사람, 유튜브로 부자가 된 사람 등등. 다만 내 주위에 없을 뿐이다. 그렇다면 나는 무엇으로 부자가 될 수 있을까? 책을 쓰기로 마음먹었으니 그 책이 베스트셀러가 되어 1인 창업하면 될 것이다.

권마담님께서는 항상 듣는 질문이 있다고 하셨다. "과연 제가 책을 쓸 수 있을까요? 강연을 할 수 있을까요?" 그에 대한 대답으로 권마담님은 이렇게 말씀하신다. "누구나 할 수 있다. 책이 나오면 달라진다. 나의 경험을 담았고 내가 썼기 때문에 나는 이 분야의 전문가가 될 것이다. 그 지식을 얘기해 주면 되는 것이다. 그러므로 겁내지 마라. 책이 나오면 된다. 할 수 있다."라고. 그렇게 목이 아프도록 강조하시며 용기를 주신다.

지금 책 쓰기를 시작한 우리는 누구나 다 불안할 것이다. 김도사님, 권마담님을 믿고 처음의 열정과 용기를 잃지 않기 위해 매일 동기부여를 받아야 하는 이유다. 나 또한 흔들릴 때가 많다. 그때마다 부정적인 생각을 버리고 유튜브나 책을 통해 동기부여를 받는다. 책이 나올 때까지 포기하지 않도록. 끝까지 해내도록.

5층 상가 건물의 건물주가 되는 것은 버킷리스트 다섯 번째 중 마지막이다. 종이에 적으면 이루어진다고 했다. 많은 사람들이 따라서 했고 또한 이루었다.

나는 매일 상상한다. 내가 건물주가 되어 남편의 지프차를 타고 건물에 주차하는 모습을. 그리고 2층으로 올라가 직원들에게 지시를 하고 내려온 남편이 나와 함께 드라이브를 즐기러 가는 모습을.

상상만으로도 행복하다. 입가에 흐뭇한 미소가 지어진다. 나는 간절히 소망한다. 나의 꿈이 이루어지기를. 그리고 마음속으로 외쳐 본다.

"나는 5층 상가의 건물주다. 나는 5층 상가의 건물주다. 나는 5층 상가의 건물주다."

PART
02

1인 창업하고 꿈 코칭가, 힐러로서 많은 사람들에게 동기부여해 주기

· 김여진 ·

김여진

간호사, 김여진인생2막연구소 대표, 인생2막 코치, 동기부여 강연가, 무자본 창업 코치, 자기계발 작가

현재 간호사로 요양병원 근무 중이다. 작가이자 동기부여가로, 멋지게 나이 들고 싶은 사람들을 위한 인생 학교를 열어 노년의 인생 2막 준비를 돕고 있다. '김여진인생2막연구소'를 운영하며 저서 《당신은 어떻게 나이 들고 싶은가》(가제)가 10월 출간 예정이다.

베스트셀러 작가 되어 〈세바시〉 출연하기

어릴 적부터 나는 꿈을 먹고 사는 사람들처럼 꿈이 보통 아이들보다 아주 크고 원대했다. 늘 부자로 살고 싶었고 부자들만 보면 그들이 부러웠다. 공주 같은 옷을 입고 우아하게 멋을 부리며 잔디밭이 있는 좋은 집에서 독서하면서 행복하게 살고 싶었다. 그리고 내가 사고 싶은 것을 돈 걱정 없이 마음껏 사서 친구들에게도 나누어 주고 싶었다. 요술방망이라도 있어서 금 나와라 뚝딱! 하면 내가 원하는 것이 전부 다 나오는 그런 삶을 살고 싶었다.

반대로 노예처럼 얽매어 빡빡한 삶을 살고 싶지는 않았었다. 나는 항상 자유를 원했다. 어릴 때부터 나는 아마도 자유로운 영혼이길 정말로 원했는지도 모른다. 그리고 좋은 책을 읽을 때마다 이 작가는 어떻게 이런 생각을 이렇게 글로 잘 표현해 낼까 찬탄하곤 했다. 소녀시절엔 작가 흉내를 낸다고 나름 상상해 만화도 만들어서 친구들한테 읽히기도 했었다.

어느덧 세월은 흘러 그 곱던 생각들은 세파에 파묻히고 힘든 세월을 허우적거리며 앞만 보고 살아왔다. 그러면서 내 꿈들은 바람에 날려 온데간데없어졌다. 불안한 노후를 걱정하며 노년에 접어든 초라한 늙은 간호사만 세월의 훈장과 함께 조용히 어둠 속에 남아 있을 뿐이다.

남편을 뇌종양으로 잃고 가장이 된 나는 항상 노후를 불안해했다. 그런 만큼 부자 되기를 누구보다도 원했다. 나는 월급만으로는 부자가 될 수 없다는 것을 알고 있었다. 그런 만큼 돈이 생기는 족족 돈이 된다는 정보를 따라 빚을 내어서라도 투자하곤 했다. 그만큼 나는 성공을 절실히 원했는지도 모른다.

하지만 나의 투자는 대부분 실패했고 사기도 당했다. 그래도 희망적인 것도 있었다. 나는 거기에 나의 주특기인 초긍정적인 마인드로 초점을 맞추곤 했다. 잘되리라 희망을 가지면서. 그렇게 현재까지 용케 버티며 살아오고 있었다.

항상 미래를 걱정하는 만큼 좋은 정보도 얻고 또 좋은 명상으로 심신을 달래려고 나는 평소 유튜브를 자주 시청하곤 했었다. 그러던 어느 날 문득 머릿속을 번개같이 스치고 지나가는 하나의 깨달음이 있었다. 내가 이 세상에 와서 과연 이 나이 되도록 먹고살기 위해서만 발버둥 쳤지 뭐 하나 제대로 이루어 놓은 것이 있나, 하는. 아무것도 없지 않은가.

그것을 깨닫고는 허탈함에 잠시 그 자리에 망부석이 되어 움직일 수가 없었다. 그리고 정말 허무감과 좌절감에 긴 한숨만 나왔다. 코로나로 인해 근무시간 이외에는 친구도 못 만나고 집에서 지내게 되었다. 그러다 보니까 자연스럽게 놓았던 책들을 다시 보게 되었다. 주로 자기계발서를 보면서 거기에 관련된 유튜브까지 자주 시청하게 되었다. 그런 날들이 계속 이어져 왔다.

사람에게 운명이라는 것이 있는지 그날은 우연히 김태광(김도사) 님의 유튜브를 보게 되었다. 성공하기 위해선 반드시 책을 써야 된다는 말에 갑자기 나의 머릿속에 전기가 들어왔다. 평소 나는 유튜브에서 〈세바시〉도 자주 시청하곤 했었다. 그런데 그때마다 내가 자주 입버릇처럼 했던 말이 있었다.

"명강의를 통해 내 마음이 고스란히 전달되어져 사람들의 상처를 만져 주고 꿈을 심어 주는 그런 힐링 코칭가가 되면 많은 사람들의 존경을 받으면서 저 사람들의 박수를 받을 것인데…."

나는 〈세바시〉 무대에 서서 마이크를 잡고 연설하는 나를 수없이 상상하곤 했었다. 그러면서도 "에이, 내가 무슨 유명 인사라고 저 강당에 서서 강연하나." 하면서 금세 본연의 모습으로 돌아오곤 했다. 내가 생각해도 나는 몽상가인 게 틀림없는 것 같다. 그래도 나의 상상은 내 의지와는 상관없이 자주 일어나곤 했다.

내가 성공하면 저기에 나가서 나의 성공담을 들려줄 텐데. 그러면 사람들이 노년인데도 저렇게 성공할 수 있네. 우리도 희망을 가지면 되겠네, 하면서 나의 성공담을 들으려고 구름같이 몰려올 건데…. 이렇게 나 혼자 자아도취에 빠지곤 했었다.

이 나이엔 그저 손주를 잘 돌봐 주는 것을 큰 낙으로 알고 살아가는데. 적은 연금에 감사하며 그것이라도 받는 것에 만족하며 살아가는데. 그렇게 나이 들어서 아프기라도 하면 자식 눈치 보느라 여념이 없는 사람들이 대부분인데. 요즘은 150세 시대라는데 이렇게 돈 없이 오래 살면 지옥 같은 삶만 펼쳐지지 않을까. 빨리 깨어나라고, 희망을 가지라고, 꿈도 좀 꾸어 보라고 크게 외치고 싶다.

그냥 간호사라는 직함으론 사람들에게 말발이 안 선다는 것을 안다. 때문에 그냥 상상만 하다 포기하고 여태껏 살아왔는지도 모른다. 그렇게 살아오는 도중 김도사님의 유튜브 강의를 듣고 바로 그분이 쓴 책들을 몇 권 사 보았다. 그러면서 내 꿈을 드디어 찾고야 말았다.

작가가 되는 것. 어릴 적부터 막연하게 꿈꾸어 왔었다. 그러나 그 방법을 몰라서 묻어 두었던 그 꿈을 다시 찾은 것이다. 작가라는 그 직업이 너무 높아 보여 선뜻 다가갈 수조차 없었었다. 그러나 시간이 지날수록 〈세바시〉에 나가서 정말 희망 잃은 사람들에게 꿈과 희망과 용기를 주고 싶은 욕망이 갈수록 강렬하게 솟구쳤다. 나는 분연히 일어나서 나의 낡은 울타리를 과감하게 무너뜨리고 작가가 되기로 결심했다.

나는 나의 인생 2막을 멋있게 열어젖혀 보란 듯이 내 이름을 세상에 알리고 싶다. 그리고 내 꿈대로 위대한 강연가나 코칭가가 되려면 의식 수준부터 바꿔야 하리라. 때문에 의식을 상승시키는 공부 및 심리공부, 또 코칭가, 강연가가 되는 데 필요한 모든 공부들을 계속 해 나갈 것이다. 그렇게 알차게 내공을 다지고 승화시키면서 책도 계속 집필하고 싶다.

나라는 사람은 평소에도 성공하고 싶은 갈망이 아주 많이 내면에 깔려 있었던 것 같다. 나이 들어서는 주로 자기계발서들을 자주 읽어 보곤 했다. 그 책들은 우울감에 가라앉으려고 만 하는 내 마음을 힘껏 끌어올려 주었다. 가슴을 뛰게 하는 그런 묘한 명약과도 같은 느낌을 주었다.

내가 살아가야 하는 이유를 잘 말해 주는 그런 길라잡이 같은 책들이 참 많이 고마웠던 것은 사실이다. 그리고 그 많은 책들 중 기억에 남는 것은 나폴레온 힐의《놓치고 싶지 않은 나의 꿈 나의 인생》, 앤서니 라빈스의《네 안의 잠든 거인을 깨워라》, 아마존 베스트셀러였던《시크릿》, 캐서린 폰드의《부의 법칙》, 제임스 알렌의《생각의 연금술》, 로버트 치알다니의《설득의 심리학》등 일일이 다 적을 수는 없다. 그처럼 나는 많은 자기계발서들을 즐겨 읽곤 했었다.

최근에는 이서윤, 홍주연 작가의《더 해빙》이라는 책이 좋았다. 그 외에도 이시다 히사쓰구 작《3개의 소원 100일의 기적》, 하브 에커 작《백만장자 시크릿》등을 몇 번씩 읽었다. 무엇보다 더 강력한 부의 마인드를 내 심장에 꽉 박히게 해 준 책은 김태광 작가(김도사님)의《100억 부자의 생각의 비밀》과 권동희 작가의《미친 꿈에 도전하라》라는 책들이다. 이 책들은 정말로 내 안의 잠든 거인을 터치해 나를 잠에서 깨어나도록 해 주었다. 자꾸 움직이라고 채찍질하듯 정신이 번쩍 들게 해 준 책들이었다.

나는 갑자기 미치도록 성공하고 싶어졌다. 내 심장은 잠을 못 이룰 정도로 계속 요동치며 맥박은 더 빨라지고 있다. 더 이상 시간만 흘려보내는 어리석은 사람은 되지 말아야지 하면서 나는 벌써 내 머릿속에 미래의 청사진까지 찍어 둔 베스트셀러 작가가 되어 있다.

상상하는 꿈들은 반드시 이루어진다고 많은 책들이 말한다. 나는, 그 말들을 다 믿는다. 나는 베스트셀러 작가가 되어 많은 돈도 벌고 또 내 이름도 남기고 싶다. 지구별을 떠날 때는 그래도 내가 왔다 갔다는 선한 흔적은 남기고 싶다. 그냥 이대로 이름 없이 늙어 세월만 보내다 가는 불쌍한 보통 늙은이이고 싶지는 않다.

여태껏 부자 되는 방법을 몰라서 이렇게 헤매다 이제야 제대로 부를 가르쳐 줄 스승을 만났다. 이 사실에 요즘 나는 너무 설레어 정말 밥을 안 먹어도 배가 부르곤 한다. 나는 벌써부터 나의 버킷리스트를 머릿속에서 짜고 있는 내 모습을 보고 기분 좋게 웃기도 한다.

나의 꿈은 항상 선한 진짜 부자가 되는 것이다. 그래서 내 가족들과 함께 행복하게 사는 것이다. 여기에서 나아가 내가 또 원하는 큰 꿈이 있다. 바로 문맹국에 초등학교와 도서관을 짓는 것이다. 배움이 없으니 꿈도 못 꾸고 살아가는 그들의 비참한 모습을 볼 때마다 사실 너무 가슴 아프다. 정말 많은 돈을 벌어서 그들을 돕고 싶다. 물론 나도 여행을 다니며 즐겁게 살고 싶다. 하지만 나만 잘 먹고 잘사는 이기적인 삶은 결코 행복한 삶이 아니라는 것은 안다.

또한 내 주변에는 나와 같은 꿈을 가진 사람들이 몇몇 있어 나는 더

없이 행복하다. 우리는 늘 같은 생각들을 하고 모이면 같은 말들을 한다. 우리 대화의 중심은 학교 100개 세우기였다. 그들 중 한 사람은 직업 양성 학교를 세우고 싶다고 한다. 우리는 그들 스스로 자생해 살아갈 수 있도록 어떤 식으로든 물심양면으로 돕고 싶다.

내가 책을 좋아하듯이 그들에게도 꿈에 관한 많을 책들을 읽게 해 주고 싶다. 그러려면 그들은 글을 알아야 한다. 그래서 나는 그들에게 초등학교도 지어 주고 싶고 도서관도 세워 주고 싶다. 나는 무한대의 돈을 벌 것이다. 반드시 베스트셀러 작가가 되어 그들을 도울 것이다. 내 꿈은 반드시 이루어진다.

2

행복 근육을 키워 주는 꿈 아카데미 설립하기

나는 '꿈 아카데미' 설립을 목표로 하고 있다. 오늘도 나는 병동을 돌면서 꿈과 희망도 없이 누워 있는 환자들을 보살핀다. 자유롭지 못한 몸으로 휠체어에 기대앉아 있는 환자들을 보며 자괴감에 빠지기도 한다. 무표정하고 웃음기 하나 없는 처량한 노인들의 모습에서 나를 읽는다. 앞으로 나도 나이가 더 들면 저런 모습일 텐데…. 그 무리 속에 섞여 있는 나의 모습이 오버랩된다. 그러면서 인생이란 과연 무엇이며 무엇을 위해 우리는 이토록 열심히 살고 있나 하는 생각이 든다.

지금의 이런 모습들은 이전에도 아니 꿈에서조차 결코 우리가 원했던 그런 삶이 아니었던 것일 텐데. 저분들도 그렇고 나도 그렇고 절대로 우리는 이런 모습으로 늙지 않으리라는 생각으로 살아왔을 텐데. 그런 생각들은 다 어디로 가버린 것일까? 결국 우린 지금과 같은 이런 모습으로 현재 살고 있지 않는가?

누구나 다 행복을 원하고 나이 들어도 좋은 환경에서 가족들의 보살핌과 존경을 받으면서 살기를 원한다. 설령 몸이 아프더라도 개인 간병인을 두면서 노후를 멋있게 살기를 원한다. 하지만 이는 일부 극소수만 누릴 수 있는 호사스러운 삶이다. 일반 사람들은 꿈도 못 꾸는 그런 삶이다.

하지만 책들은 누구나 자신이 원하는 삶을 꿈꾸고 실천하면 상상했던 것들이 현실로 나타난다고 일러 준다. 과연 그럴까? 이 시점에서 나는 진심으로 나를 돌아보면서 반성하는 계기를 가졌다. 그렇다. 나는 늘 행복한 삶을 꿈꾸기는 했지만 행동이 뒷받침되지 않았었다. 또한 정말 간절히 원하는 것이 무엇인지도 모른 채 막연히 행복을 추구하며 살아왔던 듯싶다.

언제부터인가 나는 고해성사하듯이 마음속으로 말했던 것이 있다. '정말 내가 인생을 잘못 살아왔구나. 다시 젊어질 수만 있다면 결단코 저 어르신들의 전철을 밟지 않을 텐데'라고. "신이시여, 제가 잘못했나이다." 라고 진심으로 참회하는 그런 독백도 하곤 했다.

과연 저런 모습으로도 행복할까? 나는 어르신들의 마음을 들여다보면서 그 해답을 찾아보려고 노력했지만 찾을 수 없었다. 아니 저 어르신들뿐만 아니라 중장년들도 그렇고 하물며 청년들조차도 먹고살려고 발버둥 치지 않는가? 이처럼 자기 삶에 만족하면서 살아가는 사람은 정말 극소수다. 그런 반성의 날들이 있은 이후부터 나는 나 자신에게 늘 질문한다. 나는 정말 꿈이 있는가? 그리고 그 꿈을 위해 지금 무슨 일을 하고 있는가? 라고.

오랫동안 자기반성의 시간을 보내면서 나는 나 자신에게 진심으로 원하는 것이 무엇이며 내가 무엇을 할 때 가장 행복한지 생각해 보았다. 그리고 그 일들을 얼마만큼 사랑하는지, 죽을 때까지 해도 보람을 느끼고 좋아할 일인지 생각하고 또 생각해 보았다.

그러던 어느 날 드디어 나는 잃어버렸던 나의 꿈을 찾았다. 그것은 작가가 되어 많은 사람들에게 희망을 주고, 꿈을 잃은 사람들을 위해 꿈 메신저가 되는 것이었다. 나는 평소에도 누군가와 꿈 얘기를 하면 그 순간만큼은 너무 행복했다. 서로 파장과 에너지 코드가 맞는 그 사람들과 꿈을 주제로 대화를 나눌 때면 밤을 하얗게 새워도 피곤한 줄 모르고 심취하곤 했었다.

나는 한번 인간으로 태어났으면 당연히 행복해야 하지만 죽을 때도 행복하게 죽어야 한다고 생각하는 사람이다. 지금의 어르신들은 시대가 요구하는 희생에 묻혀 자신은 없고 가족들만을 위해서 살아온 분들이다. 그리고 노후에 그 보상을 자식들이 다 해 줄 것이라고 굳게 믿으며 살아온 분들이다.

그런 만큼 우리는 그분들 세대까지는 꿈이 없어도 이해해 주어야 할 것이다. 하지만 중장년들과 젊은이들은 반드시 꿈을 가지고 살아야 한다고 생각한다. 그래야 지금의 노인들처럼 살지 않을 것이기 때문이다.

나도 이전에는 정확한 목표 없이 막연히 잘되겠지 하는 생각으로만 모든 일들을 바라보며 살아왔다. 그것이 얼마나 무모하고 어리석은 짓인지는 지금에서야 알게 되었다. 우리는 다시 시작할 수 있다. 나도 간혹 나이를 생각해서 이게 너무 무모한 짓이 아닌가 생각해 보았다. 그러다 많은 성공자들 중 나이 들어서 시작해 성공한 케이스가 많다는 것을 알게 되었다. "해 보지도 않고 당신이 무엇을 해낼 수 있는지 알 수는 없다."라는 프랭클린 애덤의 말이 있다.

"꿈을 향해 대담하게 나아가고 상상한 삶을 살기 위해 노력을 기울이면 평범한 시기에 뜻밖의 성공을 접하게 될 것이다."라고 헨리 데이비드 소로도 말했다.

나는 하루를 살아도 행복하게 살다가 가야 된다는 것을 깨달았다. 그래서 나의 그동안의 경험들과 노하우, 지식과 영감으로 행복을 키우고 꿈과 희망을 주는 꿈 아카데미를 열려고 한다. 근육도 키우면 발달하듯이 행복의 근육도 키워 놓아야 한다. 그러면 설령 우리가 나이 들어서 요양병원에 누워 누군가의 도움을 받아야 하더라도 얼굴엔 은은한 웃음이 피어날 것이다. 모든 것을 기쁘고 행복하게 받아들이며 사는 그동안은 천국이 될 것이다.

나는 꿈 아카데미 메신저다. 그러므로 의식수준을 높여 주는 그런 의식 상승 수업과 마음을 평화롭게 유지시켜 주는 나만의 특급 비법도 알려 줄 것이다. 그런 코칭을 받는 사람들은 매우 행복할 것이다. 죽음이 코앞에 닥쳐도 지구별을 떠날 때 잘 살고 가노라고 말하며 죽음의 두려움과 공포로부터 자유로워질 것이다. 이는 미련 없이 본연의 자리로 돌아갈 만큼 의식수준이 높아져 있기 때문이다. 결코 죽음도 두려워하지 않을 만큼.

자신이 해야 할 일을 결정하는 사람은 세상에서 단 한 사람, 오직 나 자신뿐이다. 꿈을 꿀 수 있다면 행동할 수 있고 행동할 수 있다면 원하는 대로 다 이룰 수 있을 것이다. 그래서 나는 현재 내가 진실하게 원하는 꿈을 꾸고 있다.

꿈 아카데미를 설립하려면 무엇보다 나 자신이 바뀌어야 한다. 동기부여를 해 주기 위한 많은 공부도 해야 한다. 나는 기필코 모든 것을 마스터해 진정한 꿈 메신저가 될 것이다. 꿈 아카데미를 설립해 많은 사람들을 행복하게 살도록 도와주는 그런 길라잡이가 될 것이다. 또한 정확한 시스템을 만들어 놓을 것이다. 그러면 세계 여러 나라에서 그것을 배우려고 올 것이다.

나는 나만의 독특한 시스템을 그들에게 전해 주는 것을 상상만 해도 너무 행복하다. 나는 나의 달란트를 십분 발휘할 것이다. 나는 나의 힘을 믿는다.

나의 느낌과 영감은 여기에 머물지 않을 것이다. 아마도 앞으로 계속 나아갈 것이며 나의 의식수준 또한 매우 높아져 있을 것이다.

동기부여 분야의 전설적인 인물 나폴레온 힐의 정신을 나는 존경하고 사랑한다. 모든 사람들의 삶을 변화시키는 메신저의 일이야말로 얼마나 값지고 행복한 일인가? 우리는 많은 것들을 포기하고 좌절하면서 이 세상의 험한 파도 속에 몸을 맡기고 꿈 없이 희망 없이 살아왔다. 우리가 자신을 잘 다스리지 못하면 우린 이전처럼 삶의 노예로 살 것이다. 하지만 우리를 잘 다스리면 결국 우리는 이길 것이다. 고귀한 한 인격체로서의 자신의 존엄성도 생각하라. 삶이 우리를 지배하지 않도록 해야 한다. 내가 삶을 조종해야 하는 것이다. 나는 사람들에게 이런 것들을 심어주기 위해서 꿈 아카데미를 설립하고자 한다.

내 꿈은 반드시 이루어진다. 나는 꿈 메신저다. 나는 할 수 있다.

3
꿈 코칭가, 강연가, 힐러로서 동기부여해 주는 1인 창업가 되기

나는 그동안의 나의 삶을 절대로 후회하지 않는다. 그 삶들 속에는 많은 실패의 경험들이 고스란히 녹아 있기 때문이다. 그 경험들은 오히려 나를 더욱더 성장시켜 주는 하나의 성공 노트 같기 때문이다. 또는 내 갈 길을 알려 주는 좋은 교훈서이기 때문이다.

나의 실패담들을 잘 분석해 보니 무엇이 잘못되었는지 알게 되었고 또한 길이 보였다. 어떻게 해야 성공할 수 있는지 성공의 길을 찾은 것이었다. 이제 나는 성공자들의 삶을 그대로 따라가고 있다. 나의 실패담도 좋은 나의 스승으로 여길 정도의 배포가 생긴 것이다. 내가 저지른 오류가 무엇이었는지를 명확히 알 수 있는 좋은 계기가 되어서 오히려 더 감사히 생각한다.

적어도 나는 실패와 좌절을 곱씹으며 나를 옭아매지는 않게 되었다. 성공하기 위해선 내 위치부터 바꾸어야 한다는 것도 깨달았다. 나는 사람들에게 말하고 싶다. 절대로 후회하지 마라. 좋았던 것은 추억이요, 나빴던 것은 경험이었다고 크게 외치라고 말하고 싶다.

나는 이제 나의 이런 경험들과 노하우를 많은 사람들에게 나누어 주고 꿈과 희망을 갖게 해 주고 싶다. 나는 꿈 코칭가로 거듭나면서 강연가, 힐러로서 동기부여해 주는 1인 창업가로 활동하고 싶다.

내가 꿈꾸어 왔던 삶을 지금 살고 있다면 나는 더없이 행복할 것이다. 그처럼 모든 이들이 자신을 소중히 여기고 스스로를 가치 있게 느끼게 하는 그런 동기부여가가 되고 싶다. 그동안 희망 없는 삶 속에서 많이 지치고 힘들었을 것이다. 그동안의 그분들의 아픔을 빗줄기와 함께 떠나보내도록 해 주고 싶다.

브라이언 트레이시는 말했다. 우리는 보이는 대로 믿는 것이 아니라 이미 믿고 있는 그대로 본다고. 우리 삶에 나타나는 모든 것은 내가 끌어당긴 것이라고. 심장이 뛰는 것보다 행동을 더 빨리하고 그것에 대해 생각하는 것 대신 무엇인가를 그냥 하라고 마윈은 말하지 않았던가. 그래, 그렇게 성공자들의 말을 믿고 따라 해 보는 거다. 남아 있는 내 소중한 삶을 위해서.

나는 매일 꿈꾸고 상상한다. 또한 나의 밝은 미래의 삶을 위해서 분주히 노력한다. 매일 한두 권의 책을 읽고 성공자들의 삶을 분석하거나 따라 한다. 또한 그들의 삶을 명상하면서 나의 마음 상태를 최적화하고 편안하고 릴렉스한 모드로 만든다. 불안과 모든 근심 걱정은 이제 굿바이다.

나는 매일 성공 문구를 필사하고 고맙고 감사하고 사랑한다는 말과 축복한다는 말을 주문처럼 외운다. 좋은 독서 습관 때문에 나는 날마다 상장하고 좋아지고 있다. 내 안에 남아 있는 부정적인 자아와 대면해 대화도 한다. 그러면서 무엇이든 타협을 먼저 하는 긍정 마인드로 바꾸고 있다. 그러다 보니 아직 남아 있는 부정적인 내 안의 자아도 슬슬 내 편이 되어 가는 것 같다.

결국 나는 이길 것이다. 설령 안 좋은 일이 있을 때도 나는 이렇게 생각한다. 오늘은 비가 왔으니 내일은 화창할 것이다, 라고. 내일의 새로운 부활을 꿈꾸는 만큼 나는 즐겁기 그지없다 할 것이다. 그러면서 나를 가만히 안아 줄 것이다. 아마도 많은 성공자들도 이것부터 시작했을 것이다. 그래서 나도 무조건 해 본다.

나는 1인 창업한 강연가, 코칭가, 힐러다. 때문에 나를 알리는 데 경주할 것이다. 나는 작가로서 유튜브에서 내 콘텐츠가 이름나도록 할 것이다. 체계적인 매뉴얼을 만들어서 누구나 행복하게 살아가는 그런 밝은 세상을 만들 것이다. 그리고 고스란히 나의 콘텐츠들을 배울 수 있게 할 것이다. 개개인의 꿈을 찾아 주어 그들이 원하는 삶을 살아가도록 해 줄 것이다. 그리고 많은 꿈 메신저들을 만들어 낼 것이다. 그늘은 늑이 선 세계로 나아가 온 인류가 행복하게 살아가도록 이끌어 주는 일들을 할 것이다.

오늘도 나는 큰 소리로 말한다. 이런 날이 성장하기에 딱 좋은 날이라고. 우리 모두 할 수 있다고. 풀잎처럼 비 맞고 나면 훌쩍 크는 우리므로 모두 희망의 손을 잡고 함께 가자고 말해 주고 싶다.

나는 자기 관찰에서 힐러가 되는 데 남아 있는 내 인생을 다 쏟아붓고 싶다. 사랑이 넘치는 아름다운 꿈 아카데미를 만들 것이다. 그래서 아픔을 안고 오는 이의 마음을 들여다보고 그 아픔을 치유해 줄 것이다. 그들과 아픔을 나누기 위해 기꺼이 나의 가슴을 내주고 싶다. 나는 반드시 그런 힐러가 될 것이다.

어릴 때나 젊은 시절 나에게도 간간이 시련이 닥치곤 했다. 그럴 때면 내 인생이 다 끝난 것 같은 그런 생각들을 하곤 했다. 그런데 요즘 들어 우리에겐 언제나 새날이 준비되어 있다는 것을 알게 되었다.

생각이 바뀌면 모든 게 다 바뀐다는 것도 알게 되었다. 내가 이제 내 위치를 바꾸었기 때문에 그런 생각을 하지 않나 하는 생각도 든다. 무기력과 게으름을 충분히 부렸다면 이제부터 끝없이 달릴 때가 왔다는 것을 알리는 게 꿈 메신저의 역할이라 생각한다.

나는 죽음도 초월해야 한다고 본다. 의식이 성장하지 못하면 누구나 죽음 앞에서 초연해질 수 없다. 내 개인적인 생각이지만 우리도 죽음을 아프리카의 어느 원주민처럼 '오늘은 기쁜 날'로 받아들여야 한다고 생각한다. 왜냐하면 우리는 죽으면 우리의 본연의 자리, 즉 우리 영혼의 고향으로 돌아가기 때문이다.

이번 생에 이 세상에 와서 주어진 미션을 얼마나 잘 완수하고 갔는지는 죽고 나서 셈할 일이다. 영혼의 세계에서는 순식간에 필름을 돌려보듯 직감적으로 보고 느끼면서 뭐는 잘했고 뭐는 잘못했는지를 바로 알 수 있다고 한다. 유체이탈을 경험해 본 많은 사람들이나 임사체험을 한 수많은 사람들의 증언, 그리고 책들을 나는 굳이 부정할 생각은 없다. 지금은 영혼에 관한 책들이 수없이 나와서 죽음의 세계, 즉 사후세계에 대해 알려 주고 있다. 사후 지옥불이 우리를 기다리는 것이 아니라는 것을 알아야 한다. 죽음의 공포를 느낄 필요가 없다는 말이다.

힐러란 무엇을 하는 사람인가? 힐러는 우리 내면세계의 불안 공포로부터 우리를 해방시켜 주는 사람이다. 두려움을 떨쳐 내도록 마음을 고요하게 해 주거나, 자신의 본연의 자아를 찾아 언제나 행복감을 느낄 수 있도록 도와주는 사람이다. 그러므로 힐러는 사람들의 두려움과 공포를 없애 주고 정말 마음의 평화를 느끼게 해 주어야 한다. 나는 환자들뿐만 아니라 일반 사람들도 죽음의 공포 앞에서 두려워하는 것을 너무나 많이 보아 왔다.

사실 누구나 다 죽음 앞에선 두려움을 느낀다. 그럴 때마다 나는 항상 느끼는 뭔가가 있었다. 어떻게 하면 저분들의 저 두려움들을 없애 줄까. 그런 생각을 하며 살아왔던 것 같다.

데일 카네기는 “세상의 중요한 업적 중 대부분은 희망이 보이지 않는 상황에서도 끊임없이 도전한 사람들이 이룬 것이다.”라고 말한 바 있다. 나는 1인 창업해 꿈 코칭가로, 힐러로서 많은 사람들에게 동기부여를 해줄 것이다. 그들의 의식을 성장시켜 두려움을 초월할 수 있도록 이끌어 주고 싶다. 꿈 메신저로서 성공자가 되는 지름길을 알려 주고 싶다.

크루즈로 세계여행 하기

20대 후반 때 나는 사우디아라비아 수도에 있는 리야드 센추럴 병원에서 3년 계약의 간호사로 근무했던 적이 있었다. 내 인생을 돌아보면 젊던 그 시절들이 내겐 최고의 황금 시절이었던 것 같다. 보람 있고 즐거웠으며 참 많이 행복했던 3년이었다. 태어나서부터 지금까지 많은 세월을 살아왔지만 그때만큼 행복했던 적은 별로 없었던 것 같다. 나에게는 최고의 날들이었으며 나의 전성기로서 값진 시간들이었다.

1980년대 그 당시 우리나라 국민소득은 매우 낮았고 해외여행은 감히 꿈도 못 꾸던 그런 시절이었다. 그 당시 나의 봉급은 나이트 수당까지 합해 겨우 20만 원 전후였다. 그런데 센추럴 병원 봉급은 100만 원이 넘었다. 게다가 1년에 한 번씩 45일 유급휴가를 주며 왕복 비행기 표까지 공짜로 주었다. 그런 혜택 때문에라도 나에겐 더없이 큰 축복이었던 것이다.

나는 여고시절의 어느 날 〈80일간의 세계일주〉라는 흑백영화를 관람하게 되었다. 그리고 영화가 끝났는데도 그 자리에서 일어날 수 없을 정도로 큰 문화충격을 받은 적이 있었다. 가뭄에 콩 나듯이 단체로 외국영화를 보긴 했어도 그렇게까지 가슴 뛰며 설렜던 적은 없었다.

그 당시 우리 막내 외삼촌은 부산 해양고등학교를 나와 외항선을 타며 많은 돈을 벌었다. 삼촌은 하얀 제복을 입고 큰 배에서 찍은 사진을 보내 주었다. 마도로스라는 직업을 늘 자랑스럽게 여긴다면서. 삼촌은 자신이 타는 배는 엄청 큰 배라며 항상 그 배를 타는 것을 행복해했었다. 사진으로 봐도 배가 무척 커 보였기 때문에 나 또한 배들 중 그 배가 아주 큰 배에 든다고 생각하고 있었다. 그런데 영화 속에서의 배는 내가 상상하는 배의 크기를 뛰어넘어 뭐라고 형용할 수 없을 정도의 크기였다. 나는 이 배가 크루즈여행을 할 때 타는 배라는 것을 알았다.

GNP가 낮았던 그 시절의 우리 부모님들 삶을 되돌아보면 대부분 자식들 먹여 살리고 공부시키기에 바빴다. 호사스러운 여행은 감히 꿈도 못 꾸었다. 겨우 학교에서 가는 소풍과 단체 졸업 여행 정도가 전부였다.

우리 가족들에게도 오붓이 모여서 즐기는 놀이문화라는 것이 있었다. 하지만 그것도 나의 고향 진주에서 열리는 남강축제(개천예술제) 때나 고성에서 친할아버지 할머니가 집에 오시면 남강 모래사장에서 열리는 소싸움을 구경하는 것, 또는 방학 때 삼천포 외할머니 집에 가서 남일대 해수욕장에 가는 정도였을 뿐이다.

같은 지구별에서 태어나도 어떤 나라는 부강하고 잘살아서 배를 타고 80일간의 세계일주를 하고 어떤 나라는 지지리도 못살아서 생존 본능만 좇아가며 살아가야 한다. 그런 우리들의 현실 앞에 나는 아무 생각이 안 났다. 그리고 부자나라와 가난한 나라 사이의 문화충격은 이루 말할 수 없을 정도로 갭이 컸다. 나는 선불리 영화관을 떠날 수 없었다. 친구들이 멍하게 앉아 있는 나를 끌다시피 해서 영화관을 나갔다. 밖으로 나온 후 나는 하늘을 올려다보면서 마음속으로 크게 외쳤다. '왜 우리는 저렇게 못 하는 거죠?'

힘없이 집으로 돌아온 나는 가방을 집어 던지고 침울하게 앉아서 밥도 먹지 않고 깊은 시름에 빠졌다. 우울감마저 느끼면서 우리 집도 부자였으면 얼마나 좋을까 했다. 그때 처음으로 내 환경을 비관하기도 했었다. 나는 노트에 만화 대신 큰 배, 크루즈, 세계여행, 80일, 여행, 해외, 큰 배, 크루즈··· 이런 것들만 반복해서 적어 내려가곤 했었다. 비록 영화 속이지만 세상에 태어나 한 번도 보지 못했던 큰 배를 본 것도 사실이었다.

80일간이나 집을 비워 두고 무슨 돈으로 저렇게 여행을 다닐까? 그 많은 돈들은 다 어디서 났을까? 얼마나 부자라야 저렇게 여행만 하고 다닐 수 있을까? 시간적, 경제적 자유를 누리는 그들의 멋있는 라이프스타일이 부러워 잠을 잘 이룰 수 없었다. 나는 그때부터 무모하지만 꿈을 꾸기 시작했다. 내 손으로 돈을 벌어서 기필코 크루즈를 타고 80일간의 세계일주를 할 것이라고.

우리 집은 부유하지는 못했다. 진주 세무서에 다니는 아버지는 워낙 청렴결백해서 봉급 이외에는 그 어떤 뒷돈도 챙기지 못하시는 분이었다. 술도가(양조장) 출장을 한 번씩 나가도 그 사람들이 찔러 주는 뒷돈 하나 챙길 줄 모른다고 어머니는 항상 투덜대셨다. 어머니는 그런 아버지의 적은 봉급으로 4남매를 먹이고 공부시키는 것은 역부족이라 생각하셨는지 장사를 시작하셨다.

2남 2녀 중 만이로 태어난 나는 밤만 되면 어머니의 넋두리를 들어야만 했다. "너거 아부지같이 주변머리 없는 양반은 처음 본데이. 서 주사도 박 주사도 같은 세무서 다니지만 그 양반들은 벌써 집도 사고 땅도 사고 그랬는데 우찌 저 양반은 뒤로 찔러 주는 돈도 하나 못 받고 오나, 참내. 고로 사람은 융통성이 좀 있어야 처자식이 고생을 안 하지." 하시면서 너희들은 절대 아부지처럼 살지 말라고 항상 말씀하셨다.

어머니의 잔소리가 있을 때마다 아버지는 또 이렇게 응대하셨다 "허, 참내. 사람이 깨끗하고 정직하게 살아야 복을 받지. 그래야 자식들도 잘 되고. 뇌물이건 무엇이건 간에 남의 것에 혀를 대면 복을 못 받아."라고. 어린 시절부터 보아 온 두 분의 다투는 모습이 지금은 아련할 뿐이다.

아버지는 일본에서 고등교육을 받았지만 어머니는 중학교를 중퇴한 처지였다. 그런 만큼 자식에 대한 어머니의 학구열은 아버지보다 더 심했다. 친할아버지는 일본에서 고물상을 하여 많은 돈을 벌었다고 한다. 그리고 해방 때 가마니에 돈을 담아 본가인 고성에 왔다. 그런데 할아버지는 도둑맞을까 봐 그 돈 가마니를 꼭꼭 숨겨 두고 아끼시다가 환전 시기를 놓쳤다고 한다. 그러면서 아버지는 그 많은 돈이 무의미하게 되었다는 소리를 늘 하시곤 했다.

나는 친할아버지의 넋두리도 가끔 들어야만 했다. "그 돈만 있었어도…" 하시면서 긴 담뱃대를 톡톡 화롯가에다 털곤 한숨짓던 그 말씀들. 그렇게 나는 돈에 관해 한 맺힌 어른들의 얘기들을 어릴 때부터 듣고 자라 왔다.

나는 어릴 때부터 자연스럽게 어머니를 어떻게 해서든지 도와드려야겠다고 생각했었다. 동생들 공부시키는 데도 보탬이 되어야겠다고 생각해 여상을 갔다. 빨리 취직해 돈을 버는 게 목적이었기 때문이다. 하지만 어머니는 공부에 한이 맺힌 분인지라 집안 처지를 생각하면서도 나에겐 항상 이렇게 말씀하셨다. 앞으로 오는 시대에는 여자도 많이 배우고 전문직을 가져야 큰소리치면서 살 수 있다. 그러니 지금 우리 집 형편이 어렵다고는 해도 너는 그래도 장녀다. 그러니까 대학에 진학해 공부를 더 하라고 하셨다.

어려운 가정 형편을 생각하면 그냥 취직해야겠지만 나는 〈80일간의 세계일주〉라는 영화를 본 후라서 어떻게든 내 꿈을 이루고 싶은 마음이 더 컸다. 때문에 진학반으로 옮긴 후 간호전문대학을 갔던 것이다. 꿈을 항상 꾸고 상상하면 반드시 이루어진다고 했다. 나는 졸업 후 운 좋게 가톨릭의과대학부속 성빈센트병원에서 근무하게 되었다.

나의 전성기는 그때부터 시작되었다. 성빈센트병원에서 만난 나의 친구 홍순실, 김경숙 그리고 나 우리 3인방은 중환자실에서 같이 근무하면서 기숙사 생활도 재미있게 했고 정말 많은 추억들을 만들었다. 오프 날이 되면 우리 3인방은 명동으로 종로로 여의도로 다니면서 소도시에서는 맛볼 수 없었던 그런 젊음의 열기를 대도시에서 마음껏 뿜어내었다. 지금까지도 그 친구들은 좋은 벗으로 남아 있다. 현재도 서로 소통하면서 살아가고 있다. 내 친구 홍순실은 지금 시인이 되어 있다.

어느 날 사우디에서 한국 간호사 모집 광고를 냈다. 그러자 종합병원 경력 2년 이상 조건에 해당되는 전국의 간호사들이 이 좋은 기회를 놓칠 수 없었는지 구름같이 모여 응시했다. 내 친구 경숙이와 나도 같이 응시했다. 하지만 나의 억센 경상도식 영어 발음 때문에 나는 떨어지고 내 친구 경숙이는 합격했다. 경숙이가 먼저 해외근무를 하게 되었다.

그녀에게서 오는 편지와 엽서를 보면서 얼마나 부러워했는지 모른다. 나는 그때부터 이를 악물고 1년 동안 영어회화 공부를 했다. 이듬해 드디어 나도 합격해 해외근무를 하게 되었다. 1년마다 주는 45일 유급휴가 때마다 꿈에나 가 볼 수 있었던 동남아, 유럽 여행도 마음껏 했다. 내가 번 돈으로 동생들 학비에도 보탤 수 있었다. 부모님께도 많은 돈을 보낼 수 있게 되었다. 나는 그것이 너무나 좋았다.

아쉬움이 있다면 크루즈여행을 못 해 본 것이었다. 해외 근무 후 바로 결혼했기 때문이기도 하지만 이후의 나의 삶이 평탄하지만은 않았기 때문이다. 이런저런 이유로 내가 그렇게 가고 싶었던 크루즈여행은 못 갔다. 하지만 내 경험에 비추어 볼 때 내가 젊은 시절 그런 꿈을 꾸었기 때문에 우주는 그 근사치에 가깝게라도 내 꿈을 이루어 주지 않았나 항상 생각한다. 나는 그래서 꿈이 현실이 된다는 것을 믿는다.

나는 다시 한 번 더 꿈을 꾸어 본다. 크루즈로 80일간 세계일주하는 것을 꿈꾸고 있다. 이 또한 반드시 이루어지리라 나는 굳게 믿는다.

문맹국에 초등학교 도서관 짓기

매스컴에서 문맹국을 다루었던 적이 있었다. 그곳 아이들은 맨발로 다녔다. 그 아이들의 환경은 흙탕물을 길어다 먹을 만큼 비위생적이었다. 파리들이 온통 얼굴에 달라붙어도 쫓아낼 힘마저 없어 왕방울만 한 눈만 굴리고 있었다. 잘 먹지를 못해 비대칭이 된 몸과 다리는 곪아서 일어설 수도 없는 처참한 모습이었다.

나는 그 모습을 보며 입을 다물지 못했다. 집도 지푸라기 같은 이엉을 엮어 지은 것이었다. 그들 부모의 눈에는 눈물도 말라 있었다. TV를 보다 말고 나도 모르게 내 손은 그들을 돕는 자선단체의 번호를 누르고 있었다. 그렇게 한 달에 2만 원씩 오랜 기간 동안 그곳을 후원해 왔었다.

내가 아는 지인 한 분은 교회 장로이면서 사단법인 〈천사 보금자리〉를 운영하는 사회사업가이시다. 그분은 주로 캄보디아의 굶주리고 병든 어린이들을 돌봐 주고 있다. 발가락이 썩어 들어가 절단해야 하는 위기

속에 있는 아이를 직접 한국으로 데리고 와서 수술도 시켜 주는 등 많은 선행을 베풀고 계신다. 오갈 데 없는 노인들을 돌보아 주기도 한다. 직접 밭도 일구어 거기서 나오는 곡식들과 채소들로 그분들에게 건강한 밥상을 차려 주는, 선한 삶을 실천하면서 살아가고 있다. 그분은 최종적으로 그곳에 학교 100개를 짓겠다는 원대한 꿈을 가지고 있다.

내가 가장 아끼는 동생뻘 되는 지인이 진해에 살고 있다. 우리는 만날 때마다 좋은 일을 하는 그분을 돕고 싶어 한다. 하지만 아직 뚜렷한 뭔가 보여줄 만한 것이 없어서 늘 안타까워할 뿐이었다. 우리 개인의 삶도 중요한 만큼 개인마다 행복하게 잘 살아야 할 것이다. 하지만 우리 모두의 진정한 큰 뜻은 인류 전체가 다 잘 살아가도록 돕는 데 있을 것이다. 그것이 우리의 최종 목표이며 우리가 바라는 행복일 것이라고 나는 생각한다.

유유상종인지 우리가 그런 원대한 꿈을 가지고 있다 보니 우리 주변에서도 그런 꿈을 가진 분들을 자연스럽게 만나게 되었다. 끌어당김의 법칙이라고 할까? 우리는 각자 주어진 환경에서 나름대로 몸으로 뛰는 봉사를 하거나 비록 적은 돈이지만 조금씩이라도 후원을 하고 있다. 우리는 서로 늘 돈 될 만한 정보들을 찾아다니다 돈을 날리기도 했다. 하지만 희망적인 것도 있기 때문에 그것이 잘되었을 때 각자 어떻게 사회에 도움을 줄지 의논하곤 했었다.

미용 기술은 가지고 있는 분은 미용학교를 세우겠다고 한다. 빵 기술을 가지고 있는 분은 빵 굽는 것을 가르치겠다고 한다. 그 외에도 집 짓는 것을 가르치겠다고 하는 분도 계시다. 그렇게 우린 각자가 잘하는 것을 문맹국 사람들에게 전수하겠다는 원대한 꿈들을 안고 살아가고 있다.

나는 문맹국에 초등학교와 도서관을 짓겠다는 꿈을 가지고 있다. 사람이 글을 읽을 줄 알아야 그다음 책을 통해서라도 꿈을 가질 수 있지 않겠나 하는 마음이 들었기 때문이다. 나는 반드시 그곳에 초등학교를 지을 것이다. 책을 통해 많은 꿈을 가지라고 도서관을 꼭 지어 줄 것이다. 그게 나의 꿈이고 소원이다.

나는 결혼 후 한동안은 사회활동을 하지 않고 육아에만 전념했다. 남편의 그늘 밑에서만 살아온 셈이다. 그러다 TV에 나오는 문맹국 아이들의 모습을 보고 자식 키우는 엄마 된 입장에서 마음이 너무 아팠다. 그래서 좋은 일 하는 셈치고 소액이지만 인심 쓰듯이 나 좋으라고 후원했던 것 같다. 처음의 의도는 좋았지만 갈수록 이렇게 좋은 일 하면 복 받겠지 하는 마음이 커지는 나 자신을 보았다.

세월이 좀 더 지나서 남편을 여의고 가장이 되어 고생하게 되었다. 그러다 보니 사는 게 힘들어져서 사회봉사고 뭐고 내 코가 석 자가 되었다. 그래서 후원마저도 한동안 끊었었다. 내 애들 공부시키면서 먹고살기도 힘든데 남을 돕는다는 것이 그 시점에선 사치 같았다. 위선 같다는 생각이 들었다.

그 뒤 나이가 더 들어 마음공부를 하고부터 진정한 봉사의 의미를 깨닫게 되었다. 꼭 돈으로, 몸으로, 또는 재능으로만 봉사하는 것이 진정한 봉사다, 라는 틀에서 깨어난 것이다. 사람들과의 만남에서 웃음 한번 지어 주는 것도 봉사요, 진실 된 따뜻한 말 한마디 건네는 것도 봉사며, 남에게 친절하게 행동하며 예쁘게 말하는 것도 봉사요, 목마른 자에게 물 한 그릇 정성스럽게 떠서 가져다주는 것도 봉사라는 것을 깨달았다. 돈 들이지 않고도 할 수 있는 봉사가 얼마나 많은지도 깨닫게 되었다.

시간은 유수와 같이 흘러갔다. 마음공부를 하고 있던 나는 어느 날 또 문득 깨달은 것이 하나 더 있었다. 문맹국 사람들에게는 빵도 중요하겠지만 의식을 깨워 주는 것이 더 중요하겠다는 생각이 든 것이다. 의식이 깨어야 발전도 있을 것 같았다. 그래서 그들에게 의식 상승 및 의식 확장을 시켜 주고 싶은 마음들이 계속 일고 있었다.

인간으로 태어났으면 최소한의 행복을 맛보고 죽어야 억울하지 않겠나 하는 게 내 생각이다. 그런데 이런 생각도 해 본다. 과연 그들은 지금 현재 상태도 감사하게 생각하고 만족해하고 있을까? 그들이 원하는 행복 1순위는 과연 무엇일까? 그들이 진정으로 원하는 행복은 과연 무엇일까? 등등.

에이브러햄 링컨은 "부의 격차보다 무서운 것은 꿈의 격차다."라고 말했다. 그들에게 과연 꿈이 있기나 한 것일까?

비가 오는 어느 날 TV에선 아프리카 오지에서 봉사하는 연예인들의 모습이 방영되고 있었다. 그곳 사람들을 도와주는 과정에서 마음이 많이 아팠는지 그들 눈에 이슬이 맺히는 것을 보았다. 인터뷰하면서 그들은 울먹였다. 목소리도 떨리면서 갈라졌다. 그것을 보면서 나는 나도 모르게 마시던 커피 잔을 내려놓았다. 입안에 머금고 있는 한 모금의 커피조차도 목으로 넘기기가 미안했던 것이다. 그곳 사람들을 돕고 싶다는 생각은 늘 해 왔다. 하지만 실천이 미약했었다. 또한 나 살기가 바쁘다 보니까 사실 그런 것들을 내 생활의 일부로 생각 안 할 때가 많았었다.

그 프로에 참여한 연예인들도 현장에서 봉사활동을 하면서 그곳 사람들의 모습을 보며 많은 것을 깨달았을 것이다. 얼마나 마음이 아팠으면 저런 말을 할까 싶었다. 커피 잔을 다시 들고 창밖을 하염없이 내다보며 문맹국 아이들을 생각해 보았다. 과연 내가 그들을 위해 학교를 세우고 도서관을 지을 수 있을까?

그런 생각을 할 때 나의 내면 한쪽에선 "그게 어디 쉽나? 네 앞가림이나 잘해!"라는 소리가 들려왔다. 또 다른 한쪽 내면에선 "그럼, 네가 꿈꾸고 상상하면 언젠가는 이루어질 수 있어." 하는 소리가 들리는 것 같았다. "아무나 못 하는 일이야." 그런 목소리도 들렸다.

나는 내면의 그런 말들에 풀이 팍 죽었다. 곧 고개를 떨구곤 "그래, 내가 무슨…"이라며 그런 생각을 머릿속에서 지우려 했다. 그때 나의 초특기인 긍정 모드가 다시 발동했다. 나는 부정적인 생각을 누르면서 고개를 몇 번 이리저리 흔들었다. 그러자 그 부정적인 말들은 금세 사라져 버렸다.

나는 뭐든 좋은 쪽으로만 생각하려고 노력하는 편이다. 그리고 그곳 사람들의 순수한 모습을 상상해 보았다. 그들이 글을 깨우쳐서 책을 보며 즐거워하는 모습들만 상상하기로 했다. 그 상상만으로도 더없이 행복감과 만족감을 느꼈다. 언젠가는 이루어질 것이라는 생각만으로도 '나는 할 수 있다'라는 용기가 났다.

형이상학자 내빌 고다드는《상상의 힘》에서 이렇게 말했다.

"우리는 우리가 인식한 우리의 모습을 끌어당긴다. 인생을 사는 방법은 원하는 대상을 쫓아가는 것이 아니라 소망이 이루어졌다는 느낌을 간직한 채 그것이 우리에게 오도록 하는 것이다."

참으로 가슴에 와 닿는 말이다.

내가 꿈꾸고 원하는 모든 것들을 이제 우주에다 다 띄워 보냈다. 이제 나는 그것을 받을 준비를 하고 기다리기만 하면 된다. 내 꿈은 반드시 이루어질 것이기 때문이다.

어젯밤에 나는 꿈을 꾸었다. 문맹국 아이들이 글을 깨우쳐 손에 편지를 들고 줄줄 읽어 내려가고 있었다. 내가 보낸 편지들이었다. 이제는 글도 쓸 줄 알아서 어떤 아이들은 바로 연필을 잡고 침을 묻혀 가며 삐뚤빼뚤 답장을 쓰기도 했다. 모퉁이에 앉아 있던 남자아이는 독서 중이라 옆의 아이들이 장난을 걸어 와도 미동도 않고 책 읽기에만 몰두하고 있었다.

누군가 "꿈이 있는 사람은 손을 드세요."라고 말하자 전부 다 손을 들고 자신이 먼저 발표를 하겠다고 경쟁도 했다. 그들의 꿈들은 참으로 다양했다. 그들 개개인은 아무도 빼앗아 갈 수 없는 아름다운 꿈들을 마음에 품고 있었다. 그 꿈들은 곧 발현될 것이고 승화될 것이다. 아마도 그들도 곧 행복하게 꽃길을 걸어갈 것이다. 내가 보기에도 이렇게 좋은데 신이 보기엔 얼마나 더 좋을까?

PART 03

대한민국 대표 망개떡집 창업 코치로서 기술 나누며 살기

· 손수현 ·

손수현

한국 대표 브랜드 S사 수지본점 대표, 수제떡 코칭 전문가, 자기계발 작가, 동기부여가, 강연가

중국에서 고등학교를 자퇴하고 옷가게 운영을 시작하였다. 21세에는 커피숍 운영을 시작했고, 더욱 전문적인 지식을 쌓기 위해 21세에 인하대학교 경영학과에 입학하였다. 졸업 후 커피숍을 운영하다가 한국적인 디저트인 망개떡의 사업성을 보고 현재는 S사 망개떡집을 운영 중이다. 수제떡 코칭 전문가로서도 활동 중이다. 현재 29세에 떡집 CEO가 된 주제로 개인저서를 집필 중이다.

대한민국 대표 망개떡집 창업 코치 되기

나는 어릴 때부터 식품업은 정말 안 할 거라고 다짐하고 또 다짐했다. 요리를 좋아하지도, 재미있어 하지도 않는다. 그저 맛있게 만들어 먹으려고 노력할 뿐이었다. 그런데 그것이 나의 직업이 될 거라고는 상상도 하지 못했다. 그랬던 난데 왜 떡집을 선택하게 되었을까? 그것도 20대에?

나는 원래 졸업하고 취업하려고 했다. 그런데 취업을 준비하는 과정에서 내가 하고 싶은 일이 무엇인지 갈피를 잡을 수 없었다. 그러던 중 무권리로 나온 카페가 눈에 띄었다. 카페의 위치는 집 근처이기도, 역 앞이기도 했다. 나는 20대 초반에 카페를 운영했던 경험을 살려 이 카페를 살리고자 했다. 권리금을 받고 나오겠다는 각오로.

하지만 죽어 있는 카페를 살리는 것은 쉬운 일이 아니었다. 역 앞이라 좋은 점도 있지만, 그만큼 경쟁자들이 많았다. 저가 프랜차이즈부터 스타벅스까지 수많은 카페를 보며 내가 그들을 이길 수 있는 특장은 무엇일까 고민하게 되었다.

나는 건강하고 맛있는 음료를 판매하고, 디저트 또한 건강한 것들을 찾고 또 찾았다. 생과일주스는 물을 넣지 않고 오로지 과일과 얼음, 사탕수수 시럽만을 넣어 만들었다. 다른 음료 또한 사탕수수로 만든 시럽만을 사용했다. 하지만 직접 만들지 않으면 건강한 디저트를 제공하기가 어려웠다. 직접 오븐을 구매해 만들려고 하니 여유가 없었다. 그래서 건강한 디저트를 포기하고 프랑스에서 직수입되는 케이크를 선정해 판매했다. 별로 내키지는 않았지만.

우리 카페 옆에는 아주 건강한 떡을 만드는 망개떡집이 있었다. 국산 찹쌀과 팥 앙금, 망개 잎으로 만드는 만큼 건강에 좋고 맛있어서 사람들이 즐겨 찾았다. 선물용으로도 예뻐서 많은 사람들이 사전 예약하는 것을 보았다. 떡집은 매일같이 바빴다. 당일 생산한 떡이 다 소진되면 문을 닫았다.

매일 먼저 퇴근하시는 떡집 사장님들을 보면서 나도 재고가 소진되어 집에 갔으면 하기도 했다. 아울러 커피와 잘 어울리는 망개떡을 함께 팔면 승산이 있겠다고 생각했다. 그러던 어느 날, 카페가 팔리게 되었다. 나는 카페를 팔고 남은 돈으로 무엇을 할까, 생각했다. 취직은 이제 못할 것 같으니, 물질적으로 어려운 상황을 해결할 수 있는 사업이어야 했다.

그렇게 고민하던 나는 망개떡집에 관심을 가지게 되었다. 떡을 싫어하는 내가 좋아할 만큼 맛있고 건강한 데다 의외로 커피와도 잘 어울렸다. 때문에 떡카페를 하면 잘될 거라는 생각이 들었다. 결국 나는 본사 사장님의 도움을 받아 망개떡집을 하게 되었다. 적지 않은 금액이 들었지만 선물용으로도 좋은, 가치 있는 떡인 데다 맛있고, 건강에 좋고, 일반 떡보다 쉽게 배울 수 있다는 점 그리고 누구든 맛보면 다시 찾아올 거라는 생각에 과감하게 도전하게 되었다.

그렇게 나는 떡집을 시작하게 되었다. 나는 왜 대한민국의 떡집 창업 코치가 되려고 할까? 책 쓰기를 준비하면서 내가 왜 책을 쓰고 싶어 하는지 돌아보았다. 그때 나는 나에게 평범하게 살지 않아도 괜찮다는 말을 하고 싶었다. 그리고 20대들에게 직업 선택의 폭을 넓히고 도전할 수 있는 용기를 주고 싶었다.

떡집을 시작한다고 했을 때 내 친구들은 "이 나이에 무슨 떡집이야, 완전 아줌마 같아."라고 말했다. 하지만 나는 떡을 파는 것도 커피를 파는 것같이 '멋'있는 직업으로 만들고 싶다. 그저 종목이 다를 뿐인데, 떡을 파는 것은 왜 멋이 없고 하찮은 직업이라고 생각하는가?

그 편견을 깨고 싶은 마음이 생겼다. 그리고 떡을 판매할뿐더러, 떡 교육을 통해서 떡집을 한 단계 업그레이드시키고 싶었다. 누군가를 가르치는 일을 하려면 더 배우고 디테일해져야 한다. 그러지 않으면 좋은 제자를 양육할 수 없다. 또한 물질적으로도 만족을 이루고 싶다. 누군가를 도와주고 제자로 삼고, 물질적으로 만족할 수 있는 삶을 살고 싶다.

대한민국 대표 망개떡집 창업 코치가 되려면 어떤 노력을 해야 할까?

먼저는 떡을 만드는 레시피, 만드는 법을 체계화시켜야 한다. 또한 나는 떡을 만드는 것뿐만 아니라 창업을 제대로 할 수 있도록 세밀하고, 구체적인 운영 방법을 알려 줄 수 있어야 한다고 생각한다. 그래야 대한민국 대표라고 할 수 있지 않을까?

예약을 어떻게 잘 받아 내는지, 어떤 방식으로 받는지 시스템이 구축되어야 실수하지 않고 예약을 소화할 수 있을 것이다. 그리고 선물 떡을 대상으로 하기 때문에 세트를 구성하는 방법, 포장하는 방법 등이 중요하다. 보자기를 포장하는 방법, 답례 떡 예쁘게 만드는 법, 답례 떡 라벨을 어떻게 예쁘게 만드는지를 구체적으로 알려 줄 수 있는 교육체계가 필요한 이유다.

또한 주방 안의 동선을 편하게 구축할 수 있도록 주방 시설, 박스 및 포장 도구 배치 등을 설계할 필요가 있다. 이런 모든 것을 가르쳐 줄 수 있는 교육과정을 진행해 보고 싶다. 이렇게 되면 내가 겪었던 시행착오들을 나의 제자들은 겪지 않게 되고, 망개떡집을 창업하는 데 따르는 어려움을 덜 수 있을 것이라고 생각한다.

어떤 방식으로 코칭을 하고 싶은가? 먼저는 교육 사무실을 구할 것이다. 깔끔한 카페처럼 꾸며서 클래스를 진행할 수 있도록 할 것이다. 2~4주로 구성해 마지막 주에는 실습을 할 수 있도록 할 것이다.

떡을 만들어 보고 판매도 해 보고, 손님도 응대해 보면서 본인이 떡집을 열었을 때, 최대한 숙련되어 있도록 진행할 것이다. 또한, 체험 형식의 클래스도 만들어 유치원 아이들이 와서 떡 만들기를 체험하고, 자신이 만든 떡을 먹어 보거나 집에 가져갈 수 있도록 할 것이다.

일단 두 가지 과정을 진행하면서 다른 교육과정으로 넓혀 갈 예정이다. 보자기 클래스도 진행하고, 플라워 클래스도 진행할 것이다. 그리고 그것을 떡과 매치시켜 판매할 수 있도록 할 것이다.

떡집에도 마케팅이 정말 중요하다. 어떤 배너를 사용하느냐, 블로그 및 인스타그램 광고를 어떤 식으로 하느냐 등등은 매출에 엄청난 차이를 가져온다. 그래서 배너를 광고 업체를 끼지 않고 직접 제작하는 방법, 리플릿, 스티커, 박스 제작 등을 알려 줄 수 있는 업체와도 연결해 교육을 받도록 해 주고 싶다. 블로그 및 인스타그램 광고를 어떤 식으로 진행하는지도 가르쳐 주는 교육과정도 진행하고 싶다.

이렇게 내가 시행착오를 거쳐서 얻어 낸 지혜들을 통해 내 가치를 올리고 코치로서 경제적인 자유를 누릴 것이다. 누구에게든 도움이 될 수 있는 사람으로 성장하고 싶다.

내가 망개떡집 창업 코치가 된다면 세상에 어떤 선한 영향력을 끼칠 것인가?

나는 이 모든 것을 어렵지 않게 얻어 냈다. 수많은 사람들이 그동안 도와주었기 때문에, 카페를 운영하고, 대학을 꿈꾸고, 졸업 후에 또 카페를 운영하게 되었다.

그러곤 카페를 정리하고 망개떡 기술을 배워 코치가 되었다. 코치가 되면 남부럽지 않은 수익을 낸다. 나에게도 다른 사람의 도움이 없었다고 할 수 없다. 그런 만큼 나 또한 배움이 간절하고 안타까운 사람들에게 기회를 제공해 주는 사람이 되고 싶다. 망개떡 기술을 디테일하게 알려 주고 어렵게 알아낸 비법들을 풀어내고 싶다.

그리고 나처럼 꿈이 없어 방황하고 있는 10대, 20대에게 무엇이든 부딪치고 도전해 보라고 말하고 싶다. 물론 실패할 수도 있다. 하지만 실패도 이 길이 나에게 맞지 않는다는 결론을 끄집어내 주는 것이지 않은가. 그것 또한 진로를 찾는 데 도움이 될 테다. 다른 사람을 따라서 취업하는 것이 아닌, 자신의 길을 찾는 것이 중요하다는 이야기를 들려주고 싶다. 또한 창업에 도전하는 20대들에게 도움을 주고 싶다.

세계 여러 나라의 아이들을 정기적으로 후원하고 싶다. 내가 중국에 있을 당시 동남아 6개국에 비전트립을 간 적이 있다. 한 달 정도의 시간 동안 6개국을 다니며 아이들을 만났다. 캄보디아에 갔을 당시 고아원에 봉사를 간 적이 있다. 고아원에 있는 아이들은 봉사 오는 사람들을 반기고 좋아했다. 아이들의 눈빛에선 사랑받고 싶어 하는 마음이 간절하게 보였다. 말은 통하지 않았지만, 함께하면서 즐거웠다.

나는 이 아이들을 돕고 싶었다. 좋은 환경에서 부모님과 함께 살아가면서도 내게는 불평불만을 늘어놓는 모습들이 가득했다. 그런데 그 아이들은 순수하고 밝은 에너지를 가지고 있다는 생각이 들었다. 물질적으로든 지식적으로든 그 아이들을 돕고 싶지만 그러지 못하는 나 자신을 돌아보게 되었다. 그들을 통해서 오히려 내가 힘을 얻었고, 그들을 보면서 내가 감사한 삶을 살고 있다는 생각이 들었다.

그때 나는 누군가에게 도움을 줄 수 있는 사람을 꿈꾸었고, 대학 진학을 결심했다. 이제 내가 그 꿈을 이룰 수 있는 길에 서게 되었다. 더 성장해서 아이들을 돕고 선한 영향력을 줄 수 있는 사람이 될 것이라 나는 확신한다.

마세라티 차 주인 되기

나는 아직 운전면허증이 없다. 남들은 스무 살이 되자마자 보통 운전면허증부터 따는데, 나는 따지 않았다. 왜냐고 묻는다면 '운전면허증이 있어도 어차피 차가 없는데 뭐 하러 따?'라는 생각 때문이다.

그리고 또 하나의 이유는 나는 술을 마시지 않는데, 우리 가족은 술을 좋아하는 편이기 때문이다. 만약 내가 운전면허증을 딴다면 내가 그들을 매일 데리러 가야 한다는 생각이 들었기 때문이다. 이 두 가지 이유 때문에 내 나이 거의 서른인데도 나에겐 운전면허증이 없다.

그런데 이젠 운전면허증을 따고 싶다. 나는 차를 살 능력이 되는 사람이기 때문이다. 그것도 명품 차를 살 수 있는 사람이다. 명품 차 하면 예전에는 나와 거리가 먼 차라고 생각했을 것이다. 그런데 이제 마인드를 바꾸었다. 꿈을 꾸고 상상하고 미래를 그리면서 이미 내게 이루어졌다고 생각하라고 나의 코치님이 말씀하셨다. 이제 꿈을 크게 꾸려고 한다.

나는 왜 마세라티 차 주인이 되고 싶은가?

예전에 MBC 〈나 혼자 산다〉라는 예능 프로에 배우 김사랑 씨가 나온 적이 있다. 차분하고 우아하고 예쁜 그녀가 마세라티 콰트로포르테를 타고 외출하는 장면이 나왔다. 여성스러운 그녀가 탄 마세라티가 나오는 장면은 아직도 잊히지 않는다. 삼지창 모양의 브랜드 로고가 고급스럽고 멋지지 않은가. 성공한 그녀가 타는 마세라티를 나도 가지고 싶다. 마세라티를 타는 정도라면 사회적으로 성공한 거 아닌가?

우리 엄마는 모닝을 타고 다닌다. 내가 자주 조수석에 앉아서 함께 타고 가는데, 도로에서 무시를 많이 당하는 느낌이다. 피해의식일지는 모르겠지만, 끼어들기를 자주 당하는 편이다. 그래서인지 우리 엄마는 다른 차가 부딪쳐 와서 사고를 당하는 케이스가 많다. 버스가 와서 박거나, 택시가 와서 박거나 한다. 나는 엄마가 사고를 당할 때면 '비싼 차라면 부딪치는 일이 적을 텐데'라고 생각하며 굉장히 마음 아파한다.

그래서 왜 사람들이 비싼 차를 타는지 알 것 같다. 우월한 자태에 사람들의 부러움을 살뿐더러 사고를 낼까 봐 조심하는 사람들까지. 그러다 보니 사고가 날 때 더 안전한 것도 있겠지만, 사고 횟수는 적지 않을까?

마세라티를 타려면 어떻게 해야 할까?

내가 가지고 싶은 마세라티 콰트로포르테는 옵션을 다 선택하면 2억 6,000만 원 정도 한다. 이 정도의 차를 굴릴 수 있을 정도라면 한 달에 억대는 벌어야 한다. 나는 지금 책을 쓰고 있다. 이 책을 통해서 나를 드러내고 홍보할 것이다. 그럼으로써 나는 망개떡 기술을 가르치는 사람이 될 것이다. 그렇게 1인 창업하면 이것이 나의 첫 수입 파이프라인이 될 것이다.

나는 망개떡 기술을 가르치는 과정을 처음에는 일대일 수업으로 진행할 것이다. 당장 사무실을 구하거나 기계를 들여놓는 것이 어렵기 때문이다. 그래서 일대일 수업을 일주일에 걸쳐서 하려는 것이다. 실습을 통해서 이론을 알려 줄 것이다. 그렇게 현장에서 배운다면 정말 빠르게 이론과 실기를 겸비할 수 있을 것이다. 그러다 형편이 되면 사무실을 얻고 떡을 택배로 배달해 나가도록 할 것이다. 나아가 프랜차이즈를 준비할 것이다.

그리고 강연 활동, 유튜브를 통해서 또 다른 수익을 창출할 수 있을 것이다. 그렇게 1년 정도 한다면 마세라티를 구입하고 유지하는 비용이 충분히 나올 수 있다는 계산이다. 내가 하고 싶고, 할 수 있는 일을 통해서 경제적인 자유를 누릴 수 있다는 것은 정말 행복한 일이다.

1인 창업의 매력은 수익에 비해 원가가 현저하게 낮다는 것. 매일 얼마 남는지 많은 고민을 하지 않아도 된다. 나의 경험과 지식을 통해서 돈을 벌 수 있다는 것은 정말 축복이다. 1인 창업을 하면 나도 마세라티를 탈 수 있는 사람이 된다.

내가 마세라티를 구입해 타는 순간 어떤 느낌이 들까?

나는 차를 한 번도 운전해 보지 않았지만, 상상해 보겠다. 고급스러운 가죽이 둘러져 있는 핸들 중간에 삼지창이 박혀 있다. 손으로 그것을 문지르면서 나는 뿌듯함을 느끼다 못해 온몸에 소름이 돋을 것이다. 나의 버킷리스트를 이룬 순간이니까.

그리고 나는 빨간색과 베이지색 혹은 갈색으로 투톤을 넣은 가죽시트를 선택해 세련되고 카리스마 넘치는 느낌을 낼 것이다. 그러곤 안락한 느낌의 시트의 천연가죽 냄새를 맡으며 선루프를 연다. 미세먼지 농도가 높지만, 그것은 중요하지 않다. 내 꿈을 이룬 순간이기 때문에 더없이 행복할 뿐이다.

기계에 관심이 많은 나는 차에 무슨 기능들이 있나 살펴보는 것을 좋아한다. 그래서 설명서를 읽으면서 이런 기능들이 있구나 하며 감탄하고 좋아할 것이다. 기능들을 하나하나 써 보고 익히는 시간을 가질 것이다.

그리고 바로 SNS에 사진을 찍어서 올릴 것이다. 나름 소소하게 올린다고 올리겠지만, 마세라티는 소소하지 않다. 그런 만큼 친구들의 반응이 궁금하다. 내게 대학을 나와서 겨우 떡집을 하느냐고 안타까워하는 사람들이 있다. "그렇게 죽어라 공부했는데, 웬 떡집이야. 더 나이 들면 취직도 어려워."라는 말을 들으며 나는 꼭 성공해 보이리라 다짐했다.

떡집을 하면서 여러 가지 생각을 해 보았다. 그중 내가 껑충 뛰어오를라 성공할 수 있는 방법은 프랜차이즈를 하는 것뿐이었다. 하지만 이것은 단시간에 이루어 낼 수 있는 일이 아니라고 생각했다. 반면 책은 나의 성공을 빠르게 이룰 수 있도록 만들어 줄 것이다. 나를 홍보할 수 있고,

책을 통해서 나를 찾아오는 사람들이 많을 것이기 때문이다.

책 쓰기를 통해서 나의 특이한 경력이 특별한 경력이 된다. 그리고 마세라티는 나의 성공을 보여 줄 수 있는 수단이 된다. 그것을 가지기 위해선 경제적인 능력이 뒷받침되어야 하니까. 보여 줄 것이다. 나의 차 마세라티를.

가족들과 1년에 최소 한 번 비행기 일등석 타고 해외여행 가기

중국에서 유학하던 당시에 나는 1년에 대략 두 번 한국에 왔다 갔다 했다. 그때마다 비행기를 4시간씩 타는 것이 너무 괴로웠다. 좌석이 불편해 잠들기가 어려웠기 때문이다. 그때마다 일등석을 타고 싶다는 생각을 했다. 안락한 의자에 앉아서 영화를 보며 잠들 수 있으면 얼마나 좋을까 생각했던 적이 있다.

그리고 나는 대학생 때 공모전 프로젝트로 유럽을 간 적이 있다. 비행기 표 비용을 줄이고자 저가 항공에 다른 나라를 경유하는 비행기를 탄 적이 있다. 빈자리가 하나도 없이 꽉 찬 비행기. 창가 자리에 앉은 내가 화장실을 가는 것은 여간 힘든 일이 아니었다. 기내식도 입맛에 맞지 않았다. 앉은 것도 누운 것도 아닌 자세로 가려니 꼬리뼈가 부서지는 줄 알았다. 그럼에도 불구하고 나는 잠을 자야 했다. 14시간을 내리 자는 것이 불편을 덜 느낄 수 있는 방법이었다.

벨기에에 도착해서 짐을 찾으러 갔다. 도대체 어디서 짐을 찾는지 몰라 헤매다가 결국 예약해 둔 버스를 놓쳤다. 겨우 공항을 나와서 지하철 타는 곳을 찾는데, 어디에서 타는지 잘 모르겠는 것이었다. 버스 예약을 다시 하려니 결제가 되지 않았다. 처음으로 혼자서 유럽 땅을 밟았는데, 이게 무슨 일인가. 막막하고 식은땀이 나기 시작했다. 나름 1시간 여유를 가지고 예약했는데, 이런 불상사가 일어난 것이었다.

유럽 방문 당시 일등석을 탔으면 어땠을까? 14시간을 편안하게 누워서 영화도 보고, 화장실도 자유롭게 다녔을 것이다. 기내식도 마음에 들지 않으면, 라면으로 달라고 했을 것이다. 제일 빠르게 비행기에서 나가니까 버스를 놓치지도 않았을 것이다.

나는 왜 가족들과 1년에 최소 한 번 일등석을 타고 해외여행을 가기를 원하는가? 1년에 최소 한 번은 가족들에게 힐링할 수 있도록 해 주고 싶기 때문이다. 우리 집이 한창 어려울 때 당장 막아야 하는 카드 값, 집세, 관리비 그리고 빚 때문에 쪼들렸다. 때문에 '돈을 어떻게 하면 잘 벌까? 내일 당장 얼마가 필요한데 어떻게 하지?'라며 돈 때문에 전전긍긍하는 삶을 살았다. 그렇게 걱정하지 않아도 해결되었지만, 항상 돈에 매여서 산 적이 있다.

국내 여행을 간다고 하더라도 제대로 즐기지 못했다. 사 먹는 것보다도 해 먹는 것을 선택해야 했다. 숙소도 좋은 곳보다는 가격이 싼 곳을 고르거나 당일치기를 해야 했다. 그렇게 여유 없이 힘들게 살아오다 보니 가족들에게 1년에 최소 한 번은 힐링할 수 있는 시간을 선물하고 싶은 것이다.

공모전 프로젝트차 유럽을 방문했을 당시 거리를 거니는데 가족들이 생각났다. 특히 엄마가 유럽에 오면 너무 좋아할 거라는 생각이 들었다. 내가 어릴 때 엄마는 세계여행을 꿈꾸며 세계 나라들을 실은 전집을 사 왔다. 엄마는 그 책들을 읽으면서 여러 나라의 문화를 보고, 알아 가고, 풍경 사진을 보면서 세계여행을 꿈꾸었다. 그래서 우리 엄마가 오빠와 나를 데리고 중국으로의 유학을 결심한 것도 있다. 중국의 비전을 보기도 했지만, 해외에서 살아 보고 싶은 마음 때문이었다.

풍경 감상을 좋아하는 엄마는 유럽에 오면 거리를 걸으며 감탄사를 연발할 것이다. 소녀 감성이 살아 넘치면서 너무 좋아하겠지. 아빠는 딸 덕분에 이런 데도 와 본다고 하면서 기뻐하며, 친구들한테 자랑하겠지.

우리 가족은 가족끼리 해외여행을 단 한 번도 간 적이 없다. 비용도 비용이지만, 한번 가려면 시간을 다 따로 내야 하기 때문에 스케줄을 맞추기가 어려웠다. 그리고 여행 계획을 다 내가 다 짜야 했다. 그것도 가장 저렴한 비용으로. 나는 여행 계획 짜는 것을 별로 좋아하지 않는다. 그런데 내가 주도적으로 하지 않으면 우리 가족은 여행하기가 어렵다.

가족과 여행하려면 여러 가지 생각해야 될 것들이 있다. 가장 편한 동선이어야 하고 힘들지 않아야 싸울 일이 없을 것이다. 맛집을 잘 찾아야 돈 아깝다고 욕먹지 않을 것이다. 그리고 숙소는 조리 시설이 갖춰져 있어 취식이 가능해야 한다. 그럼에도 불구하고 엄마 아빠에게 여행을 선물하고 싶다.

나 또한 어릴 때부터의 꿈이 세계여행이다. 어릴 때는 배낭여행을 꿈꾸었다. 성인이 되고 나서는 신혼여행차 세계로 나가 한 달 동안 있다 오는 것을 꿈꿨다. 하지만 지금은 엄마 아빠가 더 나이 들기 전에 여행을 같이 하고 싶다는 생각뿐이다. TV에서 여행 프로를 보며 저기 정말 가고 싶다며 언젠간 가자고 했다. 이제는 이 약속을 지킬 수 있는 사람이 되었다고 확신한다.

어떤 나라를 방문하고 싶은가?

먼저는 가장 가기 쉬운 곳부터 가고 싶다. 그곳은 대만이다. 내가 중국어를 할 줄 아니까. 가족들을 데리고 다니기 쉬울 테다. 대만은 여행 가격도 적절하고, 먹거리도 유명한 것이 많다.

그 이후에는 코로나가 잠잠해지면 유럽으로 갈 것이다. 체코가 예쁘기로 유명하다고 한다. 신혼여행지로도 유명한 그곳에서 먼저 여행을 시작하고 싶다. 그리고 이탈리아로 넘어가서 쇼핑을 할 것이다. 친구들 얘기를 들어 보니 이탈리아에서는 명품을 정말 저렴하게 구입할 수 있다고 한다. 그다음 나라는 프랑스다. 프랑스 파리의 에펠탑에서 사진도 찍고, 미술 박물관에 들러 직접 유명한 화가들의 작품들을 구경하고 싶다. 유명한 디저트도 맛보고 얼마나 행복할까.

그리고 마지막은 영국이다. 영국에 가서 런던 브리지에서 사진도 찍고, 뮤지컬도 보고, 영국의 센트럴 파크에서 쉬기도 할 것이다. 영국의 세븐 시스터즈도 잊을 수 없다. 광활하게 펼쳐진 절벽이 너무나 아름다웠다. 가족들이 보면 얼마나 좋아할까 싶었던 곳인 만큼 꼭 데려가고 싶다.

유럽 여행을 끝내고 돌아오면 다음은 미국이다. 미국은 나도 한 번도 방문해 본 적이 없다. 나이아가라 폭포 관람과 엠파이어스테이트 빌딩 방문, 자유의 여신상 보기, 타임스퀘어 방문 등 하고 싶은 것이 많다.

나의 버킷리스트는 이제 이룰 수 있다. 예전에는 꿈이 있어도 현실 벽에 부닥쳐 이룰 수 없을 거라고 생각했다. 그래서 더 이상 꿈을 꾸지 않았다. 버킷리스트를 적는 것도 쉽지 않았다. 하지만 이제는 다르다. 의식을 변화시켜 구체적으로 꿈꾸고 상상하고 그때를 생각하면 이룰 수 있다. 그래서 나는 꿈을 꾸고, 내 꿈이 이루어질 것이라고 확신한다.

펜트하우스 주인 되기

나는 큰 집을 가지고 싶다. 나는 오감이 예민한 편이다. 소음에 예민해 그로 인한 스트레스를 많이 받는 편이다. 우리 집은 방음이 잘되지 않는다. 방에 있으면 거실에서 얘기하는 소리가 들리고 TV 소리가 들린다. 이것이 내가 큰 집으로 이사하고 싶은 이유다. 하지만 펜트하우스를 사고 싶다고 꿈을 꾼 적은 없다. 50~60평대의 아파트를 가지면 충분하지 않을까? 싶었다.

그랬던 내가 왜 펜트하우스의 주인이 되고 싶어 하는가? 위닝북스의 권동희 대표님이 유튜브에 펜트하우스로 이사한 영상을 올리신 적이 있다. 그때 펜트하우스의 내부를 보면서 자극을 받았다. 펜트하우스에서 사는 것이 성공의 척도라는 생각이 들었다. 넓디넓은 집에 멋진 인테리어를 할 정도면 얼마나 돈이 많아야 하는 걸까 하는 생각이 들었다. 꿈을 꾼다면 이 정도는 꾸어야 하지 않을까?

나는 어릴 때부터 성공하면 시계 진열장을 가지고 싶었다. 나는 어릴 때부터 시계를 좋아했다. 내가 과거에 찼던 시계를, 나와 함께 보내 온 시간들을 진열해 놓고 싶었다. 그리고 미래에 나와 함께 할 명품 시계들을 놓고 싶었다. 펜트하우스에서 살 정도라면 드레스 룸은 당연히 있을 테다. 그리고 그곳에 내 시계를 진열해 놓을 수 있는 진열장 하나는 있을 것이다.

그리고 영화 관람방을 집에 만드는 것이 나의 로망 중의 하나다. 나는 영화를 좋아한다. 특히 판타지 장르를 좋아한다. 판타지 영화를 볼 때는 화면의 크기와 선명도, 음향이 정말 중요하다. 그래야 그 광활한 풍경과 음악을 온전히 느끼고 빠져들 수 있다. 펜트하우스를 사는 경제력이라면 영화 관람방 하나 만드는 것은 어렵지 않을 것이다. 이 두 가지를 다 이룰 수 있는 것이 펜트하우스다. 그래서 나는 펜트하우스를 가지고 싶다.

어떤 인테리어를 하고 싶은가?

우리 집은 '그냥' 물건이 배치되어 있을 뿐, 인테리어를 생각한 모양새는 없다. 예전부터 부모님이 여러 가지 사업을 하셨고, 그 사업을 정리하면서 가져온 짐들이 집에 많다. 내 방 또한 그렇다. 방을 꾸미는 돈으로 옷을 사는 게 더 좋았다. 인테리어에 관심이 없었던 것은 아니다. 조금만 예쁘면 가격대가 높아서 시도하지 않았을 뿐.

가격은 생각하지 말고, 마음껏 상상해 보자. 나는 깔끔하면서도 세련된 스타일을 좋아한다. 북유럽 감성이 많이 깃든 인테리어였으면 좋겠다. 모던하지만 차갑지 않고 따뜻한 느낌이 나는 거실, 드레스 룸에는 내가 강연을 다니며 입을 옷들과 구두, 가방들이 진열되어 있고, 중간에는 시계 진열장이 있겠지.

화장실에는 마사지할 수 있는 욕조가 있고 TV를 보면서 목욕을 즐길 수 있다. 바닥에는 보일러가 들어온다. 깔끔한 모양의 타일에, 숲 향이 은은하게 퍼져 있다. 세면대 수도꼭지는 특이한 모양이면서 세련되었다.

그리고 음악도 듣고 영화도 볼 수 있는 방이 있다. 내부에는 편안하게 누워서 영화를 보다가 잠들 수도 있는 소파가 있다. 사운드 퀄리티가 좋아 영화관 부럽지 않다.

서재에는 내가 쓴 책들이 수십 권 진열되어 있다. 온전히 나만의 시간을 즐길 수 있도록 방음처리가 잘되어 있다. 편안한 의자에서 차를 마시며 독서할 수 있다. 내 방은 미니멀하고 따뜻한 느낌이 난다. 화장대에는 내가 좋아하는 화장품들이 박스로 진열되어 있다. 유튜브 활동을 하면서 화장품도 소개하니, 화장품 회사에서 협찬해 온 것들이다.

주방은 오묘한 민트색과 시원한 파란색 그리고 원목을 적절하게 배치한 인테리어가 되어 있다. 부라타 치즈에 올리브 오일, 토마토, 베이컨을 곁들여서 먹는 아침식사 메뉴가 참 잘 어울리는 주방이다. 에스프레소를 내리는 커피 머신으로 모닝 아메리카노도 즐길 수 있다. 이 얼마나 행복한 상상인가.

어디에 위치했으면 좋겠는가? 현재 나의 집은 안산이다. 매장은 용인이라 안산에서 왕복 2시간에 걸쳐서 출퇴근한다. 이동시간이 기니 시간적인 여유가 없다. 왕복 2시간이 걸려 집에 왔다 갔다 하니 잠만 자고 집에서 나와야 한다. 펜트하우스를 사기 전 먼저 매장 근처에 있는 힐스테이트 아파트로 이사할 것이다. 그리고 경제적인 여유가 더 생기면 펜트하우스로 이사할 것이다.

이 모든 것을 이루고 나면 어떤 느낌이 들까? '나에게도 이런 날이 오다니' 하며, 스스로를 기특하게 여기겠지. 26평 남짓한 집에서 나는 책 쓰기를 시작했고, 1인 창업을 했다. 그리고 펜트하우스에 이사 왔다. "나 성공했다!"라고 말하면 내 말이 쩌렁쩌렁 울리는 운동장만 한 집이다. 그러면 감격의 눈물을 흘리게 될까?

그리고 나도 유튜브 영상으로 나의 구독자들에게 동기부여를 해 주고 있지 않을까? "여러분, 제가 펜트하우스로 이사했어요." 하는 썸네일을 만들겠지. 내용 중에는 나의 버킷리스트를 담아 책으로 냈다며, 꿈을 이루려면 구체적인 목표가 필요하다는 말이 있을 것이다. 예전에 나도 위닝북스 권동희 대표님의 영상을 보고 펜트하우스를 꿈꾸었다고 하면서 말이다.

그리고 내가 구체적으로 상상하며 썼던 책을 보여 주며, 정말로 그렇게 인테리어한 펜트하우스 영상을 소개하겠지. 꿈이 없었던 내가 꿈을 꾸면서 엄청난 것을 이뤄 냈다며 "여러분도 한번 해보세요."라고 말하는 것을 상상해 본다. 그리고 지금 느껴 본다. 그때 느껴질 가슴 뛰음.

펜트하우스로 이사 가기 위해선 어떤 노력을 해야 할까? 내가 갈 수 있다는 믿음을 가지는 것이 중요하다. 그래야 내가 동기부여를 받고 해낼 테니까. 1인 창업해 일대일 컨설팅을 하고 사무실 내에 교육장을 만들 것이다. 교육장에 더 많은 인원을 수용하고 다 같이 수업을 들을 수 있도록 할 것이다.

더 나아가 떡만 파는 것이 아니라, 선물 패키징 수업을 할 것이다. 예를 들면 선물을 포장할 때, 어떤 자리에 참석하느냐에 따른 보자기 색상, 보자기 매는 스타일과 그에 따른 연령대별 선호도, 시즌별 선물 포장 방법 등을 세밀하게 알려 주는 교육과정을 들 수 있겠다.

또한 떡 카페 프랜차이즈를 체계화시킬 것이다. 망개떡집과 접목한 카페는 보기 드문 아이템이다. 떡을 만드는 것도 힘든데 커피까지 제조하려면 노동력과 자본이 필요하다. 그런 만큼 점주들이 확실하게 돈을 벌 수 있는 구조가 필요하다. 그것을 개발해 나는 프랜차이즈를 시작하고 싶다.

나는 로열티를 많이 받을 생각이 없다. 서로가 윈윈(win-win)하는 구조가 되기를 바란다. 최근의 프랜차이즈들을 보면 본사만 이득을 보고 점주들은 돈을 못 버는 경우가 많기 때문이다. 나는 점주들을 교육하고 기술과 운영 노하우를 알려 주고 싶다. 이를 통해서 부의 선순환 구조를 만들어 갈 것이다. 내가 가만히 있어도 돈을 벌어들일 수 있는 파이프라인을 만들어야 할 것이다. 그것이 나의 숙제이고 풀어 나가야 하는 문제다. 하지만 걱정하지 않는다. 반드시 나는 해낼 수 있으니까. 그리고 펜트하우스를 사는 능력 있는 사람이 될 테니까.

방송, 강연, 유튜브, 1인 창업을 통해 선한 영향력을 주는 사람 되기

"이번 프레젠테이션 발표는 누가 할래?"

"나는 발표 잘 못해. 내가 자료조사 하고 싶어."

나는 나 자신을 드러내는 것을 두려워하고 사람들 앞에서 말하는 것을 어려워한다. 자긍심이 없어서 사람들이 나를 주목하면 얼굴이 빨개진다. 대학교 때 앞에 나가서 발표하는 것이 두려웠다. 그래서 대부분 나는 자료를 조사하는 역할을 맡았다.

그랬던 내가 왜 방송, 강연, 유튜브 1인 창업을 통해서 선한 영향력을 주는 사람이 되기를 꿈꾸게 되었을까? 나는 어릴 때부터 멋있는 사람, 커리어우먼을 꿈꿨다. 하지만 당장 내가 무엇을 좋아하는지, 무엇을 잘하는지 몰랐다.

그래서 그냥 닥치는 대로 해 보고 싶은 것을 했다. 고등학교를 자퇴하고 검정고시를 보고, 대학 갈 나이에 카페를 운영했다. 남들은 졸업하고 취업할 나이에 나는 대학에 진학했다. 졸업 후에는 취업을 하지 않고 망개떡집을 하고 있다.

남들은 일반적이지 않은 나의 삶을 보고 걱정했다. "어떻게 하려고 학교를 안 가?", "앞으로의 계획이 뭐야?", "너는 꿈이 뭐야?" 등등의 말을 하면서. 그리고 나는 그 말들을 들으며 '무슨 상관이야!' 하다가도 주눅이 들었다. 나처럼 사는 사람은 보지 못했으니까. 자꾸 남들이 가는 길이 맞는 길이라는 생각이 들었다. 나는 '남들은 다 잘 사는 것 같은데 나는 왜 그렇지 못할까?'라는 생각을 했다. 이런 생각이 나를 힘들게 했다. 이런 우울한 생각들로 인해 아무 생각 없이 TV를 보는 것을 좋아했다. 그리고 잠자는 것을 즐겼다. 그래야 우울한 생각들로부터 벗어날 수 있으니까.

떡집을 하면서 이대로 떡만 팔면 안 되겠다는 생각을 했다. 멋있어지려면 프랜차이즈 떡집 CEO 정도는 되어야 하지 않을까? 그런데 참 막막했다. 어떻게 이뤄 내야 할지 잘 모르겠다고 생각했다. 내가 이런 고민을 하고 있을 때, 우리 엄마는 나의 고민을 잘 알고 있었다. 그런 엄마가 유튜브를 통해 우연히 알게 된 김도사님의 특강에 꼭 참석해 보라고 권하셨다. 책을 써서 작가가 되라고 얘기하셨다.

내가 어떻게 책을 쓸 수 있는가? 1년에 책 한 권도 안 읽고, 대학 다닐 때도 전공 책을 겨우겨우 읽었던 사람인데 말이다. 그런데 나는 결국 특강에 가게 되었다. 그곳에서 만난 김도사님은 성공해서 책을 쓰는 게 아니라 책을 써야 성공한다고 하셨다. 정말 와 닿았다. 그리고 상담을 하는데, 김도사님은 너무나 자신 있게 도와주시겠다고 했다. 얼떨결에 책 쓰기 과정을 신청했다.

책 쓰기 과정을 하면서 나는 내가 원래 꿈꾸지 않았던 꿈을 꾸게 되었다. 사람들 앞에 서는 것을 두려워했던 나는 나의 스토리를 가지고 사람들 앞에 서고 싶어졌다.

책 쓰기를 하면서 깨달은 것들이 있다. 남들과 다르게 산다고 해서 문제가 되지 않는다는 것이다. 나는 사람들의 잣대에 나를 맞추려고 했다. 좋은 대학, 좋은 직장 그것만이 멋진 삶이라고 생각했다. 시야가 너무 좁았던 것이다. 이런 생각들이 나를 억압하고 괴롭게 만들었던 것이다.

사람마다 그 사람만의 길이 있다. 그리고 각자의 길에서 성공할 수 있는 방법들이 존재한다. 무슨 일이든 그 분야에서 1등이 되면 괜찮지 않나, 하는 마인드를 가지면서 나는 나를 더 이상 억압하지 않게 되었다. 그렇게 자유해지면서 우울한 감정이 많이 사라졌다. 그래서 나는 방송, 강연, 유튜브를 통해서 나의 스토리를 얘기해 주고 싶다. 남들과 같은 인생을 살지 않아도 된다고. 그것이 선한 영향력을 주는 사람이 아닐까?

또한 1인 창업을 통해서 나는 20~30대들도 떡집을 할 수 있다는 얘기를 하고 싶다. 그리고 떡을 만드는 사람에 대한 이미지를 바꾸고 싶다. 전통을 이어 가는 청년으로서 어떻게 멋있게 될 수 있는지 고민하고 있다. 이제까지 20~30대는 접근하기 쉬운 카페, 디저트 가게 등을 창업 아이템으로 선호했다. 그런데 카페 시장은 포화 상태고 마카롱 가게도 만만치 않게 많다. 지금도 문을 닫는 곳이 수두룩하다.

20~30대들이 떡 시장에 뛰어든다면, 새로운 패러다임을 만들 수 있을 것이다. 기존 떡 시장에는 젊은 사람들이 잘 없다. 대부분 50~60대가 떡집을 한다. 그런 만큼 젊은 감각을 지닌 청년들이 떡집을 한다면 경쟁력이 있다고 본다.

망개떡은 일반 떡과 달리 배우기 쉽다. 선물용으로 많이 나가기 때문에 시즌을 많이 타지 않는다. 나는 20~30대를 타깃으로 교육할 것이다. 그리고 망개떡 기술 교육으로 얻은 수익으로 어려운 아이들의 꿈을 후원하는 재단을 설립하고 싶다. 이것이 선한 영향력을 끼치는 방법이라고 생각한다.

강연은 어디에서 어떻게 하고 싶은가? 먼저 대학교 강연을 하고 싶다. 모교인 인하대학교에서 하고 싶다. 내가 교양 수업으로 들었던 '대학진로탐색'이라는 수업이 있다. 성공한 선배님들이 나와서 자신의 이야기를 하는 것이 교육 내용이었다. 공무원을 하다가 대기업에 입사한 선배님, 영화감독이 된 선배님, 작가가 된 선배님 등등이 기억난다.

나도 그 무대에 서고 싶다. 나의 스토리를 얘기하면서 대기업이 답이 아니라, 본인의 길을 탐색해 보라고 하고 싶다. 그리고 모교의 입학식이나 졸업식 때 축하영상에 나오는 유명 인사들 중의 한 명이 되고 싶다.

경영학과를 나와서 창업했고, 이제는 작가가 되어 성공한 나의 모습이 영상에 나오는 것이다. 그렇게 후배들에게 동기부여를 해 주는 사람으로 등장하고 싶다.

유튜브는 어떤 내용으로 시작하고 싶은가? 유튜브는 먼저 떡집 브이로그로 시작하고 싶다. 떡을 만드는 방법이 간단하다는 것. 그리고 얼마나 많은 사람들이 왔다 가는지 등. 이런 소재로 먼저 시작해서 관심을 끄는 것이다. 그 이후 책이 나오면 작가로서의 삶을 보여 주는 것이다. 그렇게 카페를 홍보하고 망개떡 기술을 가르친다는 것을 노출하는 것이다.

방송은 어떤 프로에 나가고 싶은가? KBS 〈아침마당〉에 나와 어떻게 해서 떡집을 하게 되었는지 소개하고, 나의 삶을 얘기해 보는 내용으로 시작하면 어떨까? 생각해 본다.

책 쓰기 과정을 통해서 정말 어마어마한 일들이 일어나고 있다. 코치님의 추천도서로 《백만장자 메신저》라는 책을 읽게 되었다. 저자는 나의 경험으로 얻은 지혜와 지식이 누군가에게는 절실하게 얻고 싶은 것일 수 있다고 말한다. 또한 나의 스토리들이 절대 하찮지 않다고 말한다.

이 글귀들은 나에게 희망과 용기를 주었다. '메신저의 삶을 살 수 있겠다'라는 생각을 심어 주었다. 내가 가지고 있는 창업에 대한 꿀팁, 망개떡 기술, 디자인 기술, 포장 기술 등등을 나누며 살고 싶다. 그리고 사람들에게 동기부여 해 주는 삶을 살 것이다.

대한민국 최고의 자녀교육전문가 되어 교육센터 설립하기

· 권연희 ·

권연희

예맘교육 원장, 독서지도사, 아동심리상담사, 에니어그램 강사, 자기주도학습 코치,
자녀교육 코치, 동기부여가, 자기계발 작가

현재 동탄신도시에서 예맘교육을 운영하며 초·중·고등학생들에게 독서와 글쓰기를 지도하고 있다. 4차 산업혁명시대의 핵심인 인공지능시대를 살아가야 할 우리 아이들이 무엇보다도 책 읽기를 우선으로 하며, 책을 통해 미래를 살아갈 준비를 해야 한다는 간절한 바람으로 《AI시대, 초등공부 책 읽기가 전부다》(가제)를 집필하여 2020년 10월에 출간될 예정이다.

베스트셀러 작가, 대한민국 자녀교육전문 일인자 되기

열두 살쯤이던 어느 날 글을 쓰고 싶다는 씨앗 하나가 내 마음속에 '툭' 하고 심겼다. 그날 나는 많이 슬프고, 외로워 하염없이 눈물을 흘렸던 것으로 기억한다.

나를 낳아 준 엄마는 내가 돌도 안 된 아주 어린 아기였을 때 할머니 손에 나를 내던지고 자신의 행복을 찾아 집을 나갔다. 나는 할머니의 빈 젖을 빨며 군대에 간 아빠를 기다렸다.

내가 기쁨과 행복보다 슬픔과 외로움을 먼저 안 이유다.

내가 열 살 때 아버지는 재혼하셨다. 그 후 아버지와 새어머니, 할머니와 나 이렇게 네 식구가 살다 동생들이 태어났다. 새어머니는 동생이 태어나니 전처 딸인 내가 몹시도 미웠나 보다. 대놓고 구박하지는 않았지만, 어린 나는 소외당하고, 사랑받지 못하는 느낌이었다. 새어머니라는 사실을 그 당시에는 알지 못했는데도 나는 서럽고 나 자신이 너무나 불쌍했다. 그래서 장독대로 가서 하늘을 보며 "하나님, 내 엄마는 어디 있어요? 저 엄마 내 엄마 아니죠. 나 내 엄마에게 보내 주세요." 하며 울었던 기억이 난다.

그때부터였다. 내가 원고지에 글을 써 내려갔던 것은. 내가 원하는 엄마의 모습을 떠올리며 나는 한 글자 한 글자씩 써 내려갔다. 당연히 나는 순탄치 않은 사춘기를 보냈다. 부모님에 대한 불만족, 특히 새어머니에 대한 반항심으로 거칠게 행동했다. 인생의 목표나 꿈 같은 것은 아예 없었다.

그렇게 방황하며 대충 살다가 남편을 만나 결혼하고 첫아기를 낳았다. 나는 남편과 연애하는 동안에도 글을 썼다. 그리고 아기를 낳고 키우는 동안에도 나는 계속 글을 썼다. 기쁠 때도 썼고, 슬프고 억울할 때도 썼다. 남편이 힘들게 할 때도 아기가 아플 때도 글을 썼다. 오래된 일기장과 수첩들이 나의 그 시절을 대변해 주는 듯하다.

나는 딸아이를 키우는 데 온 정성을 기울였다. 새어머니와 정반대로 했다. 도시락을 예쁘게 싸 주고, 소풍 때 따라가고, 체육대회 때 맛있는 김밥을 싸서 가지고 가고, 비 오는 날 우산 갖고 학교 앞에서 기다리는 등, 내가 받고 싶었던 엄마의 사랑과 돌봄을 최선을 다해서 딸아이에게 주었다.

그 와중에도 나는 도서관과 서점을 자주 갔다. 주로 자녀교육에 관한 책을 읽었고, 자녀 성향과 혈액형을 분석해 아이의 성향에 맞게 공부시키고 대화하는 법 등을 배웠다. 부모교육이 있으면 참가했고, 엄마인 나 자신을 분석하며 자녀를 잘 키우는 일에 최선을 다했다.

그래서인지 큰아이 키울 때도 그랬고 작은아이를 키우는 지금도 엄마들로부터 상담 문의가 많이 들어온다. 현재 학원을 운영하면서도 아이에 대해 부모와 상담하는데, 그동안에는 내 안의 내가 살아 있음을 느낀다. 진정 내가 누군가에게 도움을 주고 있다는 그 느낌이 나를 흥분되게 한다. 듣는 이들도 모두 명쾌한 해답을 얻고 간다고 말한다.

나는 40대 초반이 되어서야 꿈이 생겼다. 내 이름으로 된 책을 쓰고 싶은 꿈을 갖게 되었다. 또한 상담전문가가 되고자 늦깎이 공부를 시작했다. 가족상담, 아동상담, 사회복지, 평생교육, 코칭, 에니어그램 성격유형 강사 등 고루 자격을 갖추었다. 나는 아이들 교육과 상담, 코칭 전문가가 되고 싶었다. 하지만 책을 쓰는 일은 어디서부터 어떻게 시작해야 할지 또 누구에게 도움을 받아야 할지 막막했다. 그렇게 시간은 1년, 2년, 3년… 훌쩍 지나갔다.

2020년 3월 코로나로 인해 나와 내 가족의 미래가 어떻게 될지 모른다는 불안감이 엄습했다. 막막했다. 운영하는 학원에 피해가 컸다. 그마저도 학원을 운영하지 못하는 사태가 벌어졌다. 코로나로 불안한 엄마들이 아이들을 보내지 않아 수입이 3분의 1로 뚝 떨어졌다. 평소 초긍정적인 내가 죽고 싶다고 생각할 정도로 많이 불안하고 막막했다. 나는 하나님께 기도했다. 하나님께 나의 앞길을 물었다.

기도에 대한 응답이 왔다. 하나님은 바로 이때가 글을 쓰기에 가장 좋은 시간이라고 말씀하신다. 하나님은 내 안에, 내가 태어나기도 전에 이미 나에게 모든 능력을 주었다고 하신다. 그러니 염려 말고 용기를 내어 글을 쓰기 시작하라고 강력하게 나를 밀어붙인다.

나는 몇 년 전 글쓰기를 가르쳐 주는 책을 찾기 위해 인터넷을 검색한 적이 있다. 그때 김태광 작가의 《마흔, 당신의 책을 써라》와 《서른여덟 작가, 코치, 강연가로 50억 자산가가 되다》 외 몇 권을 더 읽고 이분처럼 되고 싶었다. 작가, 코치, 강연가, 50억 자산가는 어쩌면 내가 이루고 싶은 꿈 모두이기 때문이다. 그렇게 이분이 운영하시는 카페에 가입만 하고 멈췄던 생각이 번쩍 났다.

2020년 5월 난 한책협 카페를 다시 방문했다. 구세주 김도사로 호칭을 바꾸신 분의 유튜브도 보고 아내인 권동희 작가 권마담님의 유튜브와 그동안 한책협이 밟아 온 행보들을 보게 되었다. 그러면서 나를 작가로 만들어 줄 것이라는 확신이 들었다. 그렇게 나는 작가의 길에 들어섰다. 현재 7월 나는 작가의 삶을 살고 있다. 행복하다.

꿈도 없었던 내가, 마흔이 넘은 나이에 꿈을 갖고, 지금은 그 꿈을 이루어 가는 길목에 있다. 이 모든 것이 꿈만 같다. 삶의 의욕이 넘치고 감사와 풍요로운 마음으로 하루하루를 보내고 있다.

나는 이제 한발 더 내딛는다. 더 큰 꿈을 가진다.

지금 나는 《AI시대, 초등공부 책 읽기가 전부다》라는 책을 쓰고 있다. 나의 첫 작품인 이 책이 베스트셀러가 되었음 한다. 또한 오랫동안 많은 부모와 교사와 아이들에게 도움을 주는 스테디셀러가 되었음 하는 바람이다. 또한 여기서 그치지 않고 교육, 자녀양육, 삶, 고난과 역경, 보이지 않는 영적 세계의 힘, 우리의 잠재력, 간절히 바라면 이루어지는 에너지의 원리들을 담은 책들을 꾸준히 출간하고 싶다. 글쎄 수명이 언제까지일지 알 수는 없으나, 책을 쓰다 내 서재에서 고요히 돌아가는 것이 나의 마지막 모습이고 싶다. 그때까지 200권의 책을 쓰고 싶다.

나는 자녀교육 전문가다. 왜냐하면 나는 2명의 자녀를 성공적으로 키웠다고 말할 수 있기 때문이다. 현재 나의 자녀들은 자유롭고, 행복하며, 엄마를 사랑하고 존경한다. 자신이 하고 싶은 일을 하며 각자 자신의 꿈을 향해 도전하고 있다. 설령 원하던 것들이 이루어지지 않더라도 다시 일어서는 용기를 갖고 있다. 긍정적이며 감사하는 삶을 살고 있다. 다른 사람들과 협력하며 사는 법도 알고 있다. 이만하면 행복한 삶이라고 말할 수 있지 않을까?

부디 남은여생 동안 대한민국의 많은 이들에게 나의 어깨를 내어주고 싶은 것이 나의 바람이다. 어린이, 청소년, 청년, 그의 부모들에게 도움이 되는 사람이고 싶다. 자녀를 키운다는 것은 가장 위대한 일이며, 더불어 부모 자신이 성장하는 일이다.

부모는 사명을 받은 사람들이다. 사명은 죽는 날까지 목숨을 걸고 해내야 하는 것이다.

나는 그 사명을 다하고 있다. 그리고 이제는 다른 사람들도 자녀를 키워 내야 하는 사명을 다하도록 도와주는 전문가가 되고 싶다.

나는 지금도 글을 쓰고 있다. 아직은 서투르고 매끄럽지 못하다. 하지만 진심을 담아 쓰고 있는 이 순간, 나는 행복하다.

나는 지금도 자녀를 돌보고 있다. 충만한 사랑으로 내 아이가 불편하지 않고 부족하지 않도록, 골고루 균형을 맞추어 잘 자라도록 최선을 다하고 있다.

눈만 뜨면 책을 읽고, 하는 일도 책과 관련되어 있다. 자기 직전까지 책을 보는 이 엄마를 우리 아들은 '책충'이라고 한다. "우리 엄마는 TV 안 봐요."라고 말한다. 좋은 뜻인지 알 수는 없지만 우리 아들의 눈빛은 분명 이 엄마가 자랑스럽고 좋다는 의미를 담고 있는 듯하다.

"고난은 변형된 축복"이라고 네빌 고다드는 말한다. 내 삶에 드리웠던 많은 슬픔과 아픔 그리고 상처는 나에게 큰 축복이 되었다. 그것을 이제야 알았다. 그저 모든 일에 감사할 따름이다. 오늘도 "아! 행복해!"라고 말할 수 있는 내 삶을 나는 사랑한다.

이렇게 부족한 나에게 글을 쓸 기회를 주신 김태광 작가님, 아니, 구세주 김도사님께 무한 감사드린다. 자랑스러운 제자가 되겠노라고 글을 통해 약속드린다.

감사합니다!

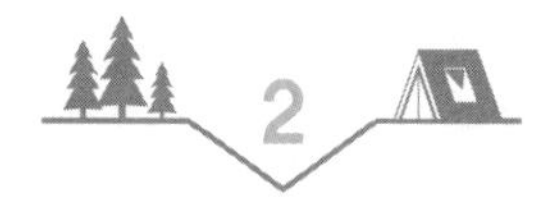

5년 안에 건물 지어 임대 놓고 교육센터와 내 집 갖기

내 나이 52세, 결혼한 지 28년이 되었다. 그동안 운이 없었는지, 재테크에 무지했는지 부끄럽게도 나는 아직 내 집을 마련하지 못했다. 1993년 결혼 당시 시댁에서 1,500만 원을 지원받았다. 시부모님께서는 나에게 작은 아파트를 전세 얻든, 장사를 하든 내가 원하는 대로 하라고 하셨다. 지금 생각해 보니 나를 참 많이 믿어 주신 좋은 분들이다. 나는 그 돈으로 살림방이 딸린 가게를 시작했다. 그렇게 나는 집은 없지만, 스물네 살에 사장이 되었다.

생활용품, 선물용품들을 파는 가게였는데, 나의 취향과도 맞고 작지만 예쁜 가게였다. 장사는 잘되었다. 큰돈을 벌지는 못했지만, 내 나이 친구들과 비교했을 때 우선 시간적 자유가 있었고, 물질적 자유도 있었다. 덕분에 우리는 1년에 한 번씩 전세자금을 늘려 조금씩 나은 집으로 이사했다. 그러곤 결혼 10년 차쯤 되었을 때, 작은 아파트 한 채를 분양받았다.

새 아파트에 입주한 우리는 너무 기쁘고 행복했다. 큰 평수는 아니었지만 우리 세 식구가 살기에는 너무 좋은 아파트였다. 세상에 태어나서 처음으로 집다운 집에서 사는 것 같아 나는 내심 굉장히 뿌듯하고 행복했다. 그때 우리 딸이 초등학교 1학년이었는데, 학교도 단지 안에 있어서 안전하고 편했다. 딸아이가 친구들을 초대해서 재미있게 놀던 그때가 어제 일처럼 눈에 선하다. 하지만 그런 기쁨도 잠시 남편이 하는 사업이 어려워졌다.

남편은 나 몰래 아파트를 담보로 대출을 받았다. 그것도 1금융권이 아닌, 이자가 높은 캐피털에서 대출을 받았던 것이다. 남편이 대출받은 돈을 갚지 못하자 캐피털 채권 팀에서는 우리 집을 압류했다. 우리는 졸지에 집을 잃었다. 말 그대로 거리에 나앉는 신세가 되고 말았다.

월세 보증금조차 없던 우리에게 남편의 누나도 아닌 동생인 시누이가 1,000만 원을 빌려주었다. 우리는 그 돈을 가지고 살던 광주를 떠나 수원으로 올라왔다.

수원에 올라와서는 시누이가 빌려준 돈 중 300만 원을 보증금으로 내고 월세방을 얻었다. 반지하 낮은 천장의 방 2개에 좁은 주방이 딸린, 그런 작고 초라한 월세방에서 살게 된 것이다. 나는 어렸을 때 친정이 가난한 탓에 지하방에서 살았던 적이 있다. 그때 굉장히 창피하고 정말정말 가난이 싫었다. 그래서 잘살아 보려고 열심히 노력했건만, 남편의 잘못으로 그렇게 되었으니 남편이 너무나 미웠다. 우리 아이에게도 내가 경험한 가난을 대물림하게 된 것이 속상하고 가슴 아팠다. 그때를 생각하면 지금도 눈물이 난다.

보증금 내고 남은 돈으로 나는 다시 장사를 시작했다. 다행히도 장사는 잘되었다. 1년 조금 넘어 시누이가 빌려준 1,000만 원을 모두 갚을 수 있었다. 그리고 그때부터 돈을 조금씩 모으기 시작했다. 어느 정도 돈이 모이자 나는 집을 사고 싶었다. 남들처럼 일부는 대출을 받아서 목이 좋은 곳의 집을 사려고 했지만, 그럴 때마다 남편이 심하게 반대했다. 결국에는 집을 사지 못했다.

그렇게 시간이 지나 내가 사려고 했던 아파트나 그 지역 집값을 보니 많이 올라 있었다. 나는 그냥 올라가는 남들 집값을 구경만 하는 처지가 되었다. 오른 차액을 계산해 보니 많게는 5억 이상 되는 곳도 있다. 반대한 남편이 얼마나 밉겠는가? 그래서 이제부터는 남편과 상의하지 않고 내 예감대로 할 것이다. 이렇게 지금까지 내가 집 없이 사는 사연을 적어 보니 앞으로는 잘살아야겠다는 생각이 더욱 간절해진다.

나는 요즘 내 인생의 판을 바꾸었다. 그토록 꿈꾸어 오던 작가가 되기 위해 책을 쓰고 있는 것이다. 책이 출간되면, 책을 통해 나를 퍼스널 브랜딩해 지금까지와는 다른 인생을 살 것이다. 내가 쓴 책을 읽고 나에게 도움 받으려고 하는 사람들에게 도움을 주고 더불어 나는 경제적 부를 누릴 것이다. 전국에 있는 초·중·고·대학을 다니며 교육과 강연을 할 것이다. 또한 TV에 출연할 것이며, 계속해서 책을 출간해 인세를 많이 받는 작가가 될 것이다.

현재 운영하고 있는 학원도 지금은 임대료를 내고 있다. 하지만 몇 년 후에는 내가 지은 건물에서 임대료 없이 운영하고 있으리라는 꿈을 꾼다.

얼마 전, 위닝북스 대표이자, 한국 석세스 라이프스쿨을 운영하시는 권마담님이 건물주가 된 모습을 보았다. 사진으로 본 권마담님의 건물은 한두 채가 아니었다. 여러 지역에 여러 개의 다양한 건물들을 가지고 있었고 또 앞으로 건축할 예정인 건물들도 있었다. 그 모습을 보면서 나는 놀라면서도 도전을 받았다. 그리고 결심했다.

나는 "나도 저렇게 멋진 건물들을 지을 거야! 저분이 했다면 나도 할 수 있어!"라고 나 자신에게 말했다. 힘이 생겼다. 할 수 있을 것 같은 자신감도 생겼다.

아는 만큼 보이고, 높이 나는 새가 멀리 본다고 했던가? 지금까지 내 주변에는 이렇게 많은 부동산을 소유하고 있는 사람이 없었다. 한 채 정도 가지고 있다고 해도 나와는 무관하다고 생각했다. 그냥 남의 일로 여겼다. 하지만 권마담님이 건물주가 된 이야기는 달랐다. 아마 이것이 그분이 가지고 있는 영향력이 아닐까?

그래서 나는 지금, 이 순간부터 나의 건물이 생기는 그날까지 나 자신에게 끊임없이 말할 것이다. "너도 할 수 있어! 너도 얼마든지 멋진 건물을 가질 수 있어!"라고 말이다.

책을 쓰고, 그 책을 통해 나라는 사람이 퍼스널 브랜딩 되면 많은 사람들이 나를 찾을 것이다. 나는 점점 더 많은 사람들에게 알려질 것이다. 그렇게 되면 TV 출연, 강연 요청 등으로 나의 몸값이 상승할 것이다. 나는 학교와 기업 등에 강연을 다니며 멋진 삶을 살 것이다. 더불어 경제적으로 풍요로워지고 월수입이 지금과는 차원이 다르게 많아지리라 기대한다.

나는 5년 안에 내 이름으로 된 나의 건물을 지을 것이다. 5층 높이의 건물에 1층에는 북 카페와 브런치 카페를 임대해 줄 것이다. 1층 임대 수입만 해도 1,000만 원이 될 것이다. 2층에는 학원과 교육센터, 상담실 등을 들이고, 3, 4층은 임대 주고, 제일 위층인 5층은 2칸으로 나누어 내가 사는 집과 친정 부모님이 오셔서 살 수 있는 집으로 설계할 것이다. 지금 이 순간 너무나 멋진 건물과 그 주변 환경이 상상된다.

"내가 상상하면 꿈이 현실이 된다."라는 말이 있다. 지금까지는 없음만 생각하거나 미래에 대한 불안만을 생각했기 때문에 이렇게밖에 살지 못했다. 하지만 지금부터는 '있음', '부요함', '이루어졌음'에 초점을 맞추고 나의 생각과 에너지를 집중하려고 한다. 나에게는 무한한 가능성이 있으며, 나는 축복받으며 살기 위해 이 땅에 존재하고 있다. 더불어 이 땅에서 함께 살아가고 있는 많은 이들에게 선한 영향력과 내가 알고 있는 것, 잘하는 것, 나의 경험들을 나누며 그들에게 도움이 되는 사람으로 살고 싶다.

PART 05

아이들을 위한 복지재단과 어른들의 마음을 위로해주는 상담소 만들기

· 유은주 ·

유은주

긍정마인드 상담가, 자기계발 작가, 동기부여가

데일카네기 리더십 코스를 수료하였고 불어중등교사 자격증과 긍정심리 코칭 자격증을 소지하고 있다. 8년간 패션회사에서 팀장으로 근무했다. 두바이에서 6년 생활 후 지금은 이란의 수도 테헤란에서 4년째 생활 중이다. 현재 마음이 힘든 사람들에게 작은 힘이 될 수 있기를 희망하며 경험과 생각을 담은 '인생 상담'을 주제로 개인 저서를 집필 중이다.

사람들의 고민을 상담해 주며 마음의 위안을 주는 '행복인생상담소' 열기

나는 책을 좋아한다. 정말 많이 좋아한다. 어릴 때의 꿈이 책방 주인이었을 만큼. 어른이 되어서도 미련을 버리지 못했지만 끝내 서점 주인을 하지 못했다. 대신 서점 고객으로서 뻔질나게 동네서점, 도서관을 들락거렸다. 시간만 나면 서점을 방문해서 책을 읽고 구입하는 게 나의 취미가 되었다.

"너의 취미가 뭐야?"라고 물으면 난 두 번도 생각하지 않고 "독서와 음악 감상"이라고 말했다. 물론 독서와 음악 감상은 많은 사람들의 취미겠지만 나는 정말 책이 좋았다. 어릴 때는 컬러풀한 세계명작동화나 그림책이 집 책꽂이에 꽂혀 있는 친구들이 어찌나 부러웠던지 모른다. 그런 친구 집에 놀러 가면 책을 구경하느라 정신없었던 기억들이 지금까지도 남아 있다.

초등학교 4학년 때인가? 무지개가 뜬 날이었다. 예쁜 무지개를 보면서 즐거워하고 있는데 아버지가 15권짜리 추리소설을 사 가지고 일찍 퇴근해 오셨다. 그날의 행복했던 기억이 쉰이 넘은 이 나이에도 생생하게 떠오른다. 이 추리소설은 시, 소설, 수필에만 빠져 있던 내가 그 세계로 입문하는 한 계기가 되었다. 나는 대학 졸업 때까지 추리소설에 심취했었다.

그러다 대학 졸업 후 직장인이 되면서부터 나는 경영서와 자기계발서를 접하게 되었다. 인사고과에 반영되는 회사의 필독서이기 때문에 나는 그 책들을 정신없이 읽기 시작했다. 책을 좋아했기 때문에 회사를 다니면서 마음껏 독서할 수 있다는 것에 감사했다. 직장생활은 학교생활과 많이 달랐다.

큰 어려움 없이 대인관계를 맺어 왔던 내게 직장에서 만나는 상사는 어렵고 힘든 존재였다. 그리고 내가 상사의 위치가 되었을 때는 후배들의 이기적이고 개인적인 성향 때문에 힘들었다. 관리하던 전국의 매장주들은 정말 다양한 성격들을 지니고 있었다. 그들은 당신들만의 고집과 고정관념으로 본사 직원들을 힘들게 했다. 때문에 입사 초반 몇 년 동안 나는 정말 힘들게 보냈다. 그때 독서는 나의 마음을 다독여 주었다. 경험보다 소중한 많은 지혜들을 나는 독서를 통해 배웠다.

결혼 후 나의 책사랑은 더 심해졌다. 아이들을 책을 좋아하게끔 키우고 싶어서 책을 사들였다. 매일 50권 이상씩 아이에게 책을 읽어 주었다.

나중에 둘째가 생기고 나서는 둘째 아이에게까지 책을 읽어 주느라 목이 쉴 정도였다. 강남 대치동에서 살면서 남들 다 다닌다는 영어학원 대신에 태권도학원과 미술학원에만 아이들을 보냈다. 국어를 잘해야 영어도 잘한다는 생각에 아이들에게 책만 읽게 했다.

그래선지 큰애는 여섯 살 때 혼자서 한글을 뗐다. 공부를 안 해도 국어점수는 늘 좋았다. 이후 큰애가 4학년 때 갑자기 우리 가족은 해외로 나가게 되었다. 큰애는 뒤늦게 영어공부를 하느라 한동안 고생했다. 하지만 금세 영어에도 적응했다. 해외에서 오래 살았는데도 지금도 글을 잘 쓰고 논술에 강하다.

결혼하고 나는 조그만 상가를 분양받았다. 나는 그 상가를 독서 카페로 만들고 싶었다. 아이들을 등교시키고 나면 무료한 엄마들이 책도 읽고 대화도 나누면서 마음의 스트레스를 풀고 가는 쉼터로 만들고 싶었다. 하지만 상가는 둘째가 생길 때까지 일을 하느라 세를 주게 되었다. 일을 그만두고 나서는 아이를 키우느라 힘들어서 마음의 여유를 찾지 못했다.

나는 결혼 전에도 어렵고 힘든 일이 생기면 책을 통해 해결책을 찾았었다. 결혼 후에는 정말 힘들고 어려운 일들이 많았다. 아이들을 키우느라 육체적으로도 힘들었지만 여러 가지 문제들이 정신적으로 나를 심히 괴롭혔다. 누구에겐가 나의 고민을 속 시원히 털어놓고 의논해 보고도 싶었다.

하지만 다들 자신들의 문제만으로도 벅차하고 있었다. 힘들게 얘기하는데, 뾰족한 해결책도 없지만, 듣는 사람들은 진심으로 이해하기보다 그냥 투정으로 여기는 듯했다.

그래서 마음속에만 담아 두다가 고민에 관련된 책들을 닥치는 대로 읽기 시작했다. 그렇게 조금씩 마음의 안정과 평화를 얻고 지혜를 배워 나갔다. 천사 같던 우리 아이들이 사춘기를 겪으며 부모에게 반항과 말대꾸를 할 때 느꼈던 충격은 아직도 잊을 수가 없다. 우리 때는 부모가 야단을 치고 매를 들어도 말 한마디 못했었는데…. 점점 심해지는 아이들의 사춘기 반항에 적응하지 못해 한동안 나의 스트레스가 극에 달하기도 했다. 그때도 역시 해결책은 책이었다. 그리고 나는 나와 비슷한 고민들을 털어놓는 엄마들에게 작지만 소소한 사춘기 대처법들을 말해 주곤 했다.

지인들은 힘들 때 나와 대화하고 나면 마음이 편안해진다고 한다. 기분도 좋아지고 스트레스가 풀린다고 한다. 내가 특별한 방법을 알려 주는 것도 아닌데 들어 주는 것만으로도 희망이 생기고 잘될 것 같다는 생각이 든단다. 나는 내가 살면서 경험한 것들을 공유하고 책에서 배운 지혜들을 사람들에게 알려 주었다. 남편과 아이들까지 사람의 마음을 잘 어루만져 주는 게 엄마의 최고의 장점이라고 얘기한다. 그리고 가족들은 고민이 있으면 나에게 꼭 조언을 구한다. 한때 나를 힘들게 했던 아이들도 이제 고민거리가 생기면 항상 엄마의 생각을 물어보고 대화를 하려 한다.

직장생활을 할 때도 회사와 직원들을 엄청 마음고생 시키는 매장주들이 꽤 계셨다. 그런데 희한하게도 내가 내려가서 대화하면 대부분 해결되었다. 미수금도 바로 해결되고 매사에 비협조적인 매장주들이 친절하거나 협조적으로 변해서 많이 친해지곤 했다. 덕분에 전국의 비협조 매장주들을 대부분 내가 관리하게 되었다. 그런 만큼 나는 늘 일복이 터져라 살았지만 말이다.

아무리 잘나가다가도 나이가 들면 자신에 대한 자신감이 떨어지거나 자신이 무능력하다고 생각하게 마련이다. 갱년기까지 겹치면 심한 사람은 우울증까지 겪으며 힘들어한다. 세상이 싫어지고 사람이 싫어져서 모든 것과 단절하는 경우도 있다.

나도 가끔씩 의기소침해지기도 한다. 체력이 예전 같지 않다고 느꼈을 때, 기억력이 갈수록 떨어져서 건망증이 아니라 혹시 치매인가 의심될 때, 지금까지 열심히 살아왔지만 돌이켜보니 삶이 무의미하고 남는 게 없다는 생각이 들 때, 이 나이엔 뭘 시도해도 늦었겠지 하는 생각이 들 때 말이다. 그러던 중 책 쓰기의 대가 김태광 작가님을 만나서 내 인생을 변화시키고 있다.

책만 읽던 내가 책을 써서 작가가 되고 내 꿈을 시도해 봐야겠다는 생각을 하기 시작했다. 삶에 지쳐 힘들어하는 사람들, 가족이나 가까운 지인들에게 상처받은 사람들, 사춘기 아이들과의 갈등과 대립으로 힘든 사람들, 나이 들어가는 스스로를 인정하지 못하고 불안해하는 사람들, 늦었지만 새로운 희망을 찾고 싶은 사람들, 새로운 꿈을 꾸고 시도하면서 새로운 인생을 살고 싶어 하는 사람들과 마음을 나누거나 함께 길을 찾아 나서고 싶다.

사람들의 고민을 들어 주고 일상 속에서 소소하지만 나를 행복하게 해 주는 일들을 찾아 시도하면서 나 자신의 존재감을 느끼고 싶다. 잊고 있던 그들의 꿈들을 찾아 나갈 수 있도록 도움을 주고 싶다.

그렇게 행복을 주는 인생상담소를 열고 싶은 꿈이 생겼다. 나의 장점과 내가 해 보고 좋았던 경험들을 많은 사람들과 함께 나누고 싶다. 100세 시대가 되었는데 과거처럼 50세 갱년기에 꿈과 인생을 포기하고 60세에 자식들의 눈치나 보는 천덕꾸러기 신세가 될 수는 없지 않은가. 그렇게 노후를 슬프게 보낼 수는 없지 않은가.

지금은 80세에도 정정하게 자신이 좋아하는 일을 하면서 멋지게 사는 사람들이 많다. 나도 그렇게 살고 싶다. 그리고 나뿐만 아니라 여러분들 또한 나이가 들어도 당당하고 멋지고 즐겁게 살기를 바란다. 그 꿈을 '행복인생상담소'를 통해 함께 이루어 가고 싶다. 나의 첫 번째 인생 버킷리스트다.

나는 오늘도 글을 쓰고 내가 사랑하는 사람들과 함께하며 자신을 사랑하고 싶어 하는 많은 사람들을 만나 그들의 이야기를 들어주고 대화를 나누는 모습을 상상해 본다. 그들에게 희망을 주며 행복하게 나이 들어가는 나를 상상하면서 미소를 짓는다.

나는 행복하다. 여러분도 얼마든지 행복하고 멋지게 살 수 있다.

국내여행 여행기 작성하기

나는 '여행'이라는 말만 들어도 가슴이 설렌다. 그리고 훌쩍 떠나고 싶어진다. 젊었을 때는 여행을 가면 마법 같은 일이 내게 생길 것 같은 상상을 했다. 그러면서 떠나는 날까지 즐거워했었던 것 같다. 물론 마법 같은 일은 생기지 않았다. 하지만 여행은 늘 내게 좋은 추억만을 남긴다.

여행, Travel의 어원은 라틴어로 Travail이다. 트라바일은 '고생'을 뜻한다. 심한 고생, 산고의 고생을 뜻한다. 그러니 '집 떠나면 고생이다', '뭐니 뭐니 해도 내 집이 최고다'라는 말은 괜히 나온 말이 아닌 것 같다. 나도 여행을 많이 다녔지만 항상 편하지는 않았다. 다니면서 "집 떠나니 고생이네." 하며 투덜거리기도 했다. 녹초가 되어 집에 도착하면 '역시 내 집이 최고야'라며 한동안은 여행 생각을 안 했던 것 같다.

하지만 그것도 잠시, 좋았던 기억만 남는 데다 일정 시간이 지나면 여행이 가고 싶어진다.

여행은 중독이라는 생각이 든다.

나는 국내여행보다는 해외여행을 많이 했다. 결혼하기 전까지는 회사에서 여러 기회가 생겨서 많이 다녔었다. 휴양지도 갔고 회사에서 안식년 휴가를 받아서 한 달간 유럽배낭여행을 하기도 했다. 그때부터 나는 본격적으로 여행의 매력에 빠지기 시작한 것 같다.

지금도 내 평생에 잊히지 않는 기억 중의 하나는 유럽 14개국을 한 달간 혼자서 배낭여행을 하며 다녔던 일이다. 젊어서 그랬던 건가? 정말 겁도 없이 돌아다녔다. 지도 하나 달랑 들고 이곳저곳, 이 나라 저 나라 참 신나게도 다녔다. 잘하지도 못하는 영어로 버벅대며 길을 물으면 대부분의 사람들이 너무도 친절하게 길을 알려 주거나 데려다주거나 했다.

요즘 유럽에 흔한 소매치기가 그때는 없었나? 생각될 정도로 아무런 문제도 생기지 않았다. 지금 생각해 보면 내가 운이 좋았던 거였다.

지금도 잊히지 않는 에피소드가 몇 가지 있다. 프랑스의 니스 해변에 갔을 때인데 사람들이 상의를 다 탈의한 채 일광욕을 즐기고 있었다. 놀라서 쳐다보다가 눈을 어디에 둘지 몰라서 당황해하는데 오히려 그 사람들은 옷을 입고 걸어 다니는 나를 이상한 눈으로 보았다.

또 다른 일은 지도를 보면서 어느 공원 안을 들어가고 있는데 어떤 남자가 손을 흔들며 막 달려오는 것이었다. 나는 저 사람이 왜 저러지 하며 쳐다보았는데 세상에… 옷을 하나도 입고 있지 않았다. 나는 놀라서 걸음아 날 살려라 하며 뛰어서 그 공원을 벗어났다. 나중에 물어보니 내가 들어간 곳이 나체촌이었더랬다.

또 다른 일은 오스트리아 빈에서 있었던 일이다. 돌아다니다가 나는 엄청 넓은 광장 안으로 들어갔다. 그런데 그곳에서 기괴한 복장과 화장을 한 남녀들, 감옥과 창살을 신고 퍼포먼스를 하는 수백 명의 사람들을 본 것이다. 나는 무섭다는 생각보다 신기해서 사람들 안으로 비집고 들어갔다. 그 사람들 사이에 서니 키가 작은 나는 그들의 반밖에 안 되어 보였다.

그때까지도 난 그 행렬과 모임이 뭔지 모르고 따라갔다. 그러다 좀 있다가 행진이 멈추고 모든 사람들이 키스를 하는 것이었다. 문제는 남자는 남자끼리, 여자는 여자끼리 한다는 거. 알고 보니 그날이 전 세계 동성연애자들의 모임이 있는 날이었다. 아무튼 그때 받았던 충격은 앞서 경험한 것과는 비교도 되지 않았다. 당시만 해도 동성연애자들이 생소했던 시절이었다. 그런데 말로만 들은 게 아니라 직접 보았으니 놀랄 수밖에.

경비를 아끼기 위해 매일 맥도날드 버거만 먹다 보니 한국음식이 너무 먹고 싶었다. 그래서 한식당에 가서는 그 당시 한 끼에 만 원 하는 한식을 아까워서 아껴 먹었던 일도 있었다. 지금 생각하면 미소가 지어진다. 그때 아름다운 스위스와 독일 등 많은 나라들을 여행하면서 '이다음에 결혼하면 꼭 남편과 아이들과 함께 다시 와야지' 하고 마음먹었었다. 그런데 14개국 유럽 국가 중 가족들과 다시 방문한 나라는 몇 나라 되지 않는다.

결혼 후 두바이에서 한동안 살면서 아이들과 여행을 꽤 많이 다녔다. 두바이가 유럽이나 다른 나라들과 비교적 가까워서 많이 다녀 보고 싶었다. 하지만 여행을 다니면서 많은 것을 보고 느끼고 배우기를 원한 부모 마음과 아이들 마음은 달랐던 것 같다. 아이들은 유명 관광지나 유적지에는 별 관심이 없었다. 역사적 배경과 설명을 듣고 새로운 지식을 얻기를 바랐던 마음이 그냥 눈도장 찍기에 그치는 것 같아 안타까웠다.

많은 것을 바라기엔 아이들이 너무 어렸던 탓이다. 내가 젊었을 때 여행하며 느꼈던 감동과 경험들을 너무 일찍 아이들에게 바랐던 것 같다. 또 한 가지 느낀 것은 여행 전에 여행지에 대해 어느 정도 사전지식을 가져야 흥미를 갖고 재미있는 여행을 할 수 있다는 것이다. 아이들이 그리스·로마 신화를 좋아해서 관련 책을 여러 번 읽었었다. 그런데 그리스와 로마의 신들의 이야기와 역사를 설명할 때 아이들은 질문도 하고 대답도 잘하면서 재미있어 했었다.

여행자들의 유형을 보면 여행지 방문에 목적을 두고 눈도장과 사진 찍기에 만족하는 사람, 여행하면서 많은 사람들을 만나고 관찰하면서 경험을 공유하는 사람, 여행하면서 자신을 발견하고 내면의 문제에 대한 해답과 깨달음을 얻고자 하는 사람, 더 나아가서는 여행의 경험과 느낌을 여행 후 실생활에 적용하고 삶의 활력소로 삼는 사람들이 있다.

나는 여행하면서 여행지에 대한 지식도 얻고 멋진 관광지 사진도 찍으며 새로운 추억을 만들어 나갔다. 하지만 많은 곳을 간다고 많은 것을 보는 것도 아니고 많은 것을 얻는 것도 아니라는 것을 이제는 안다. 다시는 못 갈지 모르니 정신없이 우르르 몰려다니며 인증사진 찍기에 바빴던 지난날의 나를 반성해 본다.

내가 국내여행에 관심이 없었던 이유는 바빴기 때문이다. 직장생활 8년간 나는 전국을 다 다녔다. 물론 출장길이었다. 당일치기나 1박 2일로 부랴부랴 일 보고 올라오고의 연속이었다. 아름다운 제주도조차도 출장차 들락거리다 보니 정작 관광을 해 본 적이 없었다. 우리나라도 아름다운 곳이 전국에 널렸는데 아무리 여유시간을 내서 한번 둘러보고 와야지 해도 마음먹은 대로 되지 않았다. 그러다가 해외여행을 하게 되고 해외의 매력에 빠지고 해외에 살게 되면서 해외여행만 했다. 하지만 이제 나이가 쉰이 넘고 해외서 살다 보니 우리나라가 너무도 그리워진다.

게다가 외국여행을 갈 때마다 나와 가족들은 다행히 안 겪었지만 지인들은 소매치기, 분실, 바가지요금 등 불쾌한 경험들을 많이 했다. 편하고 즐겁고 여유 있게 여행하고 싶은데 늘 신경을 곤두세우며 다니는 게 피곤해서 해외여행에 대한 흥미가 사라져 갔다.

나의 두 번째 버킷리스트는 '국내여행을 하면서 여행기를 작성하는 것'이다. 유명 관광지를 돌면서 사진을 찍고 인증 샷을 남기는 게 목적이 아니다. 대신 사람들이 안 가 본, 숨겨진 보물장소를 찾아본다는 생각으로 다니고 싶다. 한 달에 한 지역만 봐도 좋고 일주일에 한 곳만 다녀도 행복하게 다닐 수 있을 것 같다. 미식가가 아니라서 먹는 것엔 큰 관심이 없었다. 그런데 국내여행을 하면서 맛있는 음식도 일부러 찾아다니며 먹고 싶다. 사람들과도 자연스럽게 대화하고 어울리며 지역의 특색과 새로운 정보들을 넣은 색다른 여행기를 만들고 싶다.

코로나로 인해 여행에 대한 사람들의 인식도 많이 바뀔 것 같다. 단체 관광여행이나 패키지여행에서 개인여행, 가족여행, 소규모 여행 등이 선호되지 않을까? 그리고 사람들이 덜 붐비는 한적한 여행지도 관심지가 될 것이라는 생각이 든다.

효율적이고 알찬 여행을 할 수 있도록 미리미리 계획을 잘 세워 봐야겠다. 나의 여행기지만 여행을 좋아하는 다른 사람들에게도 도움이 되는 멋진 여행기를 만들어 보고 싶다. 벌써 내일모레 여행을 떠날 것처럼 마음이 설렌다.

이란 테헤란에 호텔급 게스트하우스와 한식전문식당 오픈하기

우리 가족은 2011년에 두바이로 갔다. 한국에서 이란을 상대로 하던 사업이 미국의 경제제재로 힘들어지자 이를 해결하기 위해 남편은 2010년에 혼자 두바이로 출발했다. 세금 없이 무역을 할 수 있다는 이점 때문에 전 세계의 사람들이 세계 무역 중심지인 두바이로 몰려들었다. 미국과 앙숙인 이란과의 사업도 두바이에서는 큰 문제없이 할 수 있었다. 때문에 남편은 두바이에서 1년 동안 회사를 설립하고 사업을 재정비했다. 1년 뒤 남편은 혼자 있으니 너무 외롭고 가족들이 보고 싶다며 우리를 두바이로 오게 했다. 그때만 하더라도 두바이가 한국에서 뜨기 전이었다.

두바이는 아랍에미리트연방을 구성하는 7개 토후국 중의 한 나라다. 12개월 중에 3개월 정도만 우리나라의 환상적인 가을 날씨이고 9개월은 덥고 습하다. 또한 그 9개월 중 2개월은 기온이 50도 가까이 올라가고 습도도 70~80%나 된다. 나머지 7개월도 30도 전후의 기온을 보이는, 동남아 더위와는 비교도 안 되는 나라다.

하지만 실내에는 에어컨이 빵빵 돌아가고 차로 이동하기 때문에 더워도 견딜 만했다. 그리고 국제무역 도시답게 세계에서 가장 큰 쇼핑몰뿐만 아니라 많은 쇼핑몰들이 있다. 세계 최고의 실내 스키장, 스케이트장이 있는 몰은 신기 그 자체였다. 세계 최고 높이를 자랑하는 부르즈칼리파는 삼성물산이 건설했다. 세계 최고의 럭셔리 호텔 중의 하나인 버즈 알아랍은 죽기 전에 반드시 가 봐야 하는 호텔로 선정되기도 했다. 우리 가족은 버즈 알아랍에서 숙박은 못했다. 하지만 호텔 구경을 하고 호텔 앞 해변에서 놀고 사진도 찍고 맛있는 음식을 먹은 걸로 위안을 삼는다.

불가능을 가능하게 한다는 목표 아래 무엇이든 세계 최고, 세계 최초를 지향하는 두바이 통지자의 영향으로 두바이는 어느새 세계적인 관광지로 급부상했다. 우리나라를 매우 좋아하는 두바이와 아랍에미리트 수도인 아부다비의 왕족의 영향으로 한국의 TV에 두바이가 소개되었다고 들었다. 이어 유재석 등 〈런닝맨〉 멤버들과 유명 아이돌 그룹들, 연예인들이 계속 방문하고 홍보하면서 두바이는 우리에게 더 친근해졌다.

아랍어를 쓰지만 실제 아랍인들은 20%도 안 된다. 때문에 두바이는 국제도시답게 모든 것이 영어로 잘 정비되어 있어 살기에 매우 편리하다. 하지만 두바이가 영국의 식민지였기 때문에 미국식이 아닌 영국식 영어를 많이 사용한다. 그래서 미국식 발음에 익숙한 나는 많이 어색했다.

두바이에 온다고 급하게 영어학원을 다녔다. 그리고 두바이에 와서 미국식 문장을 쓰며 배운 대로 부드럽게 영어를 했다(잘하지 못하는 영어를 암기해서). 그런데 하나도 못 알아듣는 것이었다. 문장 다 생략하고 '워러(물)'라고 해도 안 통해서 "워.터."라고 하니 그제야 알아들었다.

그들은 중국식 영어, 인도식 영어, 파키스탄식 영어, 동남아 영어, 미국식 영어, 영국식 영어, 유럽식 영어 등 그 나라 특유의 온갖 발음을 섞어 대화했다. 그런데 신기하게도 그들끼리는 대화가 통했다. 나는 두바이를 뜰 때까지 이 발음들에 적응하지 못했다. 어쭙잖게 하던 영어 발음마저도 다 망가지고 말았다. 단어만 조합해서 대충 말하는 환경에 적응되어 잘하지도 못했던 나의 영어는 그야말로 엉망진창이 되어 버렸다. 다행히 아이들은 학교에서 선생님께 교육을 받고 다양한 인종의 친구들과 어울려서인지 어떤 발음에도 잘 적응해서 신기했다.

두바이에 살면서 내가 영어에 대해 느낀 점이 있다. 우리나라 사람들은 정말 발음에 연연한다는 것이다. 미국식 발음으로 샬라샬라 말하면 내용이 어떻든 간에 영어를 잘한다고 감탄한다. 반기문 총장님의 국제연설 영상을 얼굴을 가리고 보여 주고 엄마들의 반응을 들었다. 모두가 발음이 이상하다고 했다. 내용에는 신경을 안 썼다.

이어 해외 유명 기자들에게 반응을 물었는데 최고라고 했다. 고급단어를 쓰며 연설해서 귀에 쏙 들어온다고 한결같이 칭찬했다. 김대중 대통령이 국제연설을 했을 때도 해외 언론들은 어느 누구도 발음을 문제

삼지 않았다. 고급영어 구사력을 칭찬했을 뿐이다.

우리는 글로벌한 시대에 살고 있다. 전 세계 사람들과 이웃처럼 어울려 살아가는 시대가 되었다. 우리 아이들의 세대는 더욱 그러할 것이다. 세계 어디를 가든, 누구와 만나든 자유롭게 대화하고 그들과 어울려 함께해야 할 일이 많아진다. 보여주기식 폼만 잡는 영어가 아니라 나의 의사와 뜻을 고급스럽게 표현할 줄 아는 멋진 영어구사능력이 필요하다.

두바이의 개방적이고 국제적인 환경에 적응하고 살다가 이란으로 가게 되었다. 이란의 일이 많아지는데 남편이 두바이와 이란을 왔다 갔다 하기가 너무 힘들다고 이란으로 가자고 해서 내린 결정이었다. 나는 아이들이 어릴 때는 부모와 함께하는 것이 좋다고 생각했다. 몇 년 뒤에는 아이들은 어차피 독립해야 한다. 그때까지라도 함께하는 시간을 늘리고 싶었다.

2016년에 미국은 이란의 경제제재를 풀었다. 그때부터 이란의 경제는 급속도로 살아나기 시작했다. 전 세계인들이 이란으로 물밀 듯 들어오기 시작했다. 한국 기업들도 많은 주재원들을 파견했다. 사업가들은 자원이 풍부한 이란을 그냥 지나치지 않았다. 너도 나도 이란의 미래가 밝다고 생각했다. 우리도 마찬가지였다. 남편은 2016년에 이미 많은 자금을 이란에 투자했고 게스트하우스와 회사를 차렸다. 모두 큰 성공을 꿈꿨고 실제로 1년 반 정도 큰 수익을 냈다.

하지만 오바마가 물러나고 트럼프가 대통령이 되면서 몇십 년 만에 풀렸던 경제제재는 예전보다 훨씬 더 강도 높게 다시 시작되었다. 예전에는 제재를 하더라도 자금은 돌아가게 하고 원유는 판매할 수 있었다. 그것과 달리 이번의 살인적인 제재는 생명과 관계되는 의약품까지 막는 사태에 이르렀다. 이란은 전쟁 발발의 위험 속에서 연일 미국과 냉전 중이다.

2017년 1달러에 4만 리알 하던 화폐가치가 2018년에 19만까지 떨어지면서 이란 경제와 국민들의 삶은 끝없이 나빠졌다. 기업들은 모든 업무가 마비되었고 사업자들은 투자한 돈을 다 날렸다. 우리도 예외는 아니었다. 엄청난 자금을 투자했는데 환율 때문에 4분의 1의 가치밖에 안 되었다. 지금은 1달러에 23만 리알까지 화폐가치가 떨어진 상태다. 코로나 확진자가 지금도 매일 2,000명 이상씩 나온다. 거기에는 국민들의 삶이 피폐해진 탓도 있다. 코로나로 죽으나 굶어 죽으나 마찬가지니 봉쇄령을 내려도 국민들이 따르지 않는다.

현재 이란엔 그렇게나 많던 기업들도 거의 철수하고 주재원들도 몇 명 남아 있지 않다. 이란에서 최고의 기업으로 인기 있던 삼성마저도 주재원 몇 명만 남기고 다 철수시켰다.

나의 세 번째 버킷리스트는 테헤란에 호텔급 게스트하우스와 한식전문 레스토랑을 오픈하는 것이다.

이란은 자원이 풍부하고 땅도 넓다. 국민들은 똑똑하다. 몇 십 년 전만 해도 이란은 우리보다 잘살았다. 사람들은 자유롭게 영어를 쓰고 개방적이었다. 이란의 수도 테헤란에는 영어를 유창하게 하는, 연세 든 분들이 많다.

처음 이란으로 진출했을 때는 꽤 큰 게스트하우스를 오픈했었다. 하지만 다시 시작된 경제제재와 기업들의 철수, 코로나의 장기화로 인해서 현재는 작게 줄였다. 만약 이번 대선에서 트럼프가 떨어지고 미국의 제재가 풀린다면 이란은 새로운 세상을 꿈꾸며 다시 일어날 것이다.

우리 기업들은 다시 주재원들을 파견할 것이고 사업을 하려는 많은 사람들이 이란으로 몰려올 것으로 예상한다. 그래서 나는 이란에서 호텔 규모의 게스트하우스를 열 수 있는 날을 꿈꾼다. 많은 출장자들이 안심하고 편안하게 묵을 수 있는 게스트하우스를 오픈하고 싶다.

이란 사람들은 한국 음식을 정말 좋아한다. 원래 그들은 한국을 좋아하고 한국 사람을 좋아했다. 길에 걸어 다니면 〈대장금〉, 〈주몽〉을 좋아한다며 말을 걸어오고 사진을 찍고 싶어 했다. 한국 음식이라면 따지지 않고 좋아한다. 경제가 좋아지면 한식전문 레스토랑을 내어도 잘될 거라고 친한 지인이 얘기했다. 테헤란에 큰 규모의 한식전문식당을 오픈하고 싶다. 그래서 우리의 음식을 이란에 널리 알리고 2,3호점으로 확대해 나가고 싶다.

한국 식당과 한국 마트가 곳곳에 있는 두바이처럼 이란과도 언젠간 자유롭게 무역이 이루어지고 많은 게스트하우스와 음식점들이 생기리라고 믿는다. 그리고 그때가 최대한 빨리 다가오길 간절히 소망한다. 많은 출장자들이 오고 게스트하우스가 북적거렸으면 좋겠다.

이란인들이 우리나라 음식을 먹으면서 한국을 더 사랑했으면 좋겠다. K-POP 열풍으로 전 세계가 한국의 음악에 열광하고 있다. 이란도 마찬가지다. 한국 아이돌 사진 한 장에 학생들은 열광한다. 한국 제품은 인기가 많다. 단지 지금 상황이 너무도 안 좋아서 안타까울 뿐이다.

큰 히트를 쳤던 우리 드라마가 지금까지도 이란인들에게 한국의 이미지를 좋게 받아들이게 한다. 그것처럼 한식으로 이란을 또 한 번 깜짝 놀라게 할 기분 좋은 상상을 해 본다.

한국과 이란의 어려운 아이들을 위한 복지재단 만들기

어릴 때 우리 집은 늘 아기들과 아이들로 북적거렸다. 동네 엄마들은 볼일이 생기면 아이를 우리 집에 맡기고 나갔다. 태어난 지 얼마 안 된 아기도 있었던 기억이 난다. 나와 동생에게는 학교만 갔다 오면 아이들을 돌보고 놀아 주는 게 자연스런 일상이었다. 내가 아기와 아이들을 좋아하는 것은 이 영향이 큰 것 같다.

지금도 기억나는 안타까운 사연들이 있다. 태어난 지 1년도 안 된 아기가 우리 집에 맡겨졌다. 부모가 이혼을 한 것인지 엄마는 집을 나갔고 아빠는 출근 때문에 아기를 우리 집에 맡긴 것이다. 내 기억에 6개월은 넘게 맡았던 것 같다. 엄마는 끝내 아기를 찾으러 오지 않았다.

우리 옆집에 살던 젊은 엄마는 암에 걸려서 투병을 하고 있었다. 그 엄마의 아이는 당시 서너 살 정도였던 것으로 기억된다. 워낙 잘생기고 똑똑해서 우리 가족의 사랑을 듬뿍 받았었다. 하지만 슬프게도 엄마는 결국 암을 이기지 못하고 하늘나라로 갔다. 이후 아빠는 아이를 데리고 이사를 갔다. 다른 아이들은 얼굴도 기억나지 않는데 이 아이는 아직도 이름까지 생생하게 기억난다.

나는 어린 아이들이 힘든 환경에서 심하게 고생하는 것에 예민하다. 학대나 폭력을 당하는 아이들에 대해서도 마찬가지다. 회사에 다닐 때 정기적으로 고아원을 방문했었다. 그때 보았던 아이들의 얼굴엔 표정이 없었다. 오히려 귀찮아하는 표정이었다. 아이들과 놀아 주고 있는데 느낌은 아이들이 우리랑 놀아 주는 것처럼 보였다. 마음이 많이 아팠다.

그때부터 기부를 시작했다. 시작은 유니세프였다. 고아원을 방문하면서 고아원에 기부하려 했지만 절차나 방법 등이 마음에 들지 않았다. 큰 돈을 기부하는 게 아니었기 때문에 나는 일대일 후원을 하고 싶었는데 쉽지 않았다. 그래서 알게 된 곳이 유니세프였다. 마침 TV에서는 연예인이 아프리카의 불쌍한 아이들을 위해 후원의 손길을 내밀어 달라고 호소하고 있었다. 열악한 환경에서 먹을 음식과 마실 물이 없어 배만 볼록한 채 말라 가는 아이들을 TV에서 볼 때마다 눈물이 났다.

그러다 후원하는 단체를 하나 더 늘렸다. 지인이 부탁해서 들었었다. 그런데 평화재단 쪽이라서 우리 가족이 두바이로 가게 되면서 중단했다. 그리고 아이들을 위한 다른 기부단체로 바꿨다. 하지만 30년 가까이 해온 후원을 2년 전에 모두 중단했다.

그동안 나는 유니세프나 세이브더칠드런 같은 국제 아동기구들에서 활동하는 연예인들은 순수하게 봉사만 하는 줄 알았다. 그런데 알고 보니 매스컴에 나와서 후원을 부탁하고 활동하는 유명인들에게 광고비 조로 큰돈이 지불되고 있었다. 뿐만 아니라 후원금을 투명하게 관리하고 사용해야 하는 조직의 책임자들이 후원금이 자신들의 개인 돈인 양 쓰고 있었다. 우리가 매달 내는 후원금에서 정작 아이들에게 가는 돈은 30%가 되지 않았다고 한다.

해외에서 그에 관련된 기사를 보고 놀랄뿐더러 너무 화가 났다. 불쌍한 아이들의 생계를 위해 후원한 돈이 그 긴 시간 동안 배부른 자들의 용돈으로 사용되고 있었다고 생각하니 기가 막혔다. 한국에 오자마자 바로 전화를 걸어서 후원을 다 해지했다.

지금은 각성하고 제대로 관리하고 있을지도 모르겠다. 하지만 한번 실망하니 신뢰감이 안 생겨서 후원하고 싶은 마음이 안 든다.

이란에서 살면서 마음 아픈 모습들을 많이 본다. 이란에는 집집마다 문 앞에 대형 쓰레기통이 놓여 있다. 그런데 아이들이 그 큰 쓰레기통을 넘어뜨리거나 매달려서 비닐을 다 뜯고는 그 안의 음식물을 꺼내 간다. 음식물뿐만 아니라 낡아서 못 쓰거나 버린 물건들을 꺼내 간다. 어깨나 등에 큰 쓰레기봉투를 메고 걸어 다니는 아이들의 모습이 곳곳에서 눈에 띈다. 제대로 못 먹어서 삐쩍 마르고 키가 작은 아이들을 보면 자식 키우는 엄마로서 마음이 정말 아프다.

나는 그 아이들이 이란 아이들이라고 생각했는데 아프가니스탄, 시리아, 터키 등에서 넘어 온 난민들이라고 한다. 오히려 이란의 고아들은 시설 좋은 고아원에서 좋은 음식과 좋은 옷을 입고 밝은 얼굴로 생활하고 있었다. 우리 아이가 고아원에 봉사를 가게 되어 함께 가 보니 한국보다 훨씬 더 쾌적한 공간에서 더 밝은 모습으로 아이들이 생활하고 있었다.

이란 정부가 고아원에 대한 지원은 잘하는 편인 데다 자원봉사자들과 기부자들이 많다고 한다. 하지만 이란 아이들이 있는 고아원에만 한정된 것 같다.

나의 네 번째 버킷리스트는 '한국과 이란의 어려운 아이들을 위한 복지재단 만들기'다. 남편은 은퇴 후 한국 생활이 안정되면 돈이 없어서 공부하기가 어려운 청소년들을 제대로 지원하고 싶다고 한다. 나는 미래는 알 수 없으니 지금, 현재 작은 거라도 할 수 있음 하자는 쪽이다. 어떤 방식이든, 시기가 언제든 크게 고민하거나 신경 쓰지 않기로 했다.

하지만 내가 단순후원 방식에서 복지재단을 설립하고 싶다는 꿈을 꾼 것은 실질적으로 많은 아이들이 제대로 도움을 받기를 바라기 때문이다.

한국에서도 후원이나 기부를 받는 고아원은 대체로 원장이 유명하거나 매스컴을 통해 잘 알려진 곳이 많다. 그리고 그런 곳에는 항상 후원이 넘친다. 나는 소외되고 영세한 재정 때문에 힘들어하는 곳을 잘 파악해서 제대로 된 도움을 주는 재단을 만들고 싶다. 꼭 후원금이 아니더라도 재능기부로도 얼마든지 아이들에게 큰 도움을 줄 수 있다고 생각한다.

좋은 멘토 한 명이 아이에게 큰 꿈과 희망찬 미래를 심어 줄 수 있다면 얼마나 보람되고 행복하겠는가.

이란에서 복지재단을 만들 수 있을지는 솔직히 모른다. 이란에서는 외국인이 회사를 만들기가 힘들다. 그리고 좋은 일을 하고도 여차하면 문제가 되거나 세금 덤터기를 쓸 수 있다.배보다 배꼽이 더 큰 경우가 이란에서는 자주 일어난다. 나는 이란에서 운영되는 고아원에 후원물품 등을 지원하고 재능기부를 조금씩 하고 있다. 하지만 나는 아무런 도움도 못 받고 쓰레기통을 뒤지고 쓰레기를 주워 팔면서 미래 없이 하루하루 고단한 삶을 살고 있는 아이들에게 도움을 주고 싶다. 어느 나라 아이들이라도 상관없다.

이란인들은 오래된 경제제재로 삶이 어렵다 보니 마음의 여유가 많이 부족하다. 정부도 돈이 없어서 일반인들에게 제대로 된 지원을 하지 못한다. 작년에 수해와 지진의 피해가 커서 정부는 국민들에게 지원물품 등을 부탁했는데 친한 이란 지인분들이 기부나 지원을 말렸다. 보내도 수재민들에게 가지 않고 위에서 다 가져간다고 말하면서. 한국인들은 대사관을 통해 오히려 더 많이 물품 등을 지원했다고 들었다. 정말 안타깝다. 제대로 운영되는 복지시설이 절실히 필요한 나라다.

아이들은 나라의 미래다. 행복한 미래는 행복한 아이들이 만들어 나간다. 한국이든 이란이든 세계 어디든 소외되고 혜택 받지 못하는 아이들이 생기지 않도록 국가는 최선을 다해 노력해야 한다고 생각한다. 그리고 개인적으로도 어린이를 위한 더 많은 재단들이 만들어졌으면 좋겠다. 투명한 관리와 적극적인 활동으로 단순한 생계 해결에서 벗어나 교육에도 관심을 가지는 복지재단이 많이 생기기를 바란다. 그리하여 아이들이 행복한 미래를 꿈꾸며 살아가는 데 큰 힘이 되었으면 한다. 나의 소망이 꼭 이루어져서 아이들의 미래가 지금보다 나아진다면 큰 보람을 느낄 것이다. 그리고 행복하고 가치 있는 노후를 보낼 것으로 믿는다.

타로카드 배우고 1급 타로심리상담사 자격증 따기

자신의 미래가 궁금하지 않은 사람이 있을까? 대부분의 사람들은 자신의 미래를 궁금해한다. 특히 살다가 힘든 일이 생기면 이 고난이 언제쯤 사라질지 걱정한다. 인생의 큰 방향을 설정하거나 선택할 일이 생길 때도 자신의 결정을 온전히 믿지 못하고 고민한다. 그럴 때 역술이나 점, 타로를 보면 쉽게 해결되지 않을까 하는 유혹에 빠진다.

내가 사주를 처음 본 때는 직장생활 7년째 되던 해였던 것 같다. 회사생활에 회의감이 들었다. 같은 일을 계속하니 익숙해지고 잘하긴 했지만 재미가 없었다. 이 일을 계속해야 할지 다른 일을 해야 할지 고민되었다.

원래는 대학 졸업 후 선생님이 되고 싶었다. 그래서 대학 다닐 때 열심히 공부해서 중등교사 자격증도 땄었다. 하지만 졸업 전에 바로 입사하게 되어 교사자격증은 조용히 묵히게 되었다.

회사생활은 힘들었지만 보람이 있었다. 좋은 사람들과 함께여서 즐겁게 일할 수 있었고 인정도 받았다. 그런데 뒤늦게 권태기가 왔다. 선생님이 되어 볼까 고민도 했지만 나이가 너무 많았다. 그때 역술가를 찾았다. 그 역술가가 뭐라고 했는지는 지금은 기억이 안 난다. 기억나는 건 일복을 타고났으니 직장을 다니든 뭐든 하면 잘산다고 했던 말이다.

그때를 시작으로 나는 가끔 사주를 보러 갔다. 지금도 잊히지 않고 기억나는 일이 있다. 누군가에게서 용하다는 얘기를 듣고 결혼 전에 사주를 보러 갔었다. 남편과 사귀고 있던 때라 궁합을 보러 간 것이다. 그런데 이런저런 얘기를 하면서 나보고 한동안 해외에 나가서 살 거라고 했다. 그래서 나는 해외에 여행은 가지만 나가서 살 일은 없을 거라고 대답했다. 그랬는데 그로부터 13년 후 해외에 나간 데다 지금까지 해외에서 생활하고 있으니 정말 신기하다.

나는 사주 역술은 보러 가지만 신점은 무서워서 보러 가지 않는다. 신점이 잘만 보면 더 정확히 맞춘다고 하지만 괜히 갔다가 굿을 해라, 부적을 써라, 이런 말을 들을까 봐 겁나서다. 안 좋은 소리를 듣고 말하는 대로 하지 않으면 찝찝하고 말에 따르자니 왠지 장삿속에 말리는 것 같은 생각이 들어서다.

두바이에 가기로 결정한 후에 나는 정말 가는 게 맞는 건가 고민했다. 그리고 가더라도 천천히 준비해서 1년 뒤에 가고 싶었다. 그런데 남편은 4월에 갑자기 두바이에 갈 수 있게 모든 서류를 준비하라고 했다. 9월에 입학하려면 6월에 두바이 학교에 서류를 내고 7월에 시험을 봐야 한다고 했다. 합격 여부는 8월 초에 났다.

새 학년 시작한 지 얼마 되지도 않았는데 정말 눈썹 휘날리게 2개월간 뛰어다니며 아이들의 서류를 준비했다.

그때 본 것이 타로였다. 나는 "내가 해외에 나갈지도 모르는데 지금 가는 게 나을까요, 내년이 나을까요?"라고 물었다. 대답은 "조만간 나가게 될 거다. 좋은 기회다."였다. 정말 타로 점에서 나온 대로 몇 개월 만에 나와 아이들은 두바이로 갔고 아이들은 9월에 바로 입학할 수 있었다.

아이들은 영어를 거의 하지 못하는 상태였는데 선생님은 괜찮다고 하셨다. 결과는 2주 뒤에 알려 주겠다고 했다. 2주 뒤 입학허가가 났다. 그해에 간 것은 정말 신의 한 수였다. 다음 해부터 두바이 학교의 입학이 엄청 힘들어졌기 때문이다.

갑자기 주재원 가족들이 대거 두바이로 들어오면서 학교마다 학생들을 까다롭게 선별해서 뽑았다. 6월에 서류를 내면 그해가 아닌 다음 해 9월에 입학이 가능했다. 영어시험도 까다로워져 영어를 어느 정도 잘하지 않으면 입학이 안 되는 아이들이 많았다. 1년 뒤 바뀐 상황을 보고 우리 가족은 가슴을 쓸어내렸다. 운이 좋게 막차를 탄 것이었다.

타로에 본격적으로 관심을 가지게 된 때는 작년 여름이다. 큰애가 대학 입시시험을 치고 대학을 지원한 후에 합격 여부가 궁금해서 타로를 몇 번 보았다. 타로는 3개월 이내의 일은 잘 맞힌다고 했다. 때문에 난 사주보다 타로를 선호했다. 오래전 첫 타로 점을 봤을 때 정확히 맞혔던 것도 좋은 기억으로 남아서였다. 결론적으로 몇 군데에서 본 타로 점은 이번에도 대부분 거의 맞혔다. 비교해 보면 오히려 사주 적중률이 떨어졌다.

나는 원래 운명, 영혼, 전생, 사주, 풍수, 점, 타로 등에 관심이 많았다. 그래서 그에 관련된 책도 많이 읽었다. 유튜브 영상도 많이 보았다. 명리학 공부를 해 보려고 시도도 했는데 너무 많은 한자 때문에 포기했다. 해외에 사는 동안 나는 한자와 한글 단어까지 많이 잊어버렸다.

타로는 어려운 한자도 없고 배우기가 쉬울 것 같았다. 그래서 인터넷에서 집중적으로 타로에 대해 검색하기 시작했다. 배워 놓으면 도움이 될 것 같았다. 내가 궁금한 게 있으면 바로 볼 수도 있고 가족들도 봐 줄 수 있으니까. 그 과정에서 타로심리상담사 1급 자격증이 있다는 것을 알게 되었다. 타로는 그냥 배워서 보는 건 줄 알았는데 자격증이 있다니… 더 끌렸다.

한국 출장을 간 남편 편에 타로 카드와 책을 받아서 작년 11월부터 공부를 시작했다. 한자는 없었지만 타로 역시 만만한 게 아니었다. 일단 책에 나온 내용을 이해하고 다 암기를 해야 했는데 어려웠다. 머리가 굳어서 잘 외워지지 않았다. 기껏 외운 것도 돌아서면 잊어버렸다. 하지만 '2년을 목표로 공부하면 아무리 돌머리라도 외워지겠지'라고 생각하며 조급한 마음을 달랬다.

타로 공부를 하는 목적은 김태광 작가님을 알게 되면서 바뀌었다. 호기심에 배우고 필요하면 재미삼아 보거나 지인들을 봐 줘야겠다고 생각하며 시작한 타로 공부였다.

올 2월 아이 졸업식을 보러 한국에 들어왔다가 코로나 때문에 발이 묶였다. 평소처럼 마음공부와 영혼, 끌어당김에 관한 유튜브 영상을 보고 있었는데 김도사님(김태광 작가님) 영상이 알고리즘으로 따라왔다. 기도에 관련된 영상이었다. 김도사님 영상은 내가 관심 있어 했던 영혼, 우주, 기도, 끌어당김, 의식전환 등에 관한 내용이 많았다.

그때만 하더라도 책 쓰기에는 관심이 하나도 없었다. 그러던 6월 어느 날 아침 갑자기 김도사님 특강을 들으러 가야겠다는 생각이 들었다. 그날 특강을 듣고 책 쓰기 과정에 바로 등록했다.

첫 수업 때 김태광 작가님께선 나의 자소서를 보시고 책 제목을 정해 주셨다. 둘째 주 수업을 마칠 때까지 내 머릿속에선 책 쓰기 외에 타로 생각은 하나도 나지 않았었다. 그랬는데 3주 차에 버킷리스트를 작성하면서 미련이 남았는지 타로가 다시 떠올랐다. 그리고 '내가 책을 내고 앞으로 1인 창업할 때 타로를 접목시켜 같이 해 보면 어떨까?' 생각했다.

타로는 카드를 뽑는 사람의 마음이 카드에 투영되어 나온다고 한다. 그렇기 때문에 타로를 배우면 사람들의 마음을 이해하는 데 더 도움이 될 것이다. 상담할 때 타로카드를 통해서 질문자의 마음을 더 잘 알 수 있을 것이다. 그리고 타로와 접목시켜 상대방에게 심리적 안정을 주고 마음을 힐링할 수 있게 해 준다면 효과가 더 좋지 않을까?

요즘은 역술가들도 타로를 많이 배운다고 한다. 수강생의 반 이상이 사주상담가인 곳도 많단다. 사주의 영향력은 70%라고 하지만 결국 내 인생을 좌우하는 것은 30%인 마음가짐이 아닐까.

내 사주가 대통령이 될 팔자라도 사주만 믿고 가만히 있는다면 뭐가 달라지겠는가. 반면에 내 사주가 매우 안 좋더라도 꿈을 가지고 긍정적으로 노력한다면 그 사람은 크게 성공할 거라고 믿는다. 그래서 나는 사주나 타로, 점을 보는 것을 나쁘다고 생각하지 않는다. 점을 보고 그 점괘에 흔들려서 낙심하거나 반대로 좋다는 말에 경거망동만 하지 않는다면 도움이 될 테니까.

미리 알고 대비할 수 있다면 좋지 않겠는가. 진로 선택 시에도 내 사주를 알고 거기에 맞게 준비한다면 조금이라도 수월할 것이다. 실제로 친한 지인들과 사주를 보러 가면 신기하게도 사주에 맞는 직업을 갖고 있는 경우가 많다. 조심하라는 운이 나오면 매사에 좀 더 조심하면 될 것이다.

교회에 다니시는 분들 중에 미신, 사주, 점 얘기만 해도 질색하시는 분들이 계신다. 나는 늘 하나님께 기도하지만 어머니가 절에 다니셔서 어릴 때는 부처님께 기도했다. 절도 좋아하고 성당도 좋아하고 부처님, 마리아도 인정한다. 남편은 나보고 날라리 종교관을 갖고 있다며 웃는다. 하나님 외엔 어떤 신도 믿으면 안 된다는 말은 난 이해가 안 된다. 어떤 종교든 뭐를 믿든 그것으로 인해 마음의 평화를 얻는다면 그것으로 족하다고 생각한다.

나의 다섯 번째 버킷리스트 '타로 배우기.' 타로를 배우는 데 그치지 않고 1급 타로심리상담사 자격증을 꼭 따도록 노력하겠다. '선무당이 사람 잡는' 우를 범하지 않기 위해 잘 배워서 나의 첫 번째 버킷리스트에 도움을 주고 싶다.

그리고 김태광 작가님의 '최대한 빠른 시간 안에 책 쓰기'란 말씀에 나의 생각도 바뀌었다. '천천히 공부하다 보면 되겠지'라는 마음을 버리고 최대한 빨리 자격증을 획득할 수 있도록 집중할 것이다. 시간은 돈이고 다시 돌아오지 않는다. 하루라도 빨리 내 꿈을 이루려면 시간을 아껴야 함을 깨달았다. 버킷리스트를 이루고 멋지게 활동하는 나의 모습을 상상해 본다.

PART 06

청소년들과 엄마들에게 꿈과 용기를 주는 자녀교육 전문가 되기

· 박수경 ·

박수경

영어학원 원장, 한국시낭송가협회 당진지회 시낭송가, 청소년 전문 동기부여 상담사,
영어회화 동아리 '모바일' 회원, 방과후 피아노 교사, 유아영어·피아노 전문 지도사,
실버합창단 반주자

공주대학교 음악교육과와 방송통신대학교 영어영문학과를 졸업했다. 현재 영어학원을 운영하면서 시낭송가로 활동하고 있다. 영어공부에 대한 동기부여로 성적을 끌어올려 주는 선생님으로 소문 나 있으며, 학부모들에게는 자녀교육 상담을 진행하고 있다. 또한 현악 전문 피아노 반주자로서 활발히 활동하면서 자녀들과 함께 소외된 이웃을 위한 재능기부 무료 공연을 다닌다. 앞으로 TV, 라디오, 전국순회 강연을 목표로 학부모·청소년 멘토, 동기부여 강연가, 자기계발 작가로서 활발히 활동하고 싶다. 저서로는 《우리 아이 영어영재로 키우는 방법》(가제)이 출간될 예정이다.

2020년 베스트셀러 작가 되어 〈아침마당〉, 〈세바시〉 출연하는 유명 강연가 되기

몇 년 전 우연히 〈세바시〉 강연을 보게 되었다. 김창옥 강사가 토크쇼 형식으로 진행하는 강연이었다. 너무 재미있었다. 울고 웃기고… 김창옥 강사는 정말 명강연가였다. 나는 그분의 강연을 보며 '나도 저렇게 재미있게 소통하는 행복메신저가 되어야겠다'라고 다짐했다. 난 요즘《백만장자 메신저》를 읽고 있다.

《백만장자 메신저》에는 이런 내용이 나온다.

"사람들이 자주 묻는 바로 '그것'이 당신의 위대한 사업이 될 것이다. 사람들에게 조언해 주었을 뿐인데 어느 날부터 나는 부자가 되었다. 아픈 가족 돌보는 법, 금융상품 고르는 법, 중고차 싸게 사는 법, 연애 잘하는 법, 남 앞에서 떨지 않고 말하는 법을 알려 주었을 뿐인데. 세 아이 엄마가 입학 상담사로, 맛집 블로거에서 SNS 홍보 전문가로, 자동차 좋아하는 옆집 아저씨는 중고차 컨설턴트로, 책 좋아하는 동료는 북 큐레이터로 활동할 수 있다. 누구나 자신만의 무기가 있는 것이다.

돈이 없어도 좋다. 탁월한 재능이 없어도 된다. 이제껏 하찮게 여겨온 당신의 경험을 누군가는 간절하게 원하고 또 원한다. 오늘부터 당신의 경험, 당신의 메시지를 팔아라. 그 순간 돈과 행복이 함께하는 새로운 인생이 시작된다."

여기에 방송을 타면 영향력 있는 사람이 되어 부의 선순환이 시작된다. 나는 다양한 수입파이프를 만들기 위해 책이 나오면 무조건 방송국에 실시간 출연해서 나의 몸값을 올릴 것이다. 난 내 몸값을 올리기 위해 작가의 길로 들어섰다.

세상에는 지독한 노력을 통해서 꿈을 이룬 사람들이 많다. 예를 들면 《성공해서 책을 쓰는 게 아니라 책을 써야 성공한다》의 저자 김태광 작가, 《당신은 드림워커입니까》의 저자 권동희 작가, 《꿈이 있는 아내는 늙지 않는다》의 저자 김미경 작가, 《내가 상상하면 꿈이 현실이 된다》의 저자 김새해 작가, 《마흔의 돈 공부》의 저자 이의상 작가, 《총각네 야채가게》의 저자 이영석 작가, 《책 읽고 매출의 신이 되다》의 저자 고명환 작가, 《10미터만 더 뛰어봐!》의 저자 김영식 작가, 《파리에서 도시락을 파는 여자》의 저자 켈리 최 작가, 《절제의 성공학》의 저자 김승호 작가, 《엄마의 첫 부동산 공부》의 저자 이지영 작가, 《나는 마트 대신 부동산에 간다》의 저자 김유라 작가, 《시크릿》의 저자 론다 번 작가, 《그렇다고 생각하면 진짜 그렇게 된다》의 저자 삭티 거웨인 작가, 《종이 위의 기적, 쓰면 이루어진다》의 저자 헨리에트 앤 클라우저 작가, 《원하는 대로 산다》의 저자 혼다 켄 작가, 《내가 확실히 아는 것들》의 저자 오프라 윈프리 등이 있다.

이들은 악조건 속에서도 불평불만만 일삼기보다 다른 방법으로 해결하려고 노력했던 사람들이다. 그래서 존경받아 마땅한 것이다. 나도 나 자신에게 주어진 상황을 불평하지 말아야겠다. 더 좋은 해결책이 무엇인지 스스로에게 물어보고 해결해 나가야겠다.

일단 나 자신이 여러 가지 준비하고 있는 상태에서 천천히 하나씩 진행하면 될 것 같다. 만약에 강연 요청이 들어오면 강의할 주제와 내용을 PPT로 준비해서 파일로 가지고 다녀야 한다. 책을 쓰는 중인 만큼 책이 나오길 기다리며 긍정적인 마인드를 갖고, 운동을 통해 아름다운 몸을 만들어야겠다. 책이 나오면 홍보 마케팅을 잘해서 방송국에서 섭외가 들어오게 할 것이다.

방송을 통해 나를 알리고 싶다. 그래야 많은 사람들에게 나의 이야기를 들려줄 수 있기 때문이다. 나는 유쾌한 사람이기 때문에 많은 사람들이 나를 좋아한다. 그리고 할 얘기가 정말 많다. 나의 둘째 아이 육아 방법 얘기는 빼놓을 수 없는 이야기다. 둘째 아이는 선천성 백내장으로 태어나서 8년간 치료 극복했다. 그 이야기를 통해 시력 없이 태어난 아기들의 엄마들에게 희망을 주는 메신저가 되고 싶다.

나의 육아비법, 요리법, 한 달이라는 단기간의 다이어트로 10킬로그램 감량하는 비법, 바이올린 콩쿠르에서 최우수상을 탄 이야기, 그것도 반주자가 엄마라는 최초의 이야기, 지금은 시낭송이 좋아서 일주일에 한 번 시를 배우는 엄마, 시어머니 밭에서 농사지은 야채를 시장에다 같이 내다파는 착한 며느리 이야기, 5학년 때 필리핀의 1년 ESL 코스로 혼자 유학 가 빡세게 보낸 이야기, 우리 딸과 같이 출전했던 2018년 12월 1일 국회의사당 영어 스피치대회, 그리고 거기에서 둘 다 최고상을 받아 우승 트로피와 미국 선발 증서를 받았던 이야기 등.

이처럼 이야기할 콘텐츠는 무궁무진하다. 베스트셀러 작가는 돈을 많이 번다. 그러면 나는 양가 부모님한테 생활비조로 매달 200만 원씩 드리고 싶다. 가족 중에 그런 사람이 없는 만큼 나라도 부모님을 기쁘고 행복하게 해 드리고 싶다. 자랑스러운 딸이 되고 싶다. 처음에는 이게 꿈이 아닌가 생각하다가 일상으로 돌아가서 내게 내려주신 복에 감사하며, 감사하며 살고 싶다.

이 세상에서 살면서 선한 일을 하고 싶다. 자녀교육의 전문가가 되어 강연을 하러 다닐뿐더러 청소년들에게 꿈과 용기를 주는 그런 강연가가 되었으면 한다. 초·중등 자녀를 둔 엄마들에게 상담을 해 주며 올바른 방법으로 가는 길을 안내해 주고 싶다. 많은 사람들뿐만 아니라 나도 힐링되는 동기부여가가 되고 싶다.

우리 가족 해외여행 1년 동안 다니기

나의 첫 해외여행지는 스물아홉 살 신혼여행 때 다녀왔던 태국 파타야다. 그 당시 나는 결혼 몇 주 전부터 구름 위를 둥둥 떠다니는 느낌이었다. 왜냐하면 해외여행을 한 번도 못 갔기 때문이었다. 그만큼 신이 났었다. 결혼식 당일도 비행기를 탈 생각에 결혼식은 뒷전이었다. 내 머릿속은 태국에 갈 생각으로 가득 차 있었다.

여행은 우리를 힐링시켜 주는 강력한 힘이 있는 것 같다. 지금 처한 현실에서 꿈의 세계를 다녀오는 특별한 느낌이다. 난 이 느낌이 좋다. 좋은 것은 사랑하는 사람과 함께하고 싶은 것이 아닐까. 그래서 우리 가족과 함께 해외여행을 마음껏 하고 싶다.

내가 지도했던 애제자인 K라는 여중생이 있었다. 그 아이는 종종 나에게 가족과 함께 유럽여행을 간다고 말하거나 언니와 단둘이서 일본 여행을 간다고 말했다. 나는 잘 다녀오라고 말하면서 올 때 선생님 선물

사서 오라고 입버릇처럼 일렀다. 그래서인지 여행 끝에 항상 선물을 챙겨 줘서 지금도 감사한 마음을 가지고 있다.

그 부모님은 창조적인 사고를 가지신 분들이었다. 그리고 경제적인 여유가 있어서 풍요로운 인생을 즐기고 있었다. K 양은 상위권을 유지하면서도 여행을 즐기며 인생을 풍요롭게 사는 법을 알고 있었다. 내 제자였지만 유럽여행을 간다고 할 때면 엄청 부러웠다. 나는 세계를 여행하며 풍요로운 시간들을 누릴 것이다.

1년 동안 해외여행을 다니려면 어떤 노력을 해야 할까. 생각해 보면 경제적인 자유인이 되어야 그 꿈을 실현할 수 있겠다. 그러려면 월 1억씩 들어오는 1인 창업 시스템을 만들 필요도 있겠다. 나의 콘텐츠를 사용해서 밤낮을 가리지 않고 돈이 들어오는 나만의 파이프라인을 구축할 필요도 있겠다. 여러 가지 방법이 있겠지만 나는 책을 써서 나의 가치를 올릴 것이다. 그러곤 고액 컨설팅을 하거나, 나만의 영어 브랜드를 만들어서 교육 수강생을 유치할 것이다.

우리 가족의 여름휴가의 단골메뉴는 캠핑이다. 애들은 캠핑을 워낙 좋아한다. 남편은 여행 스케줄을 철두철미하게 계획한다. 난 이런 남편이 너무 존경스럽다, 왜냐하면 내가 생각하지도 못했던 장소에 데리고 다니며 우리들이 아이처럼 좋아서 소리 지르게 만들기 때문이다.

그중 잊을 수 없는 캠핑도 있었다. 태안 바닷가로 캠핑을 갔는데 다들 좋은 텐트를 가지고 온 것이다. 그러곤 자랑하듯이 텐트를 치는 것이 아닌가? 그 당시 우리는 홈쇼핑에서 아주 저렴하게 판매하는 이너텐트를 샀었다. 그리고 좋아라하며 그것을 태안 캠핑장에 친 것이었다.

바닷가 바로 앞이라서 새벽바람이 장난 아니게 불고 마침 비가 오기 시작했다. 애들은 "엄마 무서워요."라고 말하며 나한테 다가왔다. 나도 무서움을 잘 타는 성격인지라 남편을 깨우며 말했다. "여보, 우리 텐트가 찢어질 것 같아요."라고.

벌떡 일어난 남편은 괜찮다고 우리를 위로했다. 밖으로 나간 남편은 타프를 치기 시작했다. 남편이 나간 지 10분 정도가 지나자 바람소리와 파도소리는 잠잠해졌다. 우리는 다시 잠을 청했다.

내가 아는 P 양네 가족은 해마다 여름휴가로 해외여행을 갔다. 난 P 양이 무척 부러웠다. P 양은 가족들과 친정어머니를 모시고 중국에 가기도 했다. 난 그것도 부러웠다. 왜냐하면 난 한 번도 부모님을 해외여행, 아니, 제대로 된 국내여행도 한번 못 보내 드렸기 때문이다. 이제는 양가 부모님을 모시고 일단은 국내 명소 여행, 그리고 해외여행, 더 나아가서 크루즈여행을 다녀오고 싶다.

먼저 시간의 자유가 있어야 마음대로 여행할 수 있을 것이다. 난 자유시간을 벌기 위해서 특별한 노력을 기울여야 한다. 나만의 콘텐츠를 찾아서 1인 창업을 시작할 것이니까.

나의 스승님이신 김태광 대표님은 "당신의 책을 써서 1인 창업을 하라. 그것이 부자가 되는 가장 빠른 방법이다."라고 말한다.

나도 지금 나만의 책을 쓰고 있다. 이 작업이 얼마나 행복하고 가슴 설레는 일인지 정말 안 해 본 사람은 잘 모를 것이다. 나도 얼마 전 한책협을 알고 나서 그런 감정을 느끼고 있다. 너무 감사하다. 성공한 사람들은 다 자신의 책을 한 권 이상 가지고 있다.

1년 동안 해외여행을 다니면 어떤 기분이 들지 상상해 본다. 먼저 남편에게 큰 변화가 일 것이다. 온 가족이 해외여행을 못 간 이유는 경제적 문제도 있지만, 남편의 회사일 때문에, 농사일 때문에 못 간 측면도 있다. 그러니만큼 다녀오면 세상을 보는 시각이 달라질 것 같다는 생각이 든다.

아름다운 세상이 있다는 것을 남편에게 보여 주고 싶다. 남편은 해외여행을 할 거면 잉카문명의 유적지에 꼭 한 번 가 보고 싶다고 말했었다. 그곳에 꼭 같이 다녀오고 싶다. 그리고 아이들과 유럽여행을 많이 하고 싶다. 영국의 국립박물관, 파리의 에펠탑, 그리스의 폼페이오, 이탈리아의 베네치아, 호주의 시드니, 미국의 할리우드 등 갈 곳이 정말 많다. 여행을 통해 힐링하고, 가족들과 마음에 드는 멋진 옷과 가방, 구두 등을 행복하게 쇼핑하고 싶다.

일상을 잠시 접고 새로운 나라를 다녀 보는 경험은 정말 환상적일 것 같다. 맛있는 음식도 맛보고, 그 나라의 고유한 전통도 체험해 보고…. 그곳에서도 나의 희망 이야기를 들려줄 수 있으면 좋겠다.

정원이 있는 초호화 주택에서 살기

얼마 전 TV에서 김밥 파는 CEO 김승호 회장님의 강연을 보게 되었다. 사회자는 그분을 무일푼에서 4,000억 자산가가 되신 분이라고 소개하며 강연 시작 사인을 보냈다. 그분은 자신만의 성공 스토리를 재미있게 들려주었다. 참 인상적이었던 것은 성경 말씀을 인용하면서 강연하신 점이었다. 나도 기독교인이기 때문에 그분의 강연에 더욱 빠져들었다. "누구든지 대접받고 싶으면 먼저 주어라."라는 성경의 원리를 아시는 분이셨다.

그러면서 김승호 회장님의 집은 어떨까? 참 궁금했다. 알아보니 엄청 좋은 대저택에서 사신다고 한다. 그분은 집에서 좋은 사람들과 들을 수 있도록 클래식 음악 연주회를 마련하고 음식을 나눈다고 한다. 나도 그분처럼 대저택에서 파티를 열고 좋아하는 꿈맥들과 인생을 즐기며 행복하게 살고 싶다. 나도 남에게 주는 것을 엄청 좋아한다. 아무 대가 없이 음식을 많이 만들어서 이웃과 나누어 먹는다. 난 그게 행복하다. 그리고 감동한 분들이 내가 준 것보다 더 좋은 것으로 나에게 보답하는 것도 경험했다. 이것이 우주의 법칙인 것 같다.

내가 아는 연예인들도 그런 대저택에서 연주회와 파티를 열고 인생을 여유롭고 즐겁게 사는 사람들이 있다. 그들은 젊은 날의 꿈을 포기하지 않고 열심히 노력해 성공한 경우가 많다. 가수 비를 예로 들어 보자. 그는 가난한 청소년 시절을 보냈다. 그는 중학생 때 아빠한테 이렇게 얘기했다고 한다. "아빠, 제 꿈은 가수예요. 전 안양예고에 들어가고 싶어요."

당시 안양예고는 경쟁률이 엄청 높아서 비의 담임 선생님은 이렇게 말했다고 한다. "네가 안양예고에 들어가면 내 손에 장을 지지겠다."라고. 아빠와 담임 선생님은 당연히 비가 떨어질 것이라 예상하면서도 안양예고 입시를 준비해 보라고 했다고 한다. 비는 그때부터 춤 연습을 밥도 안 먹고 했다고 한다. 그 시간이 아까워서.

그렇게 안양예고에 합격한 비는 지금의 그를 만든 JYP의 박진영을 만나서 성공하게 되었다. 박진영은 그때를 잊을 수 없다고 한다. 비는 다른 연습생에 비해서 엄청난 노력파였다고 한다. 박진영은 비의 눈에서 처절함을 보았다고 했다. 그러면서 저 친구는 반드시 성공하겠다는 확신이 들었다고 한다. 그의 믿음처럼 비는 성공했다. 지금은 김태희와 결혼해 대저택에서 모든 것들을 누리며 살고 있다.

대저택에서 살기 위해서는 어떻게 해야 할까. 먼저 안정되게 돈이 들어오는 파이프라인을 구축해야 한다. 요즘 같은 100세 시대에 한 가지 직장은 이제 아무런 의미가 없다. 그런 만큼 직장 대신 부를 창출할 수 있는 것이 무엇인지 생각해야 한다. 나만이 잘할 수 있는 것과 나의 경험을 돈으로 만드는 사람, 즉 메신저가 되어야 한다. 나는 일단 책을 쓰기로 결정했다. 책을 쓰고 나면 유튜브나 SNS로 책을 홍보하고 나의 가치를 올려서 유명 강연가가 될 것이다.

나의 청소년 시절을 떠올려 본다. 나는 중2 때부터 본격적으로 피아노 레슨을 받았다. 부모님은 경제적으로 힘들었지만 피아노를 전공하겠다는 둘째 딸의 꿈을 꺾지 않으시고 후원해 주셨다. 나는 그 당시 신앙의 힘으로 힘든 문제들을 헤쳐 나갔다. 그리고 교수 레슨을 한 번도 안 받고 하나님의 도우심으로 국립사범대 음악교육과에 합격하는 기쁨을 맛보았다.

그 당시 산속에 우리 집만 한 채 들어앉은 형태여서 피아노를 연습하기가 정말 좋았다. 다른 집이 없어서 연습할 때 소리로 인한 민원은 전혀 없었다. 고3 때 입시시험을 볼 때는 새벽 4시에 일어나서 2시간씩 피아노를 연습하고 아침 6시 30분 차를 타고 호서고를 다녔다. 그때도 집이 한적한 곳에 집이 있는 만큼 피아노 연주 연습에 안성맞춤이었던 것 같다.

우리 딸 혜리와 아들 지만이는 음악을 사랑하고 바이올린을 수준급으로 켠다. 그래서 거의 매일 내 피아노 반주에 맞추어 바이올린을 연주한다. 그런데 아파트에서 살다 보니 가끔 눈치가 보인다. 그래서 집에서 연습을 많이 하지 못하고 바이올린 선생님의 레슨실로 가서 연습할 때가 있다. 내가 대저택에서 살고 싶은 이유다. 우리 아이들과 지인들을 초대해 멋진 정원에서 연주회를 하고 싶다.

나의 아름다운 대저택은 꿈맥들과 나를 찾아와 진정으로 도움을 받고 싶어 하는 사람들에게 언제나 열린 공간이 될 것이다. 한책협 대표 김태광 작가님과 권마담님도 우리 집에 놀러오는 특별한 손님이 될 것이다.

나는 이런 일이 정말 일어날 것이라고 상상한다. 원하는 것을 상상하고 계속 행동하면 이루어진다고 한다. 많은 사람들이 버킷리스트를 가지고 있다. 정확히 말하면 버킷리스트를 가지고만 있다. 이뤄질 거라고 생각하지 않는다. 그래서 행동하지도 않는다. 그러나 행동할 때 기적이 일어난다.

나는 2020년 7월 29일, 이 글을 쓰면서 꿈이 이뤄진 모습을 결말의 관점에서 상상한다. 눈을 감으면 정원에서 흘러나오는 아름다운 음악 소리, 밝은 웃음소리, 꿈맥들의 에너지를 그대로 느낄 수 있다. 당신도 당신만의 아름다운 대저택을 상상하기 바란다. 상상한다면 나도 당신도 이룰 것이다.

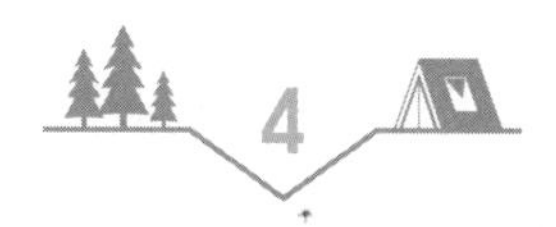

10년 더 젊어 보이는 동안 얼굴과 몸매의 대한민국 1순위 강연가 되기

난 왜 10년 더 젊어 보이는 동안 얼굴을 가지고 싶을까.

난 유명한 강연가를 꿈꾸며 살아왔다. 유명 강연가가 되면 사람들에게 감동과 희망을 주고, 의미 있는 삶을 살며, 부도 따라오는 것을 보았다.

난 김미경 강사를 좋아하는데 다른 강사들과는 달리 나와 닮은 점이 아주 많다. 음악을 전공한 김미경 강사는 피아노 레슨 선생님부터 시작해 강연가까지 되었다. 나도 피아노를 전공해서 피아노를 가르쳤다. 그러다 결혼하고 둘째 아들을 낳은 후 아이들 영어를 홈스쿨로 가르쳤다. 나는 조금 더 전문성을 갖추려고 방통대 영어영문과 3학년에 편입해서 졸업하고 학위를 받았다. 지금은 영어학원 원장이다.

그러면서 지금 책을 쓰고 강연가를 꿈꾸고 있다. 강연가는 겉으로 보이는 직업이어서 젊고 이쁜 여성들이 많이 선택한다. 외모를 많이 보는 한국에서는 특히나 10년은 젊어 보여야 살아남을 것이란 생각을 한다. 현실적인 사실이다. 난 올해 마흔세 살인데 30대 중반으로 보는 사람들이 많다. 나보고 젊어 보인다고 한다. 너무 감사한 일이다. 더 노력해서 10년은 젊어 보이는 외모로 강연을 다닐 것이다.

김수진이라는 치과의사는 쉰이라는 나이가 무색할 정도로 동안 몸매와 얼굴을 소유하고 있다. 그녀는 인스타그램, SNS의 인기 스타다. 비록 연예인은 아니지만 연예인만큼 아름답고 멋진 몸매를 자랑하며 많은 팬들을 거느리고 있다.

치과의사인 그녀는 혼자 딸을 키우는 싱글맘이다. 하지만 그녀의 삶은 풍성함으로 가득 차 있다. 자신감과 당당함이 그녀의 얼굴에서 뿜어져 나온다. 팬들은 이런 그녀의 모습을 좋아하는 것 같다. 그녀는 치과의사로서 자신의 일에 충실히 임하면서도 규칙적인 운동으로 몸매를 가꾸고 동안 외모를 유지하는 것 같다. 같은 여자로서 박수를 보내지 않을 수 없다.

10년은 젊어 보이는 동안 외모를 가지려면 어떻게 해야 할까. 일단 다이어트부터 해야 하지 않을까. 여자는 살을 빼면 완전 달라진 인생을 살 수 있다. 남자도 마찬가지이긴 하다.

사례로 뮤지컬 배우 홍지민이 있다. 홍지민은 딸 출산 후 살을 빼지 못해 뮤지컬에서 주연으로 활발하게 활동하지 못했다. 하지만 그녀는 독하게 마음먹고 3개월 만에 30킬로그램을 감량했다. 그러자 방송사, 기획사의 러브콜이 쇄도했다고 한다.

나의 20년 전 생활 속으로 들어가 보자.

난 대학시절 나름 기대를 가지고 소개팅에 나갔다. 왜냐하면 어린 시절 난 목사님 부인이 되는 것도 좋을 것 같다고 생각했기 때문이다. 전도사님과의 소개팅이었는데 그분이 내가 싫다고 했단다. 내가 살이 쪄서 예쁘지 않다면서. 난 충격을 받았다. 난 전도사님은 외모를 안 보고 마음이 예쁜 여자를 좋아하는 줄 알았다. 그날 난 알았다. 전도사님도 남자고 남자는 예쁜 여자를 좋아한다는 것을.

그날부터 이를 악물고 줄넘기해 두 달 만에 살을 10킬로그램을 뺐다. 여름방학이 지나고 학교에 갔는데 선배들이 나에게 몰라보게 예뻐졌다고 말했다. 나도 그렇게 예뻐질지 몰랐다. 기적이 일어난 것이다.

버스에서 내렸는데 어떤 멋진 남자가 나에게 다가와서 말을 걸었다.

"저기요…."

"왜요?"

"시간 있으시면 차라도 한 잔 하고 싶어서요."

그 남자의 말에 난 이렇게 대답했다.

"시간 없거든요. 제가 엄청 바빠서요."

그렇게 그 남자를 조용히 돌려보내며 마음속으로 웃었다.

대학시절 난 우리 학교 CCC(기독교 대학생 선교회) 동아리에 들었다. 거기 최고의 동아리 회장님이 나를 좋아해서 날마다 내가 등교하는 아침에 음악관 앞에서 나를 기다리고 있는 것이 아닌가! 한데 난 그분을 좋아하지 않았다. 그래도 그분은 끈질기게 나를 아침마다 기다렸다. 난 그걸 알고 다른 길로 그분을 피해서 다녔다.

나를 좋아한다고 고백하는 전도사님도 있었다. 이런 일은 내가 살이 빠지고 일어난 일들이다. 이제 여러분은 알 것이다. 내가 왜 10년 젊은 동안 외모를 가지고 싶어 하는지.

난 다이어트를 잘한다. 요요가 와서 문제지만. 그래도 일단 다이어트 프로그램에 들어가면 난 운동을 즐긴다. 새벽 5시에 일어나서 조깅을 한다. 조깅하다가 아는 지인을 맞닥뜨리기도 했다. 집 앞의 초등학교 운동장을 서른 바퀴씩 돌았다. 그리고 식이조절을 하면 한 달에 5~7킬로그램 감량은 수월하다.

아파트 안의 피트니스센터에서 새벽 5시부터 7시까지 운동하는 것도 좋아한다. 난 스피닝도 즐겨 탄다. 음악에 맞추어 자전거를 타는 것은 흥미진진한 일이다. 복싱도 재미있는 운동이다. 난 스파링도 해 봤다. 난 활동적인 운동을 좋아한다.

지금 나는 두 아이의 엄마이자 영어학원 원장이다. 얼굴은 동안이라는 말은 많이 듣는데, 몸무게는 아직 정상체중이 아니다. 우리 남편은 나더러 살을 더 빼라고 말한다. 그럼 더 예뻐질 거라면서. 남편의 말이 맞다. 그 말에 난 동의한다. 나를 이 세상에서 제일 사랑하는 남자의 조언이기 때문이다.

지금 난 나만의 책을 쓰고 있다. 출판사와 계약하면 그때부터 나는

10킬로그램 빼기 다이어트 프로젝트에 들어간다. 한 달이면 10킬로그램은 뺄 수 있다. 그러면 엄청 예뻐져 있을 것이다. 모든 게 준비되면 방송에 나가고 팬들을 맞을 것이다. 생각만 해도 기분 좋은 느낌이다. 느낌은 살아 움직인다. 난 살아 있는 그 느낌을 상상한다. 너무 행복하다. 난 준비된 작가다.

그날이 오기를 간절히 기도한다.

양가 어머니께 새집 지어 드리고, 신랑에게 요트 사 주기

나는 인복이 많은 사람이다. 그중에서도 성격이나 정신을 물려주신 엄마와 시어머니를 사랑한다.

나의 인생에서 존경하는 분이 3명이 있다. 그 세 분은 남편, 시어머니, 엄마다. 나의 남편은 4남매 중 둘째인 장남으로 태어났다. 나와 남편은 선을 보고 2개월 만에 결혼했다.

내가 남편을 존경하는 첫 번째 이유는 자기 자신을 사랑할 줄 알고, 나를 있는 그대로 사랑해 준 최초의 남자이기 때문이다.

남편을 만났을 때 나는 몸무게가 75킬로그램이 나가는 거구였다. 나는 자존감은 바닥을 치고 우울감으로 가득 찬, 꿈이 없는 스물아홉 살 피아노 강사였다. 집에 피아노 3대를 놓고 40여 명을 가르쳤다. 사대 음악교육과를 졸업한 나는 우리 동네에서는 최고의 강사였다. 때문에 대부분의 엄마들이 나에게 자녀들을 맡겼다.

우리 남편을 만난 후 나는 놀랍게 변하기 시작했다. 있는 그대로 나를 사랑해 주니까 낮은 자존감과 우울감이 사라졌다. 난 남편을 만나는 시간이 즐거웠다. 2개월 만에 남편은 나에게 프러포즈하며 차를 선물해 주었다.

난 이 사람이 바로 나의 운명의 사람인 줄 알아보고 결혼 날짜를 정했다. 결혼식 날 살이 2킬로그램 더 찐 나는 피팅해 놓은 드레스가 안 맞아 옷핀으로 여미고 결혼식을 치렀다. 그럼에도 불구하고 난 해외로 신혼여행을 간다는 생각에 신이 났다. 혼자 웃음이 나오는 걸 참느라 바빴다.

우리 남편은 내 첫인상이 미인형 얼굴이었다고 한다. 살만 빼면 엄청 예쁘겠다고 생각했단다. 난 결혼한 후 처음으로 귀고리를 사서 남편한테 보여 줬다. 남편은 예쁘다고 칭찬해 줬다. 그 후 난 꾸미는 여자가 되었다. 점점 더 예뻐져 갔다.

내가 남편을 존경하는 두 번째 이유는 장애아로 태어난 우리 둘째 아들로 인해 내가 다시심한 우울증에 빠져 허우적거릴 때 나를 건져 낸 사람이기 때문이다.

우리 아들은 태어난 지 4주 만에 영동세브란스대학병원에서 선천성 백내장 진단을 받았다. 의사는 수술해도 실명할 수도 있다고 말했다. 그러면서 수술 동의서에 사인하라고 했다. 난 울면서 사인하며 다시 하나님을 찾았다. 제발 우리 아들 실명하지 않게 해 주시고 차라리 내 눈을 가져가시라고….

3개월 만에 감사하게도 수술 날짜가 잡혔다. 우리는 수술하기 전날 밤에 모든 것을 체념한 듯 이야기보따리를 풀어내며 얘기를 나눴다. 나한테 남편이 말했다.

"수경아, 너의 꿈은 뭐였어?"

"난 팝페라 가수가 되는 게 꿈이었어. 근데 왜 물어봐?"

"그 꿈 지금도 이루고 싶니?"

"어. 그런데 힘들 것 같아. 애기도 아프잖아."

"그럼 네 꿈에 도전해 봐. 내가 도와줄게."

"정말이야? 도전하라고?"

남편은 이렇게 2년 동안 강남 스튜디오의 강사들에게 레슨을 받을 수 있게끔 금전적으로 도와줬다. 나중에 알게 된 거지만 남편은 내가 팝페라에 소질이 없는 것을 이미 알고 있었다고 한다. 그래도 지원해 준 이유는 그런 꿈이라도 없이 살면 내가 죽을 거 같아서였다고 한다. 애기들 엄마이고 사랑하는 아내이니만큼 살리고 싶었다고 한다.

내가 남편을 존경하는 세 번째 이유는 나의 꿈인 베스트셀러 작가를 응원하기 때문이다 이런 남편과 사는 것을 하나님께 감사드린다.

남편 꿈은 요트를 갖는 것이다. 내가 그 꿈을 이루어 주겠다고 하니까 남편은 애기처럼 좋아한다. 그렇게 해맑게 웃는 모습을 보니 내가 정말 행복하지 않을 수가 없다.

나는 우리 시어머니를 존경한다. 어머니는 장사의 신으로 통한다. 당진 시장에서 40년 넘게 장사하셨다고 한다. 그런데 얼마 전 무릎수술을 하셔서 그전만큼 활동하지 못하신다. 하지만 대단하신 게 2년 전 무릎수술을 하러 서울의 병원에 갔을 때 서리태를 병동 환자들 모두에게 다 팔아넘기셨다. 나와 신랑이 문병 갈 때 검은콩 50킬로그램을 가지고 갔던 기억이 있다.

난 어머니와 함께 야채를 가지고 당진 5일장에 잘 나간다. 어머니는 밭에 이것저것 심으시고 도매로 팔아 돈을 만들어 쓰신다. 그렇게 번 돈으로 나한테 용돈도 주시는 신식 시어머니시다. 시어머니의 삶을 보며 나는 그 모습을 보고 배우려고 했다. 그런 어머니의 꿈은 새집에서 사는 것이라고 한다. 난 그 꿈을 이루어 드리고 싶다.

마지막으로 나는 나의 친정엄마를 존경한다. 나는 어려서부터 인복이 많은 사람이다. 왜냐하면 훌륭한 나의 엄마가 계시기 때문이다.

우리 엄마는 9남매 중 여섯째 딸로 태어나셨다. 독실한 신앙을 지니셨던 엄마는 결혼하면서 힘든 세월을 보냈다. 아빠의 가정폭력으로 가정이 파탄날 수도 있었지만 하나님을 향한 신실한 믿음으로 극복하셨다. 우리 딸 셋을 지키시느라 인고의 세월을 보내셨다. 그래서인지 딸 셋은 행복하게 잘 살고 있다. 내가 엄마를 존경하는 이유다.

엄마는 늘 기도하고 찬양하며 사셨다. 잘될 수 있다고 늘 말씀해 주시고 할 수 있다는 믿음을 강해서 심어 주셨다. 나도 엄마를 본받은 것 같다. 고2 때 피아노를 전공하던 중에 나에게 슬럼프가 찾아왔다. 피아노를 그만두고 싶었다. 그 당시 아빠는 일을 하지 않으시고 돈도 벌지 못하셨다. 엄마 혼자서 이런저런 것을 팔아 우리 세 자매를 가르치셨다. 수능 1등급이었던 언니는 교대에 진학해 선생님이 되었다.

나는 솔직히 레슨비를 내기가 벅찬 집안 사정을 알고 있었다. 난 그만하겠다고 엄마한테 말했다. 엄마는 나의 마음을 아셨는지 피아노 선생님께 5장의 장문의 편지를 쓰셨다. 내용은 우리 수경이의 꿈이 피아노 전공인데 선생님이 잘 이끌어 달라는 것이었다.

이 편지를 받은 그때부터 나를 대하시는 피아노 선생님의 태도가 달라지셨다. 하나라도 더 알려 주시려고 엄청 신경을 쓰시고 나를 많이 사랑해 주셨다. 지금 이 자리를 빌려 나의 스승님 송정 박순옥 선생님께 감사하다는 말씀을 드리고 싶다. 장학금도 추천해 주시고 그 당시 음대생 중에 성적이 제일 좋은 사람 2명에게만 주는 장학금을 받게 도와주셨다. 내 주위에는 이렇게 참 고마운 사람들이 많다. 그분들께도 마음을 담은 선물을 할 것이다.

지금 아빠는 하늘나라에 계신다. 난 아빠를 용서했다. 아빠는 하늘나라에 가시기 전 엄마한테 그동안 미안했다고 사과하고 나한테도 "사랑한다."라고 말하셨다. 놀라운 기적들을 본 것이다.

친정엄마에게 새집을 지어 드리고 싶다. 그동안 고생한 엄마를 기쁘게 해 드리고 싶다. 엄마가 행복해하는 모습을 보고 싶다. 상상하면 이루어지는 원리를 안 이상 이 모든 것들이 이루어지고 내가 감사해하는 상상을 한다.

모두 이루어졌습니다. 감사합니다.

PART 07

경단녀, 싱글맘, 이혼녀들에게 용기를 주는 동기부여가 되기

· 박 경 ·

박 경

前 일본 전문 여행사 대표, 일본 전문 가이드, 타로심리마스터, 자기계발 작가, 동기부여가

일본 유학을 다녀와 일본 전문 가이드로 활동하고 일본 전문 여행사를 설립하여 운영하였다. 현재는 노재팬 영향으로 여행사를 폐업하고 타로샵을 운영하면서 타로심리상담사로 활동하고 있다. 저서로는《하기 싫은 게 있을 뿐 할 수 없는 것은 없다》(가제)가 출간될 예정이다.

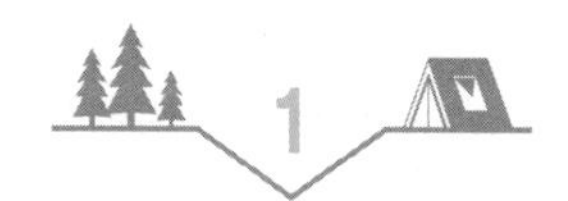

일본가이드 양성 회사 세우기

"어디 소속 가이드세요?"

일정표를 체크하느라 고개를 숙이고 있는 내 발 앞에 다가서며 누군가 물었다. 그날은 일본가이드로서의 첫 출장 날이었다. 나는 "네?" 하면서 그 사람을 올려다보며 일어섰다. 옆에서 가만히 나를 지켜보고 있던, 관광지와는 전혀 어울리지 않는 신사복 차림의 점잖으신 남자분이었다.

대마도 윷타리 온천에서 손님들은 여행 스케줄에 따라 온천을 하고 나는 카운터 옆 의자에서 다음 스케줄을 체크하며 대기 중이었다. 오늘이 처음이든 아니든 손님을 모시고 안내하며 투어 중이니 일본가이드는 맞다. 하지만 오늘 처음으로 일하러 나온 터라 그런지 나는 당당하지 못했다. "아직 소속은 없습니다…."라고 기어 들어가는 목소리로 대답할 뿐이었다.

신사복 차림의 손님이 먼저 "명함 하나 주실 수 있습니까? 나는 B랜드사 사장입니다."라고 말하며 명함 한 장을 공손하게 나에게 내밀었다.

손님들이 각 나라 여행상품을 예약하면 여행사는 중국 랜드사, 베트남 랜드사, 일본 랜드사 등에 관광 팀을 의뢰한다. 그러면 각 랜드사는 여행 일정에 맞춰 호텔, 식당, 버스, 가이드 등을 수배하고 예약한다. 즉, 랜드사는 여행사의 하청 업체라고 보면 된다.

나는 아직 명함도 없는 초짜 중의 생초짜 가이드였다. 그래서 "죄송합니다. 명함이 없습니다."라고 했다. 하지만 계속 기다리고 계시는 게 미안해서 얼른 수첩을 찢어 이름과 전화번호를 적어 드렸다.

사장님은 "연락드리겠습니다. 우리 회사일도 한 번씩 가이드 부탁드립니다."라고 말했다. 그러곤 온천 밖에 세워 둔 자가용을 타고 바쁜 듯이 가셨다. 온천에서 1시간 정도 손님을 기다리는 동안 두 분의 랜드사 사장님들이 나의 명함을, 아니 나의 수첩쪼가리를 받아 가셨다.

그렇게 출장에서 돌아온 다음 날 나에게 세 군데의 회사에서 전화가 걸려왔다. 다 가이드 일을 부탁하는 것이었다. B랜드사 사장님은 자기 회사의 메인가이드로 일해 줬으면 하셨다.

그렇게 내가 선택된 이유는 나중에 알고 보니 의외로 간단했다. 내가 가이드 같아서였다. 나는 그때 까만색의 바지정장을 입고 하얀 와이셔츠에 가느다란 까만 넥타이를 맸다. 그리고 까만색의 납작하고 편한 구두를 신고 길러 온 머리를 깔끔하게 커트했다. 여행 온 손님들 수십 명 사이에 섞여 있어도 저 사람은 가이드라고 확실하게 표가 나는 옷차림이었다. 그 옷차림은 일본에서 유학할 때 우연히 봤던 버스가이드의 옷차림을 그대로 벤치마킹한 것이었다.

일본의 그 가이드는 아래위로 까만 치마정장이었지만 나는 바지로 콘셉트를 바꿨다. 그 가이드는 넥타이도 하지 않았었다. 그러나 나는 더 가이드같이, 전문가같이 보이려고 넥타이를 맸다.

지금도 그렇고 내가 처음 현장에 나간 십 몇 년 전에도 일본가이드들의 옷차림은 패셔너블했다. 공항이나 부두에서 손님들보다 더 여행 가는 기분이 나는 옷차림이었다. 그런데 이상하게도 나에겐 그게 전혀 예뻐 보이지 않았다. 외국 물 많이 먹은 가이드처럼 세련되어 보이지도 않았다. 스튜어디스를 한번 생각해 보라. 베트남항공 스튜어디스는 아오자이를, 중국국적 항공기의 스튜어디스는 치파오를 입는다. 그런데 대한항공이나 아시아나항공의 스튜어디스들은 앞에서 봐도 스튜어디스, 뒤에서 봐도 스튜어디스로 표가 나는 유니폼을 입는다. 그게 제일 예쁘지 않은가.

나는 온천에서 혼자일 때도 휴게의자에 기대어있지 않았다. 아니면 안마의자에서 휴식을 취하지도 않았다. 휴게실에 딸린 커피숍에서 운전기사와 잡담을 하며 커피를 마시거나 하지도 않았다. 온천 종업원들과 농담 같은 것도 하지 않고 계속 스케줄을 보고 내일 일정을 확인했다. 그리고 식당 예약 등을 확인하는 전화를 돌리곤 했다. 하필이면 그때 한국은 연휴였다. 그래서 손님들이 대마도에 엄청나게 많이 들어와 있었다. 때문에 대마도 전문 랜드사 사장들이 자기 회사 손님들을 관리하기 위해 많이 출장 와 있었다.

그 많은 가이드들 중에 한두 명 정장을 입은 것 같았다. 그리고 남자 가이드를 빼면 정장을 입은 여자가이드는 나밖에 없는 것 같았다. 전부를 다 보진 못했지만 정장한 가이드는 나 말고는 돌아오는 날까지 한 명도 보지 못했다.

나는 역사를 설명할 때도 '옛날에는…' 이런 식으로 하지 않았다. 러일전쟁 같으면 1904년 2월 8일, 이런 식으로 정확하게 날짜를 말하며 설명했다. 그리고 나는 비록 어제도 왔던 관광지지만 처음 온 것처럼 손님과 같이 흥분하고, 처음 가는 관광지는 어제도 왔던 것처럼 화장실의 위치 같은 것 등을 세세히 미리 공부해서 프로처럼 보이려 노력했다.

사실 그 첫날의 대마도투어 가이드도 우연히 가게 되었다. 나는 여행사에서 비행기티켓을 발권하는 일을 했다. 그러다 여행사를 그만두고 쉬는 중에 퇴사한 여행사의 사장님께 연락이 온 것이었다.

라이온스 단체가 1박 2일로 대마도 여행을 가는데 내년 봄에 유럽여행이 또 예약되어 있다고 했다. 이번 대마도 행사를 잘 치러야 다음 유럽여행도 순조롭게 진행될 것이었다. 라이온스 회장님의 외국 출장 비행기표도 끊어 놓은 만큼 안면이 있는 나를 가이드로 보내는 게 차라리 안심이 될 것 같다고 했다. 놀고 있음 뭐 하냐며 다녀오라고 부탁하셨다.

나는 일상 회화 정도의 일본어는 가능해도 가이드는 해 본 적이 없었다. 그리고 오사카는 1년 정도 어학연수를 다녀와서 알지만 일본의 대도시들은 관광차 몇 번 가 본 적이 있을 뿐이었다. 게다가 대마도는 한 번도 가 본 적이 없었다. 나는 울릉도도 아직 못 가 봤다.

나는 여행사 사장님께 대마도도 한 번 못 가 봤는데 어떻게 가이드를 합니까, 라고 했다. 그랬더니 사장님은 대마도는 손바닥만 하다면서 이번 주에 1박 2일로 예비조사 다녀와서 일 좀 맡아 줘, 이러시는 거였다. 나는 내 돈을 들여 1박 2일로 대마도 여행을 다녀왔다. 그런데 조금 미흡했다. 그래서 이 라이온스팀 행사를 담당하는 랜드사에 연락해 전문 가이드가 안내하는 2박 3일 대마도 코스에 또 따라붙었다. 실경비는 내가 다 부담하고였다.

그날 나를 데리고 가는 가이드는 처음에 조금 싫은 티를 냈다. 하지만 나중엔 친절하게 잘 가르쳐 주었다. 그러고는 그다음 주에 라이온스팀 45명을 데리고 첫 투어를 나간 것이다. 그때 받았던 3장의 명함이 나의 가이드일의 시작이었다.

결국 나는 B랜드사의 메인가이드를 하면서 월급사장으로 7년을 보냈다. 윳타리 온천 밖에 세워져 있던 사장님의 차는 결국 내 전용 차가 되었다. 처음에는 사장님이 운전하시는 차에 타고 거래처 계약을 위해 대마도 호텔, 식당 등을 같이 돌았다. 그러면서 빨리 길을 익혀 내가 운전해야겠다고 생각했다.

가이드투어가 시작되기 전 새벽 5시부터 사장님의 양해를 얻어 직접 차를 운전하면서 대마도 길을 익혔다. 그리고 돌아와 손님들의 아침식사를 챙기고 투어하는 것을 매번 출장 갈 때마다 반복했다. 나중에는 사장님보다 대마도 길을 더 잘 알게 되었다.

마흔 살이라는 나이에 시작한 가이드일이었다. 하지만 서울의 두 군데 고등학교 학생 600여 명을 데리고 대마도 수학여행을 갔을 때도 언제나 1호 차를 타는 가이드였다. 또한 큰 회사 단체 행사 때도 언제나 메인가이드를 했다. 그러다 보니 지명가이드도 많이 들어왔다. 후쿠오카, 나가사키, 히라도 천주교 성지순례 전문 가이드도 했다. 부산의 큰 성당의 신부님과 신자들 40명을 모시고 일본 성지순례도 많이 했다.

그러던 중 우리 애가 일본유학을 가겠다고 했다. 부산의 고등학교를 졸업하고 동경으로 가서 1년 동안 대학입시 학원을 다니며 준비했지만 안 되었다. 아이는 1년 더 재수하고 싶다고 했다.

7년 동안 가이드일을 한다고 수시로 출장을 다녔다. 그러느라 아들의 초등 6학년부터 뒷바라지를 제대로 해 본 적이 없었다. 나는 퇴사하고 아이와 함께 동경으로 유학을 가기로 했다. 2014년 마흔일곱 살 때다.

서른여섯 살에 초등학생 아들을 친정엄마한테 맡기고 갔었던 오사카 어학연수 이후 두 번째 유학이었다. 유학 서류 중에 출입국관리 서류를 떼야 하는데 너무 출장을 많이 다녀 서류의 장수가 엄청났다. 하긴 출입국 도장 찍을 사증이 모자라 그동안 여권을 몇 개나 만들었으니….

그리고 나도 놀란 건 중간에 4년 동안은 하루도 쉰 적이 없었다는 것이다 주말에는 다 일본에 나가 있었다. 출장이 안 잡힌 주중에는 사무실에 출근해서 내근을 했다.

다음 해 아들은 원하는 대학에 합격했다. 호세이대학 생명과학부 식물줄기세포 쪽이다. 나는 동경 유학을 다녀와서 2015년 3월에 메인가이드 2명과 사무실 직원 1명을 둔 대마도전문랜드사를 오픈했다.

나의 메인가이드 중의 한 분은 처음 면접 보러 오셨을 때 예순두 살이었다. 여러 군데 이력서를 넣었지만 연락이 없었다고 한다. 그러나 나는 그분의 절박함을 보았다. 절박함은 모든 것을 이길 수 있다는 걸 나는 안다.

나는 그분께 긴 파마머리를 자르시고 조금 어두운 색으로 염색하시고 다시 오시라고 했다. 그랬더니 그다음 날 당장 내가 원하는 헤어스타일로 고쳐서 다시 오셨다. 일본어는 그렇게 잘하시는 편은 아니었다. 가이드교육도 서울의 가이드학원을 조금 다니신 것 같았다.

나는 내 스타일로 그분을 다시 재교육했다. 그러다 가이드를 다니는 곳이 점점 늘어나고 그분도 수입이 늘어나게 되었다. 그러다 보니 어떨땐 새벽 2시까지도 사무실에서 같이 공부했다. 작년 노재팬운동과 코로나 영향으로 회사를 폐업하기 전까지 계속 같이 일했다. 62세 때 오셔서 67세까지 우리 회사의 메인가이드로 활약하셨다.

일본가이드는 한국 사람들을 데리고 일본으로 나가게 된다. 그리고 한국말로 투어를 설명한다. 때문에 그렇게 고급 일본어를 구사할 필요가 없다. 손님에 대한 친절이나, 투어 멘트, 매너 등이 중요하다.

가이드는 거의가 프리랜서다. 연예인하고 똑같다. 인기 있는 가이드는 일정표가 1년 내내 빽빽하다. 그 가이드에게 일을 맡기기 위해 랜드사에서는 몇 달 후의 일까지 미리미리 스케줄을 잡는다. 인기 없는 가이드는 스케줄이 한 달에 겨우 한 건인 경우도 많다.

나는 너무나 내성적이다. 학교 생활기록부에 "책임감은 강하나 내성적이다."라고 모든 학년 담임이 똑같은 평가를 해 놓았다. 그런 나도 가이드를 했다.

랜드사 소장으로 10년 넘게 있으면서 회사가 어떤 기준으로 가이드를 뽑는지, 어떤 가이드를 원하는지 알게 되었다. 이 정보를 가이드를 시작하려는 사람들에게 알려 주고 싶다. 그와 함께 현직 가이드로 뛰면서 상위 1%에 들 수 있었던 비결도 공유하고 싶다. 국제선사를 그만두고 백수였던 남자 직원도 나에게 와서 일주일 정도 교육받고 가이드일을 구했다. 기존에 가이드를 하고 있었지만 수입도 너무 적고 인기가 없던 가이드를 계속 교육해서 나중에 감사하다는 전화도 받았다.

그때는 몰랐다. 랜드사 소장일을 하고 있는 만큼 그게 내 일 중의 하나인 줄 알고 있었다. 그러나 아니었다. 다른 랜드사 소장들은 아무도 그렇게 안 했다. 그래서 나한테 배우러 왔었고 부탁한다고 소개했던 거구나. 본업이었던 랜드사를 폐업하고 나니 두 일이 전혀 다른 일이란 걸 알게 되었다.

전화기만 바라보며 목만 빼고 있는 일본어 실력자들이 너무 많다. 배운 일본어의 본전을 뽑을 수 있는 방법을 가르쳐 주고 싶다. 그것이 일본 가이드 양성 회사를 세우고 싶은 이유다.

경단녀, 싱글맘, 이혼녀들에게 용기를 주는 동기부여가 되기

결혼과 동시에 남편은 같은 회사 동료 직원과 함께 퇴사하고 동업으로 여행사를 오픈했다. 1대에 1억 정도 되는 관광버스 16대를 할부로 뽑고 본사와 지점을 냈다. 처음부터 조금 크게 시작한 것이다.

그러다 관광 비수기가 돌아오면서 관광버스 기사 16명, 안내양, 차량 정비사, 카운터 직원들, 영업 직원들, 투자금을 내고 명함에만 올라 있는 이사님들까지 100명 가까운 직원들의 월급을 지급하기가 점점 힘들어졌다. 성수기가 되어도 비싼 임대비부터 버스 16대의 한 달 주유소 청구서를 결제하고 나면 여전히 직원들에게 들어가는 경비를 대기가 힘들었다. 결국 친척들의 돈, 사채, 양쪽 집안의 돈까지 돈이란 돈의 씨를 다 말려버렸다. 45평 아파트에는 한순간에 경매딱지가 붙어 버렸다.

돌아온 당좌수표로 인해 신랑은 도망 다니는 처지가 되었다. 나중에 결국 시아버지께서 김해 논을 헐값에 팔아 해결해 주셨다. 그 탓에 시댁도 빈털터리가 되고 말았다. 집이 없어지자 나와 세 살 된 아들은 그날

늦은 밤 택시를 타고 친정으로 왔다. 택시를 세워 둔 채 엄마에게서 돈을 받아 와서 택시비를 계산했다. 우리 둘의 짐은 어깨에 멘, 남편이 영국 출장을 갔다 오면서 선물해 준 버버리가방 하나가 다였다. 나도 아이도 슬리퍼 차림이었다. 아이는 빨간 슬리퍼였던 것 같은데 잊으려고 노력했던 일인지라 기억이 희미하다.

아이는 "엄마, 우리의 궁전은 어디로 사라진 거야?"라고 계속 물었다. 나는 "우린 지금 나쁜 마법에 걸렸어. 그런데 잠자는 숲속의 공주처럼 착한 사람이 와서 뽀뽀해 주면 다시 꿈에서 깨어나 궁전으로 돌아가 있을 거야."라고 대답해 줬다. 미국의 유명 장난감으로 그네, 미끄럼틀, 열차, 자동차 침대 등 조그만 디즈니랜드를 만들어 줬었는데…. 그 모든 것이 한순간에 없어졌으니 아이는 궁전이 없어졌다고 느낄 만했다. 나는 울지 않았다. 아니, 참았다. 한번 울면 목젖이 녹아 버릴 때까지 울 것 같아 참고 참았다.

나를 일으켜 세운 건 책이었다. 어렸을 때부터 나의 별명은 책벌레였다. 활자중독증이라고 했다. 그래서 책의 힘을 알고 있었다. 다 잃고 바닥에서 다시 성공한 사람들의 책을 찾아서 읽었다. 그때는 비디오테이프 대여점과 책 대여점을 같이 운영하는 가게가 많았다. 책 살 돈이 없는 나는 그곳의 책들을 빌려서 읽었다.

성공, 도전을 들려주는 책을 쓴 작가들은 작가이면서 다시 일어 설 수 있는 용기와 도전정신을 불러일으켜 주는 동기부여가였다. 다 꺼져

가던, 아니면 내팽개쳤던 희망을 다시 곱씹게 해 준다. 내가 그 동기부여가들의 도움을 받고 다시 일어나 아이의 궁전을 다시 찾아 준 것처럼 다른 사람들에게 그런 용기를 주는 사람이 꼭 되고 싶었다. 내가 그들의 응원으로 해냈으니 말이다.

주위에 불행을 딛고 성공한 동기부여가들은 많다. 먼저 내가 책을 쓸 수 있게 동기부여를 해 준《김 대리는 어떻게 1개월 만에 작가가 됐을까》의 저자 김도사와 권마담이 있다. 당장 일자리를 구하러 나갈 차비도 없을 때지만 절망하지 않고 나를 버티게 해 주었던 책이자 상상하면 끌어당김의 법칙으로 꼭 이루어진다고 믿게 해 준《시크릿》의 저자 론다 번,《될 일은 된다》의 마이클 A. 싱어, 고아 껌팔이에서 한국의 폴 포츠로 거듭난《무조건 살아 단 한 번의 삶이니까》의 최성봉 팝페라 가수, 그리고 유명한 오프라 윈프리, 김연아도 동기부여가다.

이들은 너무나 지질하고 한심해서 숨기고 싶은 자신의 과거를 스스로 용기 있게 세상에 드러내고 이겨 내 온 경험을 책이나 TV, 유튜브를 통해 당당히 밝힌다. 당신도 할 수 있다고 용기를 준다. 나도 인생의 고비마다 이 사람들의 성공담을 읽으면서 나도 할 수 있다며 버티고 견뎌 왔다. 그리고 때로는 그들이 한 것처럼 도전도 하고 실천도 했다.

긍정적인 사고를 가진 사람이 되도록 노력해야 한다. 생각이 말이 되고 말이 행동이 되고 행동이 습관이 되고 습관이 인생이 된다. 그리고 나의 인생을 한 권으로 펼쳐 보일 수 있는 책을 써야 한다. 구구절절 사람들을 만나 모두에게 다 말할 수는 없기 때문이다.

나의 책을 읽고 "부도나고 나서 어떻게 이겨 내셨어요?", "늦은 나이에 어떻게 일본유학을 가셨어요?", "일본전문 여행사는 어떻게 창업하셨어요?", "초급 일본어 수준으로 어떻게 상위 1% 가이드가 되었나요?", "롤렉스시계는 얼마예요?", "아들은 어떻게 일본 명문대를 갔나요?"라며 나에게 여러 질문들을 던져야 내가 동기부여를 해 줄 수 있는 대답들을 들려줄 것이 아닌가? 나의 책은 답안지가 아니라 미래의 독자들에게 던지는 문제집이다.

아이의 분유 값이 없어 딸기 우유를 젖병에 넣어서 먹였던 일도 있다. 생리대 살 돈이 없어 휴지를 뭉쳐서 다녀야 했던 일, 아이가 아이스크림이 먹고 싶다고 울어서 아파트 슈퍼에서 2,000원어치를 외상으로 샀던 일, 그 돈을 갚지 못해 죄책감에 일주일 넘게 외출을 못하고 집에 붙박여 있었던 얘기들. 그 이야기들이 혹시 지금 어려운 사람들에게 조금 힘이 될까?

아파트 관리비와 수도세를 못 내서 물이 끊긴 일도 있었다. 화장실을 쓸 수도 없었고 가스도 끊겨서 요리도 할 수 없었다. 부도난 사업으로 인해 하루 종일 재판을 받던 날 시댁에 맡겼던 아이를 데리고 집으로 돌아왔는데 전기가 끊겨 불이 안 들어왔다. 그때 방바닥에서 아이를 끌어안고 얼마나 울었는지 모른다. 정말 세상이 깜깜절벽이었다. 아이도 울고 나도 울고, 우는 엄마를 보고 아이는 또 울고, 나는 우는 아이를 보며 또 울고, 울고 울고 또 울었다. 세상과 인생은 깜깜하지만 아무것도 안 보인다며 무섭다고 또 우는 아이를 위해 엄마인 나는 집을 환하게 만들어 줘야 했다.

나는 부리나케 한전에 전화했다. 그랬더니 밤 12시가 넘었어도 한전 사무실에 당직이 있으니 밀린 전기세를 직접 납부하면 전기를 살려 준다고 했다. 나는 있는 돈 다 털어서 전기세를 정리하고 왔다. 아이한테는 "전기가 고장이 났는데 이제 고쳐 주셔서 집에 가면 괜찮아."라고 했다. 아들은 한 발을 구르고 양 주먹을 꼭 쥐며 "나쁜 아저씨들 같으니라구. 우리 엄마가 무서워서 울게 만들고."라며 입술을 꽁 다물었다. 화가 난다는 거다.

죽을 만큼 힘들고 어려운 순간도 있었다. 그럼에도 불구하고 가족이나 삶의 목표 때문에 조그만 희망의 불씨를 다시 태워 올렸다. 성공의 이유를 찾아내려 책을 보든지 영상을 보든지 인테넷이나 신문 기사를 보든지 하면서 동기부여를 받았다.

사람들은 어차피 다 비슷비슷한 내용인데 왜 자꾸 동기부여 책을 사느냐고 물어본다. 작심삼일이다. 어떨 땐 하루 이틀 만에도 약발이 다 떨어진다. 같은 책은 또 읽기 싫고 방전된 배터리 같다.

언제나 연결하면 바로 충전되는 충전 만땅인 동기부여가가 되고 싶다. 세상을 누비는 두 발 달린 짐승의 탈을 쓴 동기부여가가 되고 싶다.

남편의 회사가 부도나고 나서 재판이나 압류 등 여러 가지 문제들로 인해 자유롭게 경제활동을 할 수 없는 시기가 있었다. 시댁의 재산도 압류가 걸려 있고 사채를 쓰느라 시댁의 돈도 씨가 말랐다. 그러니 시댁의 생활비도 드려야 했다. 스물일곱 살, 서른 살부터 사모님 소리를 듣던 여행사 사장의 부인이던 나다. 그랬는데 재래시장 입구의 반은 난전인 가게에서 남편과 떡볶이 튀김 어묵 장사를 시작했다. 추운 겨울에 시작했는데 마땅한 작업복이 없어 스키장에서 입었던 오렌지색 스노우보드복을 입었다. 지금 생각해 보면 미치고 환장하는 장면이다. 아니, 시장 사람들이 봤을 때는 미치도록 웃기는 장면이었을 거다.

나는 시장에서 떡볶이 장사를 했던 걸 너무 부끄러운 흑역사라고 생각했다. 그래서 일본가이드를 하게 되고 여행사 사장이 되면서 그 흑역사는 감추고 절대 얘기하지 않았다. 그러나 이번에 동기부여가가 되면서 생각이 바뀌었다. 아니다, 사람들은 진정성을 원한다. 진정성 있는 진실한 얘기는 사람들의 마음을 때리고 가슴을 울린다. 폼 잡는 성공자의 얘기는 필요 없다. 부끄럽고 아픔 많고 실수 많아 바닥이었던 나의 얘기들을 솔직하게 얘기하자고.

대학에서 생명과학 식물학부 식물줄기세포를 공부하고 있는 아들에게 왜 그 과를 선택하느냐고 물었다. 머리 아프지 않느냐고. 그러니까 아들은 "인류를 위해서 누군가는 해야 될 일 아닐까?"라고 말했다. 그 말에 나는 아들에게 "그런데 그걸 왜 네가 하냐고?"라고 한 적이 있다. 이제야 몇 년 전의 아들의 그 대답이 어렴풋이나마 이해가 된다.

요즘은 코로나로 인해 실업자들도 너무 많고 자영업자들도 장사가 안 되어서 힘들어한다. 그들에게 들려주고 싶은 나의 이야기로 오늘 하루만이라도 당신이 편하게 잘 수 있다면 나는 그것으로 충분하다. 젊을 때 두려운 내일로 인해 밤을 지새우며 떠오르는 해를 본 날들이 수없이 많았다. 고민 없이 푹 잘 수 있는 그 하루가 얼마나 행복한 밤인지 나는 안다. 동기부여가가 되려면 많은 사명감을 가진 사람이 되어야 할 것 같다.

해운대의 100평짜리 펜트하우스에서 살기

어릴 때 살던 집에는 화장실이 없었다. 동네 중간에 자리 잡고 있는 공동화장실을 쓰는 집이었다. 납량 특집 〈전설의 고향〉 드라마라도 본 날이면 화장실에 가는 건 정말 어린 나이에 곤욕이었다. 화장실은 여러 개가 죽 붙어 있었는데 빨간 종이 줄까, 파란 종이 줄까 하고 금세라도 귀신이 튀어나올 것 같았다.

우리는 거기서 오래 살았다. 그다음 이사한 집은 집 안에 화장실이 있었다. 그것만으로도 펜트하우스에서 사는 기분이었다. 결혼하고 해운대의 45평 아파트를 구매했다. 하지만 남편 회사가 부도나 경매로 다 날리고 얼마 살아 보지도 못했다. 그러고는 다세대집인 친정의 1층 입구 집에서 계속 살았다. 처음에 애를 데리고 다시 친정으로 돌아왔을 땐 너무 여유가 없어 그냥 3층 친정집에 얹혀살았다.

아이의 유학으로 도쿄에서 7년 동안 살고 있지만 집은 나의 소유가 아니다. 도쿄도 서울만큼 집값이 비싸서 사기는 힘들다. 두 번의 이사를 했지만 처음엔 방 하나, 그다음엔 다락방이 있는 곳, 지금 살고 있는 곳도 중문을 닫으면 방이 2개가 되는 그런 구조의 집이다. 아들과 둘이 같이 사니 영 불편한 건 사실이다. 그래도 한 달 집세만 100만 원 정도다.

아직까지 살아 보고 싶은 집에 한 번도 살아 보지 못했다. 요양원에 가기 전에 꼭 한 번은 살아보고 싶었던 집이 있다. 그곳에서 살아 보고 가야 억울하지 않을 것 같다. 꼭 한 번 살아 보고 싶은 집은 바다가 보이는 해운대 100평 펜트하우스다.

2016년 일본의 친구 2명이 나를 따라 부산으로 놀러 왔다가 해운대에 완전 반해 버렸다. 그러고는 도쿄로 돌아온 지 한두 달 후 부산으로 다시 여행을 간다고 했다. 얼마 정도 있을 거냐니까 세 달 정도 있을 거란다. 그때도 나는 부산과 도쿄를 왔다 갔다 하고 있었다. 하지만 이 친구들을 위해 같이 부산에 머물기로 했다. 일본인 친구들은 옵션이 다 되어 있는 해운대의 오피스텔 2개를 단기로 계약했다. 아슬아슬하게 옆면 유리창으로 해운대 바다가 보이는 곳이었다.

일본 사람들은 여행을 가면 동성 친구끼리라도 호텔방을 따로따로 예약한다. 네가 먼저 화장실을 쓸래? 내가 먼저 쓸까? 그런 것도 싫고 잠자는 시간 패턴 맞추는 것도 귀찮기 때문이란다. 조식도 먹을 사람 먹고 안 먹을 사람은 알아서 하라는 식이다. 내일 아침 몇 시에 프런트에서 만나자고 약속하고 끝이다.

나는 중앙동 사무실에서 일을 마치고 석 달 동안 거의 매일 해운대로 가서 친구들을 만나 저녁을 먹고 주말을 그들과 같이 보냈다. 일본 친구들 오피스텔은 해운대 제니스 아파트에서 가까운 곳이었다. 부산의 호화 마천루라 불리는 제니스 아파트 옆에는 온갖 맛집들이 즐비해 항상 그 주위에서 식사를 해결했다.

제니스 아파트 자체 지하식당가도 너무나 고급스럽고 다양한 음식점들이 있다. 저녁이면 엄마아빠와 아들딸 식구가 슬리퍼 차림에 엘리베이터를 타고 집에서 바로 식당가로 내려온다. 그러곤 저녁을 시켜 먹고 아파트 1층 실내에 있는 스타벅스에서 커피를 한 잔씩 한다. 그리고 엄마와 딸은 지하 1층의 스파마린으로 향해 독일 정통 온천을 즐긴다. 아빠와 아들은 집으로 엘리베이터를 타고 올라간다.

아파트 1층에는 명품매장이 즐비하다. 심지어 매대에 옷을 펼쳐 놓고 세일도 한다. 부러웠다. 멋있었다. 영화의 한 장면들 같았다. 이렇게 살고 있는 사람들도 있구나. 나도 이렇게 살고 싶다는 욕심이 생겼다. 거기에서는 개들도 달라 보였다. 딸내미들은 꼭 개 한 마리씩을 액세서리처럼 안고 다녔다. 그런 딸들이 아빠들은 너무 예쁜 모양이었다. 당연하지, 예쁜 딸과 귀여운 강아지의 조합은 아빠들에게는 이길 수 없는 게임이다.

이 사람들은 직업이 뭘까? 뭘 해서 이렇게 돈을 벌었을까? 무슨 일을 하고 있지? 부모가 금수저인가? 아니, 여기 사는 사람들의 부모가 모두 금수저일리는 없지. 그래도 그냥 월급쟁이로는 이런 아파트에서 살 수 없다. 아니, 어떻게 무리해서 빚을 내서 사더라도 저런 행복한 생활은 몇 달도 할 수 없다. 생활비를 감당할 수가 없을 것이다. 명품도 사고 비싼 집도 사고 비싼 차도 사고 쓸 만큼 쓰고도 남아서 저금할 수 있는 정도가 되어야 부자다. 그래서 돈은 기하급수적으로 벌어야 한다. 아니면 큰 부자가 되기 힘들다.

일본 TV 방송에서 한쪽에는 요즘 뜨는 유튜버들 몇 명을 불러내 앉히고, 맞은편에는 우리나라로 치면 '꽃보다 할배'들을 불러 앉혔다. 유튜버라는 직업에 대한 가벼운 토크쇼 형식의 프로였다.

꽃보다 할배들은 세상이 말세라며 난리였다. "그 말이야, 사람들 앞에서 그냥 음식이나 배가 터져라 꾸역꾸역 먹는 거 천박하게 방송하고 말이야. 그게 방송이야? 사람이 먹는 것도 한계가 있지. 젊을 때 잠깐이나 하지 그게 평생 직업이 되겠는가, 이 사람들아! 우리같이 연기를 갈고닦아서 인기를 유지해야지. 그리고 이 나이까지 일하면서 안정된 노후를 보낼 수 있도록 돈도 차곡차곡 모아야지. 노후자금으로 얼마가 있어야 되는지 알아? 적어도 5억은 있어야 돼. 그거 해서 돈 얼마나 벌어? 너 그렇게 살이 쪄서 몸이 엉망인데 유튜브해서 돈 얼마나 모았어?"라며 난리가 났다.

그러자 제일 젊은, 아니, 어린 유튜버가 "저 7억 벌었는데요."라고 했다. 그러자 꽃보다 할배팀은 "그거 유튜븐가 뭔가 어떻게 하는데?"라면서 일제히 의자를 박차고 일어났다. 요즘 시대에 맞춰 돈을 기하급수적으로 벌 수 있는 파이프라인을 찾아야 한다는 한 예다.

나의 경험, 나의 메시지. 이제껏 하찮게 생각해 온 나의 인생의 경험들은 도전을 시작하려는 누군가에게는 간절히 원하고 또 원하는 것이다. 책을 써서 나를 알리고 메신저가 되어서 코칭을 파는 메신저 산업으로 연결시켜도 좋다. 물론 귀찮아하는 마누라한테 부탁해서 녹화를 떠 놓지 않아도 되는, 24시간 내맘대로방송국에 열광하는 요즘 시대에 유튜버도 좋은 파이프라인이다.

나에게는 오타쿠 기질이 있다. 약속이 없으면 한 달도 집에서 안 나갈 수 있다. 그러나 바다는 너무 좋아한다. 그래서 도쿄 집에 있을 땐 부산이 너무 그립다. 도쿄에서 바다를 보려면 차로 한 시간 정도 떨어진 미우라 반도까지 가야 한다. 도쿄에서 생활하다 보니 바다가 있는 부산의 해운대가 더 좋아졌다. 지금 친정집 1층에 있는 우리 집은 산 쪽이다.

옛날에 너무 힘들 땐 차를 몰고 바다에 가서 창밖으로 거친 파도를 보며 큰 소리로 몇 시간씩 울고 집으로 돌아오곤 했다. 살던 아파트가 경매로 날아가고 집이 없어서 친정에 얹혀살 때 야단칠 일이 있으면 아이를 차에 태워 좋은 음악을 들으며 바닷가를 드라이브했다. 할머니, 할아버지, 이모, 삼촌 다 있는 데서 야단을 치면 한 명이 아닌 여러 명한테 야단맞는 기분이 들 것 같았기 때문이다. 그런 만큼 상처를 더 받을 것 같았다.

그러면 아이는 "외할아버지한테 이번 일 비밀로 해 주면 안 돼?"라고 먼저 얘기를 꺼낸다. 왜냐고 묻자 "외할아버지한텐 실망을 안겨 드리고 싶지 않아."라고 했다. "말 안 하지. 너야말로 비밀로 해라. 할아버지한테 엄마가 야단맞는다. 오랜만에 우리가 좋아하는 스테이크나 먹자." 그렇게 비싼 안심 스테이크를 먹고 집으로 돌아갔다. 식사 중에 "너는 레어가 좋아? 미디엄이 좋아? 엄마는 피 안 나게 바싹 굽는 게 좋아!" 그게 끝이었다. 그걸로 충분했다. 더 이상 야단 안 쳐도 되었다.

그 레스토랑도 언제나 바다가 보이는 곳이었다. 이젠 멋진 바다가 보이는 부자할머니의 집에 놀러 온 손주들과 맛있는 식사를 하고 싶다. 아니면 주문한 피자와 치킨도 좋겠지. 나의 서재와 집필실이 있는, 바다가 보이는 100평짜리 펜트하우스라면 뭔들 안 좋을까!

나는 노재팬운동으로 인해 손님이 없어 일본전문 여행사를 폐업하고 백수가 되었다. 그 뒤로 터진 코로나로 인해 여행업은 영원히는 아니겠지만 현재 회생 불가능이다.

그래서 할 게 없어서 어쩔 수 없이 가까운 장래를 준비하며 책을 쓰는 작가의 길을 택했다. 그러나 책을 쓰면서 나의 천직을 찾은 것 같은 착각이 든다. 아니, 또 돈을 벌 수 있을 것 같은 길이 보인다. 책을 쓰고 1인 창업을 해서 일본가이드가 되는 방법, 아이 일본 명문대 보내는 방법, 일본전문 여행사 창업 방법 같은 것들을 코칭하고 싶다. 부도나고 다 망했었지만 다시 일어나서 아이를 일본으로 유학을 보냈다. 그것도 나 혼자의 힘으로. 그런 것들을 들려주는 동기부여가도 되고 싶다.

지금 낙담하고 절망하고 있는 사람들에게 힘을 주고 싶다. 한 번만 해 보자라고 주먹을 불끈 쥐게 만들어 주고 싶다. 이랬던 나도 지금은 100평짜리 비치뷰 펜트하우스에서 살고 있다고 증명해 보이고 싶다. 나에겐 사람들에게 내보일 증거물로 꼭 필요하다.

현금 300억 부자 되기

사람들은 막연히 부자가 되었으면 좋겠다고 얘기한다. 얼마를 가졌으면 좋겠는지 구체적인 금액은 얘기하지 않으면서. 실현 가능성이 없는 막연한 꿈이라고 생각해서 그런 걸까?

남편이 친구와 동업한 여행사가 부도나면서 아파트도 경매로 날아가고 빚만 고스란히 남게 되었었다. 개인회생 5년을 포함한 7년 정도의 기간 동안 빚을 다 갚았다. 그리고 더 악착같이 일해서 3개의 통장에 각각 1억씩을 모았다.

하나는 아이 일본유학자금 1억, 하나는 나를 위한 1억, 하나는 아이와 나의 앞으로의 생활을 위한 투자자금 1억이었다. 큰 부자들의 기준으로는 작은 금액일지도 모른다. 그러나 나는 더 이상 세상이 두렵지 않았다.

나는 여상을 졸업하고 바로 취직했다. 월급은 받는 족족 남동생의 대학 재수학원 비용으로 들어갔다. 장남이 좋은 대학에 들어가는 게 부모님의 소원이셨다. 남동생이 진학하려는 항공운항과 재수학원비는 많이 비쌌다.

2년 동안 열심히 뒤를 밀어 줬지만 애초부터 공부에는 관심이 없던 남동생은 결국 포기하고 말았다. 그 뒤로 나의 월급은 빚을 끼고 산 친정집 밑으로 들어갔다. 남편은 사업이 부도난 후 술만 먹고 인생의 낙오자처럼 살고 있었다. 그런 남편을 대신해 아이를 양육하고 사업하다 진 빚을 갚느라 내가 버는 돈은 흔적도 없이 계속 사라졌다.

나는 지금까지 쉬지 않고 돈을 벌었지만 나를 위해 써 본 적이 없었다. 그런 만큼 빚을 다 갚고 돈을 좀 벌고 나면 1억 정도는 나를 위해 쓰겠다고 마음먹었다. 그렇게 하지 않으면 내 인생이 너무 억울할 것 같았다.

친정엄마는 나 때문에 항상 마음 아파하신다. 나는 평범한 가정주부들처럼 아침에 애들을 학교에 보내고 커피 한 잔 하면서 아침드라마를 보는 삶을 살아 보지 못했다. 엄마는 그런 내가 같은 여자로서 너무 불쌍하다고 했다. 다 쉬는 주말 새벽에 가이드 출장 때문에 캐리어를 끌고 나가는 내가 추운 겨울이면 더 가슴이 아팠다고 했다.

1년 전에 일본에 가서 대학교 입학을 준비하던 아들이 불합격했다. 아들은 1년 더 재수를 하겠다고 했다. 그때 나는 일본가이드일과 내근을 병행하고 있었다. 주말이든 주중이든 하루도 쉬지 않고 몇 년을 보내면서 너무 지쳐 좀 쉬고 싶던 참이었다. 나는 다니던 회사에 사직서를 냈다. 그러곤 일본으로 가서 아이와 같이 지내기로 했다.

1년 정도 전업주부 엄마들처럼 아이에게 밥도 해 주고 빨래도 해 주면서 같이 추억도 만들고 싶었다. 이때까지 먹고사느라 제대로 하지 못한 엄마노릇도 좀 하고 싶었다. 아이가 1년 더 재수하면 곤란하니 감시도 할 겸이었다.

일본가이드도 했기 때문에 일본어학교는 굳이 갈 필요가 없었다. 그러나 일본의 의료보험 혜택을 받으려면, 장기체류를 하려면 비자가 필요했다. 일본어학교를 다녀야 유학으로 인정되어 비자가 나왔다. 그리고 혹시 아르바이트를 하게 되어도 비자가 필요했다. 나는 타카다노바바에 있는 일본어학교에 등록했다. 신주쿠 바로 옆 동네였다.

일본어학교는 비자가 유지될 정도의 수업 일수만 채웠다. 나머지 날들에는 그동안 배우고 싶었던 것들을 배우러 다녔다. 나는 음식모형 만드는 기술을 배우고 싶었다. 에비스라는 예쁜 동네의 개인교습소에서 케이크, 과일 등의 모형을 만드는 기술을 배웠다. 속눈썹 붙이는 기술도 배웠다.

연예인들만 간다는, 하루에 한 명만 예약을 받는다는 롯폰기의 고급 미장원에도 가 보았다. 내가 앉은 소파 옆에 원장이 무릎을 꿇고 앉았다. 원장은 노트를 펼쳐서 일일이 기록해 가며 나의 머리카락과 스타일에 대해 한참을 서로 의논했다. 파마는 물론 염색도 하기로 했다. 일본은 커트

가격이 별도다.

원장은 내 머리를 조금 자르곤 거울을 펼쳐 뒤와 옆의 머리를 이렇게 자르고 있다고 보여 주었다. 그 과정을 몇 번이나 반복했다. 그러곤 다시 머리카락을 한 올 한 올 조심스럽게 잘랐다.

앞 머리카락을 자를 땐 쥐똥만큼씩 자르곤 어떠냐고 물어보고 또 쥐똥만큼 자르곤 어떠냐고 물어보는 것이었다. 나중엔 미치고 환장할 뻔했다. 그런데 우리나라처럼 머리 자르고 나서 이거 아니라고 울고불고할 일은 조금 방지할 수 있을 것 같았다.

중간중간 메뉴판도 들고 왔다. 여러 가지 음료가 준비되어 있었다. 초콜릿, 과자, 과일 같은 간식도 계속 가지고 왔다. 잘려 나간 머리카락으로 바닥이 엉망인데도 또 무릎을 꿇고 테이블에 공손히 간식을 올려 준다.

머리를 자르면서 중간에 두 번 정도 샴푸를 해 주고 젖어 있는 상태를 보여 주었다. 지금 자르고 있는 마른 머리 상태가 감았을 땐 이런 모양이라며 비교해 보여 준 것이다. 즉, 변해 가고 있는 나의 머리 모양 상태를 일일이 보고하며 자르는 거였다. 뭘 이렇게까지 하시나 하면서도 기분이 나쁘진 않았다. 아니, 좋았다.

머리 손질이 다 끝나고 원장과 어시스턴트가 바닥에 머리까지 조아리며 무릎을 꿇는다. 돈의 힘을 느끼게 해 주었던 대목이다. 수고하셨습니다, 감사합니다, 라며 내미는 계산서를 보노라면 또 미치고 환장할 노릇이었지만….

일본 친구 2명과 같이 2개월 정도 일정으로 유럽 7개국 자유여행을 떠났다. 환승하고 시간이 많이 걸리는 싼 비행기 표도 있었지만 좀 비싸도 직항편을 탔다. 도쿄에서 출발해서 첫 도착지는 로마였다. 〈로마의 휴일〉에 나오는 스페인계단 바로 앞의 호텔을 예약했다. 걸어서 얼마 멀지 않는 곳에 트레비분수가 있었다.

로마뿐만 아니라 각 나라를 여행하며 숙소는 관광지 바로 앞의, 최고의 장소에 위치한 호텔로 예약했다. 바티칸박물관은 입장하려면 엄청나게 길게 줄을 서야 한다. 우리는 좀 비싸긴 해도 줄을 서지 않아도 되는 패스트트랙 표를 구입했다. 파리 루브르박물관에서도 마찬가지였다.

파리에서는 몽마르뜨 언덕이 가까운 곳의 호텔을 숙소로 잡았다. 창밖으로 에펠탑이 내다보이는 쁘렝땅 백화점의 고급 레스토랑에서 맛있는 식사와 디저트를 즐겼다. 황신혜 유튜브에서 봤던, 파리 마레지구의 유명한 오트밀 가게에도 갔다.

오스트리아 빈에서는 쇤부르크 궁전에서 오페라 공연을 관람했다. 터키 이스탄불에서는 저녁야경을 즐길 수 있는 6시간 코스의 크루즈유람선을 탔다. 유람선에서는 식사, 음료, 술을 무한 제공했다. 비엔나에서 프라하로 갈 때는 열차를 이용했다. 식당 칸에서 만난 유럽 여행객들은 유럽에 온 당신들을 환영한다며 위스키나 여러 가지 먹을 것들을 주문해서 우리 자리로 보내 주었다.

크로아티아에서는 렌터카를 빌려 유명한 플리트 비체 국립공원도 다녀왔다. 베네치아에서는 비싸다는 바닷가 바로 옆 특석자리에 앉아 바닷가재를 먹었다.

내가 이런 얘기를 하는 건 유럽여행 다녀온 걸 자랑하려고 하는 게 아니다. 자유롭게 쓸 수 있는 돈이 어느 정도만 있어도 인생은 너무나 행복한 것들투성이라고 말하고 싶은 것이다. 돈이 있으니 어디서나 당당하게 기죽지 않을 수 있었다. 돈은 세상의 많은 좋은 것들을 경험하게 해 주었다. 돈은 이 세상과 나의 인생이 너무 아름답다고 느끼게 해 주었다. 빚투성이의 너저분한 인생과는 너무나 판이하게 달랐다. 돈의 힘은 상상보다 더 대단했다.

경매로 아파트가 넘어갔을 때, 장난감 방이 별안간 없어져 버렸을 때 우리의 궁전은 어디로 사라졌냐고 했던 아들의 물음이 나는 지금도 아프다.

학교 다닐 때 공납금을 내지 못해 몇 날 며칠 칠판에 내 이름이 적혀 있었다. 빨개진 얼굴을 가슴에 파묻고 가난한 부모를 원망하며 너무나 힘든 사춘기를 보냈다. 공부에 열중해야 할 학생이 돈 걱정으로 학창시절을 다 보내 버렸다. 이런 것들이 내가 300억을 벌고 싶은 이유다. 그리고 나는 돈맛을 알아 버렸다. 고기도 먹어 본 놈이 먹을 줄 안다고 하지 않는가.

나의 경험을 통해서 얻어 낸 깨달음을 책을 통해 열정적으로 전달할 것이다. 나의 인생에서 깨달은 것을 다른 사람들과 나누고 싶다. 자신의 메시지로 사람들을 돕는 메신저 사업을 하고 싶다면 보통 사람인 우리는 필히 부자가 되어야 한다. 그래야 말발이 먹힌다. 한책협의 김도사님에게 우리가 배우는 것도 그가 몇십억이 아닌 몇백억의 부자이기 때문이다.

성공해야 나의 메시지가 허공으로 사라지지 않는다. 평범한 내가 메시지를 전달한들 누가 들어줄 것인가? 매달 돌아오는 카드 값을 막기 급급한 가난뱅이가 인생의 의미를 얘기한들 누가 듣고 싶어 하겠는가?

숱한 어려움을 겪고도 해내고만 나의 성공비결을 불가능하다고 포기하고 있는 사람들에게 알려 주고 싶다. 내가 진심이란 걸 상대방이 알 때 나를 더 믿고 나의 서비스에 기꺼이 돈을 지불할 것이다.

사람들은 성과를 거둔 성공한 사람들, 가난뱅이도 아닌 빚쟁이에서 큰 부자가 된 사람들을 인정한다. 나의 메시지를 다른 사람과 나누려면 작아도 100억 부자는 되어야 한다. 그런데다 나는 평범하다. 때문에 사람들에게 영향력을 끼치려면 300억 부자는 되어야 한다.

300억 부자가 되고 난 후 동생들에게 넉넉한 비상금을 주고 싶다. 내가 모든 경비를 부담하고 동생 가족들과 다 같이 여행도 가고 싶다. 부모님이 편하게 사실 수 있는 집도 지어 드리고 싶다. 이놈의 장녀콤플렉스, 역시 불치병이 맞다.

아들에게 슈퍼카, 자가아파트 등을 물려주는 금수저 엄마 되기

회사일이 너무 바빠 퇴근하고 집에 도착하니 새벽 2시가 넘어가고 있었다. 잠을 참고 기다렸는지 연신 하품을 하며 눈이 빨개진 아이가 내가 문을 여는 소리에 뛰어나왔다. 그러곤 미안해하는 얼굴로 공책과 책을 내 앞으로 내밀었다.

"엄마 너무 피곤한데, 이 숙제 안 하면 어떻게 돼?"

"음… 아마도 내 생각엔 운동장 세 바퀴? 아니면 손바닥 다섯 대?"

"니 감당할 수 있겠나?"

"어… 세 바퀴 별거 아니더라, 감당할 수 있다."

"그래?"

"어… 네 바퀴도 개안타. 할 수 있을걸."

"그래, 그럼 니만 믿는다. 자자!"

남편의 회사가 부도나면서 진 빚으로 인해 미친 듯이 빚을 갚아 나가는 몇 년 동안 아이는 많은 희생을 해야 했다. 초등학교 때는 너무 준비

물을 못 챙겨 가다 보니 담임 선생님들의 전화도 여러 번 받았다. 가이드 일도 같이 병행했기 때문에 주말에는 항상 일본에 출장을 갔다. 주중에는 밤 12시 퇴근이 기본이었다. 그래서 아들의 학교생활을 전혀 챙겨 줄 수가 없었다.

내가 중학교에 다닐 때 프로스펙스라는 운동화가 유행이었다. 그 운동화를 신고 다니는 애들은 이른바 학교의 '인싸'였다. 나도 그 운동화가 너무나 신고 싶었다. 그러나 동생이 줄줄이 5명이나 딸린, 못사는 집 장녀콤플렉스에 걸린 나는 한마디 내색도 하지 않았다. 도리어 동생들이 얼마나 갖고 싶을까 생각하며 마음 아파했다.

중학교 3학년이 되자 고등학교 진로를 정해야 했다. 그때 나는 인문계가 아닌 상고를 지원했다. 그러자 담임 선생님께서 나를 따로 부르셨다. 부모님께 의논도 안 드리고 나 혼자 내린 결정인 걸 아신 선생님께서 직접 부모님과 의논해 보겠다고 하셨다.

선생님은 반에서 우등상을 놓치지 않는 내가 너무 아깝다고 하셨다. 공부만 시키시면 부모님께서는 나중에 충분히 본전을 찾을 수 있을 거라며 세 번이나 우리 집을 방문하셨다. 그런 담임도 포기하게 만든 가난한 우리 집이었다.

김영식 중소기업 사장의 《10미터만 더 뛰어봐!》라는 책이 있다. 거기에 보면 김영식 사장의 딸이 친구 집에 놀러 갔다가 가족 모두의 방이 따로 있는 걸 보고 집에 와서 우리는 왜 이렇게 못사느냐며 우는 장면이 있다. 그러자 김영식 사장은 자기 집 단칸방 바닥에 빌려 온 돈을 장판처럼 쫙 깔고 딸에게 얘기한다. 우린 이렇게 돈이 많은데 친구 집보다 더 넓은 집으로 이사 가기 위해 아빠가 돈을 더 모으는 중이라고. 그러자 그 딸은 더 이상 기죽지 않고 학교생활을 잘했다고 한다.

내가 일본에서 유학할 때 우리 반 애들은 열여덟 살에서 스무 살까지 각국에서 온 여학생, 남학생을 합해 총 20명 정도였다. 베트남에서 유학 온 열아홉 살 여학생 2명은 학교가 끝나면 나리타공항에서 아르바이트를 했다. 운항이 없는 늦은 밤 시간부터 새벽까지 비행기를 청소하는 일이었다. 집세와 생활비 때문이었다. 집에서 보태 줄 형편이 안 된다고 했다. 그 애들의 점심은 항상 삼각 김밥이었다. 학교 오면 엎드려 자고 일어나면 아르바이트하러 갔다. 주말이면 다른 아르바이트를 하러 갔다. 그러다 보니 월요일에 학교에 오면 또 자고의 반복이었다. 일본어도 전혀 늘지 않았다. 시험시간에도 시험지에 이름만 적어 놓고 엎드려 자기 일쑤였다. 하긴 문제를 못 읽으니 문제를 풀 수도 없었을 것이다.

그에 반해 싱가포르에서 온 열여덟 살 부잣집 도련님은 학교를 마치면 일본어 개인과외를 또 받았다. 주말에는 애니메이션 마니아답게 아카사카로 가서 자기 나라에서는 구하기 힘든 피규어 등을 샀다. 애니메이션의 천국 일본을 마음껏 누린 것이다.

일본에서 그것도 도쿄에서 부모의 도움 없이 혼자 벌어서 공부한다는 건 너무 힘든 일이다. 매달 비싼 집세와 생활비 그리고 학비를 혹시 아르바이트비로 충당한다고 해도 너무 피곤해서 공부는 포기해야 한다. 베트남 여학생 2명은 대학 진학도 하지 못했고 결국 다시 베트남으로 돌아갔다. 싱가포르 부잣집 도련님은 그해 명문대에 합격했다.

이렇게 부모가 금수저냐 흙수저냐에 따라 애들의 인생이 종종 바뀌기도 하는 것 같다. 물론 흙수저 가정에서 태어났지만 성공해서 부모를 호강시켜 주는 연예인들도 많이 보았다. 하지만 그건 평범하지 않은 특별한 케이스다. 요즘은 국회의원도 자식들에게 대물림되고 연예인들도 부모가 연예인이면 바닥부터 올라가지 않고 금세 인기를 얻는다. 부모가 서울대 출신이면 자녀들도 서울대생인 경우가 많다. 부모가 금수저이면 결국 아이들은 금수저의 추월차선에서 달리게 된다. 출발선부터 다르고 달리는 길이 틀리다.

내가 퇴근하고 방으로 들어가면 아들은 다른 방송을 보고 있다가도 NHK방송으로 돌려놓고 자기 방으로 갔다. 엄마의 일본어 공부 방법을 알고 있었기 때문이다.

우리 아이가 어렸을 때 제주도에 출장 갈 일이 있어 같이 데리고 간 적이 있다. 아시아나 항공이 갓 취항했을 때였다. 내 생각이지만 아시아나 항공은 대한항공의 후발주자라 그런지 경쟁력을 갖추기 위해 스튜어디들의 외모를 많이 보고 뽑은 것 같았다. 다 예뻤다. 아이에게 "저번에 탔던 대한항공 이모야들이 예뻐? 오늘 탄 아시아나항공 이모야들이 예뻐?"라고 물었다. 아이는 "오늘 이 비행기 아샤나 이모야들이 쪼매 더 예빠."라고 했다. 물론 첫 취항기념 선물도 한몫했지만 말이다.

친척이 친정집에 놀러 오셨다. 인사하러 가니 우리 아이만 한 또래가 있었다. "나 저번 주에 뱅기 탔다." 그 아이가 우리 아이에게 이렇게 자랑하는 것이었다. "대한항공 탔어? 아시아나 탔어?" 우리 애가 물었다. 그러자 또래 아이가 "뱅기 탔다고! 비.행.기."라고 하는 것이었다. 우리 아이가 다시 "아샤나 이모야들이 더 예쁜데."라고 했다. 이어서 또래 아이는 "우리 엄청 좋은 데서 잤다."라고 자랑했다. 그러자 우리 아가 "호텔에서 잤어? 콘도에서 잤어?"라고 묻는 것이었다. 2명의 동문서답은 끝이 없었다.

돈만 많은 금포크 엄마는 되기 싫다. 국물은 못 떠먹고 건더기만 콕콕 집어 편식할 수밖에 없도록 만드는 포크 같은 엄마는 싫다. 건더기와 국물을 골고루 같이 떠먹을 수 있는, 숟가락 같은 엄마가 되고 싶다. 돈도 많고 진로에 대해 의논 상대도 되어 줄 수 있는 엄마가 좋다. "엄마가 유학할 땐 안 그랬는데 너 유학할 땐 그랬었구나." 그런 대화를 하는 엄마가 좋다. "엄마가 직원을 뽑을 때 제일 먼저 보는 게 뭔 줄 알아? 절박함이야, 절박함. 너는 그게 없어, 짜샤!" 그런 말을 해 주는 커리어우먼 엄마가 되고 싶었다.

아이가 봤을 때 금수저의 모습으로 살고 있는 엄마의 말이 아이의 인생에 영향을 줄 수 있다고 생각한다. 〈골든 벨〉이라는 방송에 출연해서 아이가 존경하는 사람이 우리 엄마라고 했다고 한다. 그때도 나는 일본 출장 중이라 방송은 직접 보지 못했다. 나중에 여동생에게서 전해 들었다.

밤 12시가 넘은 시간에 일본에서 아들로부터 전화가 왔다.

"엄마. 심장이 너무 아파서 죽을 것 같아."

그러다 결국 엉엉 울음을 터뜨리더니 코까지 풀어 가며 꺽꺽거린다. "첫사랑은 이뤄지지 않는다." 우리 애가 이 명언에 또 하나의 증거를 보탠다.

한 달 전에 아이가 전화를 걸어와 별안간 은주가 그만 만나자고 하는데 어떻게 하면 되겠냐고 물었다. 은주는 아이의 여자 친구 이름이다. 엄마는 여자 마음을 잘 알 거니까 가르쳐 달라고 했다. 난 "한 달 후에도 내가 싫으면 그땐 정말 단념할 거니까 시간을 달라고 해 보라."라고 했다. 그리고 그동안 은주한테 잘하라고 했다. 그 한 달 후가 오늘이었다. 이 멍청이가 한 달 동안 잘하지를 못했나 보다.

"엄마가 내일 갈게."

"비행기 표가 있으려나? 엉엉." (지랄을 해요, 지랄을….)

다음 날 가 보니 방에는 맥주병이 나뒹굴고 있고, 아들은 몸무게가 8킬로그램이 빠져 해골바가지가 되어 있었다. (나쁜 년 같으니라고.)

누구나 아는 병이지만 누구나 또 공감하는 병이다. 많이 아플 것이다. 얼른 고기를 구워서 따뜻한 밥부터 해 먹였다. 울다가 밥 먹고, 한숨 쉬다가 밥 먹고 혼잣말하다가 밥 먹고. 어찌 되었든 아들은 그 많은 머슴밥을 다 먹어치웠다. 그러면서 "영 입맛이 없어, 엄마." 한숨을 쉬며 쟁반을 들고 나왔다. (지랄을 해요, 지랄을. 그럼 이건 밥그릇이 샜나?) 나는 아들더러 이제 한숨 자라고 했다. 좀 있으니 코 고는 소리가 장난이 아니었다.

그다음 날에는 기분을 풀어 주기 위해 쇼핑하러 데리고 나갔다. 나이키 신발 매장에 들러 2층 스페셜 코너에서 6개월 전부터 사고 싶어 하던 운동화를 사 주었다. 그리고 3개월 전 부터 사고 싶었다던 항공 점퍼도 사 주었다. 슬프면서도 좋은지 점퍼를 입고 하라주쿠 상점의 윈도우에 비치는 자신의 모습을 보면서 입술 끝을 실룩실룩거렸다. 에구, 멍청이!

한 달 정도 지난 후 아이는 집 앞의 헬스장에서 미친 듯이 운동을 시작했다. 다시 살도 붙고 잠도 잘 자기 시작했다. 한 번씩 나라를 잃은 것처럼 한숨을 쉬며 창밖을 내다볼 때도 있지만 그럭저럭 잘 버텨 내는 것 같았다. 아니, 같이 노력해 주는 엄마를 보며 버텨 내려고 노력하는 듯했다.

난 아들의 첫사랑으로 인해 내가 금수저 엄마일지도 모른다고 생각했다. 아들이 실연당했다고 다음 날 바로 비행기 타고 가서 위로도 해 주고, 쇼핑도 시켜 주고, 헬스장도 끊어 주고…. "네 아들은 좋겠다. 엄마가 금수저라서." 주위의 사람들이 그랬다.

PART 08

사람들이 백만장자가 되도록 도와주는 메신저의 삶 살기

· 최현희 ·

최현희

라인아트 아카데미 운영, 퍼머넌트 강사, 유튜버, 자기계발 작가, 동기부여가

현재 라인아트 아카데미를 운영하면서 퍼머넌트 메이크업을 교육하고 육성하는 활동 중이다. 일러스트 프리랜서 작가 활동을 했으며, 지금은 작가이자 동기부여가라는 가슴 설레게 하는 꿈을 그리며 유튜버 활동도 하고 있다. 현재 '눈썹만 달라져도 인상이 달라진다'는 주제로 개인저서를 집필 중이다.

사람들의 마음을 울리는 베스트셀러 작가 되기

나는 후회 없는 삶과 경제적으로 만족하는 삶 두 가지를 모두 누리고 싶었다. 삶의 보람과 실패도 경험했다. 뿐만 아니라 남편의 죽음을 마주하며 옆에서 아무것도 못하고 받아들여야만 하는 뼈 저리는 아픔에도 맞닥뜨려 봤다. 남편은 죽음을 받아들이지 못했다. 가난을 벗어나지도 못하고 빚만 남은 인생인데도 삶과 이별하기 싫어 눈물을 흘리며 눈을 감았다. 그 모습을 보며 나는 남편처럼 슬픈 작별이 아닌, 인생의 마지막 순간을 후회 없이 잘 살았다고 웃으며 천국으로 가고 싶어졌다. 그리고 죽기 전에 두 아들에게 멋진 엄마로, 손주들에게 부를 물려주는 행복한 할머니로 익어 가는 모습을 보여 주고 싶다.

나는 일하면서 몇 년 전부터 붐을 일으키고 있는 유튜브의 팬이 되었다. 마음에 와 닿는 것들을 골라 보기 시작했다. 그리고 내 일에 접목시켜 내 유튜브 계정도 개설했다. 나와 같은 일을 하는 사람들의 초기 스타트는 똑같았다. 그러나 6개월이 넘어가며 나는 더 나아가지 못하고 겁을 내면서 정체기에 접어들었다. 같은 직종의 다른 채널들은 구독자가 만, 10만을 훌쩍 넘기고 있었다. 반면 나의 구독자는 1,000에서 꿈쩍도 안 했다.

그래, 아무나 하는 게 아니야. 그렇게 생각하며 점점 작아져 가고 있던 중 나는 유튜브에서 김도사를 발견했다. 김도사는 "성공해서 책을 쓰는 게 아니라 책을 써야 성공한다." 그리고 "1인 창업가가 되어야 성공할 수 있다."라고 했다. 김도사가 운영하는 한책협에서 사람들은 실제로 그 말을 이루었고, 그 내용들을 유튜브로 알리고 있었다. 나는 책을 쓰기로 마음먹고 한책협에 등록했다.

한책협에서 책 읽는 법부터 다시 배우고 점차 많은 책을 읽게 되었다. 그중 네빌 고다드의 《세상은 당신의 명령을 기다리고 있습니다》를 읽으면서 의식의 변화를 이루며 자존감을 높였다. 브렌든 버처드의 《백만장자 메신저》는 지금부터 나는 어떻게 살까? 고민하는 나에게 방법을 제시해 주었다.

《백만장자 메신저》에는 이런 말이 나온다.

"자신감이 부족해도 할 수 있다. 많은 사람들이 자신의 경험에서 온 깨달음을 별것 아닌 것으로 치부한다. 이들은 '내 생각에 누가 관심이나 갖겠어?' 혹은 '내가 뭐 대단한 사람이라고 내 생각을 다른 사람들과 나누겠어?'라고 말한다.

'내가 뭔데'라는 말은 자존감이 낮다는 사실을 드러내는 것이다. 실제 자신감이 부족한 메신저들을 많이 만나 보았다. 다만 이들에게는 다른 사람들과 다른 점이 있었다. 이들은 자신의 생각을 나누고 다른 사람들을 도우려는 강한 열망을 갖고 있었다.

내가 나의 인생 경험, 메시지, 의견을 소중하게 여기는 것은 내가 이것을 선물이라고 생각하기 때문이다. 그러므로 '내 삶에서 깨달은 교훈으로도 다른 사람의 삶을 바꿀 수 있다.' 누구에게나 자신만의 무기가 있는 것이다. 돈이 없어도 좋다. 탁월한 재능이 없어도 된다. 이제껏 하찮게 여겨 온 당신의 경험을 누군가는 간절하게 원하고 또 원한다. 오늘부터 당신의 경험, 당신의 메시지를 팔아라. 그 순간 돈과 행복이 함께하는 새로운 인생이 시작된다."

이 얼마나 힘이 되는 말인가. 이 글을 보는 나의 가슴이 뛰었다.

나에게도 나만의 인생스토리가 있다. 그리고 그 과정에서 얻은 실패담이든 성공 사례가 있다. 그것으로 다른 사람을 도울 수 있을 것 같다. 그러기 위해선 메신저가 되고 1인 창업가가 되어야 한다. 먼저 할 일은 책을 쓰는 것이다. 바로 작가가 되는 것이다. '내가 뭔데'에서 '나는 대단해'라고 말하는 사람이 되는 것이다. 이것이 나의 프로필이고 내 자산이 되는 것이다. 이는 또한 나 자신을 새로 점검하고 고양하는 계기가 될 것이다. 또한 나의 경험과 노하우를 사람들과 공유하고 그들이 나에게서 위로받고 힘을 낼 수 있게 도울 것이다. 그로써 나머지 내 평생 성장하는 작가가 되고 싶다.

청춘을 지나 결혼하고 아이들을 키우고 먹고살기 위해 일했다. 그러다 힘들 때면 친구를 찾았고, 술을 마신 적이 많았다. 그러나 그것들은 잠깐의 위로는 줄 수 있어도 큰 도움이 되지 않는다는 것을 깨달았다. 나는 더 간절한 것을 찾았는데 그게 바로 책이었다.

책을 가까이하며 내 생활태도, 행동이 바뀌어 갔다. 꼭 베스트셀러가 아니어도, 나의 인생의 나침반이 되어 준 책들이 다 기억하진 못해도 많다. 내가 책에서 용기를 얻고 위안을 얻고 생각과 행동이 바뀌며 행복해졌듯이 나도 누군가에게는 용기를 주는 책을 써 보고 싶다. 내가 사랑하는 베스트셀러 작가 중 몇 명을 적어 보면 이렇다.

《백만장자 메신저》의 저자 브렌든 버처드 작가, 《부자아빠 가난한 아빠》의 저자 로버트 기요사키 작가, 《성공해서 책을 쓰는 게 아니라 책을 써야 성공한다》의 저자 김태광 작가, 《꿈이 있는 아내는 늙지 않는다》의 저자 김미경 작가, 《행복한 이기주의자》의 저자 웨인 다이어, 《무엇을 먹을 것인가》의 저자 콜린 캠벨·토마스 캠벨 작가, 《중용 인간의 맛》의 저자 도올 작가, 《타이탄의 도구들》의 저자 팀 패리스 작가, 《상처 입은 관계의 치유》의 저자 마르틴 파도바니 작가, 《파리에서 도시락을 파는 여자》의 저자 켈리 최 작가, 《절제의 성공학》의 저자 김승호 작가, 《엄마의 첫 부동산 공부》의 저자 이지영 작가, 《나는 마트 대신 부동산에 간다》

의 저자 김유라 작가,《시크릿》의 저자 론다 번 작가,《어린 왕자》의 저자 생텍쥐페리 작가,《토지》의 저자 박경리 작가,《워런 버핏의 9가지 충고》의 저자 워런 버핏 작가,《내가 확실히 아는 것들》의 저자 오프라 윈프리 등.

이들의 책을 읽거나 강연 또는 영상을 보면서 자신의 이야기를 이렇게 용기 있게 드러낼뿐더러 책을 써서 세상 사람들에게 선한 영향력을 끼침에 경의를 표할 뿐이다. 나는 인생의 고비를 겪을 때 책을 읽으며 위안과 영감을 받았다. 그러나 책은 책일 뿐이라며 작가들을 부러워만 했다. 내 인생에 적용하지 못했던 시절이었다.

그러다 한책협에 와서 용기를 내어 책을 써 보겠다며 행동으로 옮기게 되었다. 그리고 나아가 베스트셀러 작가가 되기로 한 것이다. 멋진 작가들 앞에서 고백하며 맹세해 본다. 나도 책을 쓰고 베스트셀러 작가가 되겠다고.

언젠가 꼭 한 번 이들 베스트셀러 작가들을 만나보고 싶다. 용기와 희망을 주는 멋진 책을 써낸 작가들이 고마울 뿐이다.

베스트셀러 작가가 되기 위해선 어떤 노력을 기울여야 할까? 아프고 때론 지질하기도 하고 때론 대견하기도 한 내 이야기를 진솔하게 써야 공감을 불러일으키지 않을까. 그렇다면 책의 콘텐츠가 중요할 것이다.

일단은 내가 하고 있는 일에 관해 쓰는 게 좋겠다. 10년을 해 왔고 여러 고객들을 만나고 이런저런 우여곡절을 겪으며 나 자신의 일부 같기도 한 일이다. 가난에서 벗어나 선한 영향력을 주는 행복한 자유인 이야기도 쓰고 싶다. 남편과 이별하며 겪은 '죽음을 어떻게 맞이할 것인가?'를 주제로 한 이야기도 쓰고 싶다. 책을 쓰고 달라진 내 인생 이야기, 부자가 되어 쓰는 행복한 부자 이야기, 50대 이후 어떻게 살 것인가에 대한 노년의 삶의 이야기, 인생에서 제일로 여기는 건강, 돈, 인간관계, 사랑 이야기까지 다양하게 써 보고 싶다. 수많은 책이 나왔고 나오고 있지만, 쓸 주제는 더 다양해지고 무한할 것이라 생각한다.

책 쓰기는 내 내면뿐만 아니라 사람들의 공감을 이끌어내고 그들을 위로하며 용기를 내게끔 동기부여해 주는 훌륭한 스승이다. 이 스승을 등에 지고 메신저를 활용해 나를 브랜딩할 수 있다. 사람들은 블로그로도 내 책을 접할 것이다. 내 유튜브도 구독할 것이다. 그 밖에도 나는 강연을 하고 코치가 되어 선한 영향력을 나누며 멋지게 살아갈 것이다.

나는 사람들이 필요로 하고 사람들에게 실제 이익과 좋은 영향력을 주는 베스트셀러를 써내야 한다. 매월 5억 이상의 수익을 내야 하기 때문이다. 부자라고 말하려면 매월 5억의 수익이 있어야 한다고 생각하기 때문이다. 그런 내용을 담은 책을 유튜브에서 본 적이 있다. 그래서 나는 매월 5억의 수익을 내 목표로 정했다.

그것으로 평생 가난하게 살며 돈 때문에 힘들어하신 친정엄마에게 좋은 집을 사 드릴 것이다. 뿐만 아니라 매월 풍족한 생활비를 드리고 돈에서 자유롭게 해 드릴 것이다. 주름살 쫙 펴고 살게 해 드릴 것이다.

어렸을 때부터 지금까지 친정집은 가난하다. 오빠나 남동생들도 고만

고만하게 열심히 산다. 나는 열심히가 아니라 잘살고 싶다. 가난한 사람은 쇼핑할 때 2개가 마음에 들면 어떤 것을 살까 고민하다 하나를 사든가 한다고 한다. 그나마 하나도 다음에 사자고 미룬다고 한다. 그러나 부자는 2개가 마음에 들면 2개를 다 산다고 한다. 나와 가족, 사랑하는 사람들이 모두 그런 부자였으면 싶다.

상상만으로도 너무 기분 좋은 경제적 자유인이 되고자 할 때 책은 나에게 큰 에너지를 주었다. 그것처럼, 내가 베스트셀러 작가가 되는 것은 나 자신의 최고의 기쁨이다. 내가 힘들고 좌절할 때 나를 다잡아 준 책처럼 다른 사람들에게 내 책이 선한 영향력을 행사해 '나도 이룬 것처럼 그들도 이룰 수 있다'는 희망을 주고 싶다. 또한 학대받는 아이들에게도 도움을 주고 싶다. 사랑받으며 자라도 모자랄 그 아이들을 위험으로부터 벗어나게 하고 싶다. 그 외에 열심히 살아왔음에도 비참한 노후를 보내는 어른들께도 인간답게 살 수 있도록 도움이 되고 싶다. 꿈을 이룬 내 모습을 상상하면 너무 설레고 기분이 좋다.

아직까지 누구에게도 내 얘기를 드러내는 것을 생각하지 않았었다. 하지만 이제 더 많은 사람들에게 알리며 그들을 돕는 메신저가 되고 싶다. 다른 사람들에게 수익을 돌려주는 것도 잊지 않을 것이다. 방법은 무수히 많을 것이다. 작가가 되어 내 꿈을 이루리라 확신한다.

2

세상에 선한 영향력을 퍼뜨리는 인플루언서 되기

중학교 2학년 때의 교통사고 장면이 떠올랐다. 등굣길에 지각하지 않기 위해 도로 건너편에 서 있는 버스를 타려고 필사적으로 뛰었다. 분명히 양쪽 도로에 지나가는 차는 없었다. 그런데 뒤에 서 있던 자가용이 기다리지 못하고 튀어나왔다. 그 바람에 나는 자가용에 부딪혀 버스 한 대 반 정도의 거리를 붕 날아 떨어져 나뒹굴었다. 버스기사와 버스의 승객들이 이 장면을 그대로 목격했다. 그 버스에는 아버지께서 타고 계셨는데, 나일 거라고는 상상도 못하셨다고 한다. 자세히 보니 나여서 기절할 뻔했다고 하신다. 그 광경이 생각날 때면 고개를 절레절레 흔드신다.

난 온몸에 타박상을 입고 피를 흘리고 있었다. 곧 구급차가 오고 눈 깜짝할 사이에 그 시간이 지나갔다. 어찌 지나갔는지도 모르게. 다행히 아주 많이 다치진 않았다. 그러나 골반 뼈에 금이 가 꼼짝 없이 정자세로 누워서 두 달을 입원해 있어야 했다.

그 특별했던 경험은 가끔 꿈속처럼 떠오르곤 한다. 그때 버스에 부딪혀 공중으로 날아 떨어지던 찰나 짧지만 뭔가 많은 생각을 한 것 같다. 하지만 사고 이후 뚜렷이 기억하진 못했다. 퇴원 후 나는 더 성실하고 진지한 생활 태도를 보였고, 공부도 열심히 했다. 그건 아마도 교통사고를 통해 내 마음 깊은 곳에서 삶의 소중함을 느꼈기 때문인 것 같다. 그런데도 무의식에 잠재운 채 뚜렷이 인식하지 못하고 지나온 것 같다.

생을 마감할 때 후회 없이 만족스러운 인생을 살았다고 말할 수 있는 사람은 어떤 사람들일까? 그런 사람들이 과연 몇이나 될까?

나는 충분히 만족스러운 인생을 살았는가?
열린 마음으로 다른 이들을 사랑했는가?
스스로 가치 있는 존재라고 느끼는가?

아마도 이런 질문에 그렇다, 최선을 다했다, 라고 말할 수 있는 사람들일 것이다.

나도 어릴 적 꿈이 있었다. 화가도 되고 싶었고, 시인도 되고 싶었다. 또한 비행기를 타고 세계를 누비는 멋진 CEO가 되고 싶었다. 또한 사람들에게 좋은 영향력을 주며 사랑하고 가치 있는 인생을 살고 싶었다.

그러다 학교를 졸업하고 취업하고 직장에 다니고 연애를 했다. 그리고 결혼했는데 특별할 줄 알았던 남편은 극히 평범한, 큰 야망도 없이 낭만만 가득한 좀 소심한 사람이었다. 그래도 착하고 열심히 살면 되는 거야. 나의 안목은 딱 거기까지였다.

그러다 보니 별반 달라지는 것이 없는 소시민의 삶을 살아왔다. 바쁘다, 시간이 없다, 라며 하루하루 내몰리는 삶에 안주하는 삶이었다. '인생 뭐 있나. 그냥 평범하게 살다가 3일 정도 앓다가 잘 죽으면 그게 행복인 거야.' 사람 사는 거 다 거기서 거기야. 나쁜 짓만 안 하고 남한테 피해 주지 않고 살면 되는 거야. 그렇게 힘든 삶을 회피하며 어릴 적 꿈을 어느새 잃어버렸다. 막연히 열심히만 살다가 세월을 보내게 되었다.

그러다 남편을 먼저 천국으로 보내고 내 인생은 백팔십도로 바뀌었다. 남편은 아직 인생의 끈을 놓을 때가 아니라 여겼고, 치료만 잘 받아 퇴원하면 할 일이 너무 많았다. 그래서 눈을 감을 때 소리 없이 눈을 떠 한 줄기의 눈물을 흘렸다. 그렇게 눈을 감던 그 순간의 남편의 모습을 잊을 수가 없다.

고3 큰아들, 중2 작은아들을 어떻게 공부시키고 잘 살아야 하나? 빚만 남아 있는 다급한 상황에 도시가스 검침, 식당 서빙, 콜센터 상담원 등 생전 처음 해 보는 적은 월급의 일을 닥치는 대로 했다.

그러던 어느 날 친하게 지내던 동네 아들 친구 엄마를 만나 오랜만에 점심도 먹고 차도 마시게 되었다. 서로 사는 얘기를 하다가 그 엄마는 내가 이렇게 고생하는 게 안타깝다고 했다. 그러면서 "손재주가 있으니 일러스트 할 때 배웠던 반영구메이크업을 해 보는 게 어떻겠느냐"라고 제안해 왔다.

그 얘기를 듣는 순간, 아는 사람들만 재미 삼아 해 주곤 했던 일이 떠올랐다. 반응이 참 좋았었다. 눈썹 메이크업을 해 주면 밥도 사 주고 차도 사 주며 친구나 동네 엄마들이 고마워했던 일들이 떠올랐다.

그래, 이거야. 직장생활은 나에게 안 맞아. 개인 사업을 해서 돈을 벌자. 나 혼자 힘으로도 금세 돈을 많이 벌 수 있을 것 같았다. "자신이 좋아하고 잘할 수 있는 걸 해야 보람도 느끼고 살지. 나중에 행복하려고 지금 고생고생하는 것은 이치에 안 맞잖아?" 아들 친구 엄마는 마치 자신의 일처럼 가게 자리도 같이 가서 봐 주고 인테리어 등 두루두루 나를 챙겨 주었다. 그 엄마를 생각하거나 만날 때면 항상 입꼬리가 올라가고 마음도 따뜻해진다.

신나고 정신없이 시작했다. 참 그럴싸했다. 어느새 40대 초반이었다. 그런데 시작할 때 나이가 있다는 게 사람들에게 경험도 많고, 실력을 갖춘 경력자처럼 비쳐줘 되레 도움이 되었다. 그리고 그림도 그리고 워낙 재미있게 배운 데다 나에게는 서비스로 해 준 많은 경험들이 있었다. 그래서인지 실제로 자신감도 있었고, 실패율 없이 예쁘게 메이크업이 나왔다.

그러나 무상으로 서비스하는 것과 돈을 받고 고객을 상대로 숍을 운영하는 건 많이 달랐다. 고객들은 돈을 주고 하기 때문에 꼼꼼하고 까다로웠다. 주문이 아주 다양했다. 기술 문제보다 사람을 상대하는 게 몇 배는 더 힘들었다. 그런데다 사업 경험도 없이 처음부터 너무 무리하게 시작한 편이었다. 1년 만에 많은 적자를 보고 6평짜리 작은 숍으로 옮겨

가게 되었다. 작게 벌고 마음 편하게 살자 위로하며 숍을 꾸려 나갔다.

꿈에 부풀었던 내 처음 예상은 빗나가고, 그저 먹고살며 애들 공부시키는 것만 해도 다행이다 싶었다. 그렇게 버티고 버티다 7년여 만에 대출에 임대료에 세금에 카드 값에 휘둘려 돌려막기를 하는 지경이 되었다. 그것도 부족해 제2금융권 대출도 쓰다 나는 결국 모든 부채를 정리했다. 그중 일부만 3년에 나누어 갚는 개인회생을 신청했다.

마음은 최소 모든 걸 다 정리하고 마음 편하게 쉬고도 싶었다. 그러나 현실은 더 벼랑 끝이었다. 이대로 다 놓아 버리면, 남편의 눈물처럼 되어 버릴 것 같아 두렵고 무서웠다. 큰아들은 군대를 전역했으니 다시 복학도 해야 하고 작은아들은 이제 더 밀어 줘야 하는데…. 내가 주저앉으면 아들들까지 나로 인해 힘들어질까 봐 너무 싫었다. 이를 악물고 버텨내야만 했다.

나는 사는 법만 생각했다. 어렵게 남은 돈을 긁어모아 지금의 가게 자리로 와 새로 시작했다. 그런데 그동안의 고생이 보상을 받는 것인지, 이전을 한 첫날부터 손님이 오기 시작하고, 수강생도 늘었다. 이유는 곰손이나마 블로그도 하고, 계정을 만들고 영상도 업로드해 내 유튜브를 했기 때문이었다.

그러다 보니 초기의 힘든 상황에서 벗어나 희망이 싹트기 시작했다. 그래서 이대로 쭉 조금만 더 가면 승승장구하겠구나! 쥐구멍에도 볕 들 날이 있네, 했다. 그리고 중국 출장도 가게 되어 여권도 준비하게 되었다.

그렇게 두어 번 출장을 나가다 숍 주변을 살펴보니 중국사람, 태국사람 등 외국인들이 많았다. 나는 무릎을 쳤다. 외국인을 상대로 영업하면 대박이겠다 싶었다. 사실 찾아오기 힘들 것 같은데도 지나가다 3층까지 찾아 올라오는 외국인들이 늘어나고 있었다. 외국인들은 리터치도 없고, 언어 소통이 좀 답답하긴 했다. 그러나 그것 외엔 한국사람보다 덜 까다롭고 만족도가 높아 일하기가 더 수월했다. 기대도 많이 하고 돈 버는 일만 남았다 싶었다.

집도 사고 차도 사고 빌딩도 사야지. 노동하지 않아도 여유롭게 돈이 들어오는 사업가가 되어야지. 그래도 50대가 되어 빛을 보는구나, 하며 김칫국부터 마셔 댔다. 그런데 이게 웬일인가. 온 세계가 상상조차하지 않았던 코로나19로 인해 또다시 위기가 찾아왔다. 외국인은커녕 한국사람마저 끊기는 사태가 발생했다. 나만이 아니고 주위의 모든 소상공인들이 다 힘들다 힘들다 난리였다.

전 세계가 어려운 걸 어쩌겠는가? 조금만 더 나아갔으면…. 나의 간절함과 달리 간간이 오는 손님 외에는 혼자 숍을 지키는 시간이 많아졌다. 없어졌던 우울증이 다시 찾아오나 할 정도로 나는 다운되었다. 그런데 잊어버릴 만하면 떠오르곤 했던 중학교 때의 교통사고 생각이 자주 났다. 내가 너무 힘들고 무서워서 자꾸 생각이 나는 걸까? 왜 자꾸 영상처럼 떠오르곤 할까? 그러다 꿈에서 똑같은 상황을 보았다.

버스에 부딪혀 붕 날아오르며 나는 이대로 죽기는 싫다는 생각이 들었다. '하느님, 아직 죽고 싶지 않아요.' 난 이렇게 인생을 끝내기엔 충분히 살았다는 생각이 들지 않았다. 너무 절박한 느낌은 꿈에서 깬 후에도 매우 생생하게, 계속 지속되었다. 두 눈에서 눈물이 흘렀다. 나는 어깨를 들썩이며 울었다. 한참을 울고 나니, 속을 싹 비워 낸 듯 편안해지고, 마음도 평온해졌다. 침대에 누워 고개를 들어 방 안의 천장을 올려다보니 어두운 창문 틈으로 빛이 새어 들어왔다. 그런데 그 빛이 어떤 의미로 느껴졌다.

나는 찌그러지고 힘겨운 내 인생에 대해 고통도, 불안도, 다른 어떤 감정도 느끼지 못했다. 고요함 속에서 아무것도 느껴지지 않던 그 시간. 내 안의 또 다른 나 자신, 꼭 영혼이 나와 긴밀히 연결되어 있다는 끈끈함 같은 것이 느껴졌다. 감사함과 감격이 솟구쳤다. '내가 이렇게 살아 있구나!'

그 사고를 겪은 지 오랜 시간이 지난 지금까지 살아 있다는 것이 마치 신에게서 두 번째 삶의 티켓을 건네받은 것 같았다. "이것을 받아라. 너는 아직 살아 있고 다시 사랑할 수 있으며 앞으로 더욱 가치 있는 존재가 될 수 있다. 지금 이 순간이 소중하다는 것을 깨달았으니 앞으로 더욱 열심히 잘 살아가거라." 교통사고가 났던 중학생 때도 알았는데 잊고 있던 걸 일깨워 준 깨달음이었다. 이때부터 나는 인생에 대해 말로는 다 표현하기 힘든 감사의 마음을 갖게 되었다. 그리고 지금까지 매 순간을 감사하며 살고 있다.

힘든 때이지만 나는 다시 꿈을 꾸게 되었다. 어떻게 후회 없이 행복하게 잘 살까? 나는 그 답을 책에서 찾았다. 책 속의 성공자들은 죽음을 맞이할 때와 같은 절박함으로 매 순간을 충실히 살지 않는가? 나는 내게 계속 이렇게 질문했다. 책에서는 당신이 스스로 충분히 만족스러운 삶을 살았노라 말할 수 있는 하나의 방법이 있다. 바로 당신의 경험과 지식으로 남을 돕는 일을 직업으로 삼아 평생 성장하는 메신저가 되는 것이라 했다. 앞으로 나는 세상에 선한 영향력을 퍼뜨리는 인플루언서가 되기로 정했다.

유튜브도 다시 점검하고 블로그, 인스타그램 등 모든 SNS를 재검토할 것이다. 책을 써서 작가가 되어, 사람들에게 내가 겪은 이야기로 희망을 주는 희망 전도사가 될 것이다. 나처럼 아픔과 절망으로 힘겨워하는 사람들에게 성공 방법을 조언하고 관련 정보를 제공해 같이 성장해 나갈 것이다. 내가 힘겨워할 때 따뜻하게 안아 주고, 같이 고민하고 미래를 열게 해 준 아들 친구 엄마처럼 말이다.

뷰가 좋은 내 집에서 파티하며 지내기

나에겐 어릴 때부터 해 오던 기분 좋은 놀이가 있다. 맛있는 음식을 매일 먹을 수 있게 1층엔 식당, 2층엔 놀이를 할 수 있는 각종 오락실, 3층엔 병원과 음악 감상실, 4층엔 도서실과 만화방을 꾸미는 놀이였다. 그리고 5층엔 먹고 편하게 쉬고 잠잘 수 있는 집을 꾸몄다. 옥상엔 수영장이 있고. 한 건물에서 모든 것이 이루어지는 행복의 집이자 사무실이고 오락실이었다.

그렇게 상상으로 행복한 시간을 갖곤 했다. 때때로 각 층은 맥도날드로 바뀌거나 화실, 전시실이 되기도 했다. 그러고 나서 시간이 많이 흘러 신체적인 청춘시절은 아쉽게 훌쩍 흘러갔다. 하지만 우주의 법칙을 알게 된 내 의식세계의 청춘은 아마도 지금인 듯싶다.

미래를 선명하게 계획하고 실천한다. 명확하고 원대한 꿈과 사업성도 생각해 보는 성숙함이 절박함과 함께한다. 이런 상상의 힘을 알았다는 게 얼마나 행복한지 모르겠다. 어렸을 때는 그저 상상하는 것이 즐거웠다. 하지만 성장해 오면서 그 즐거움을 잊고 살았다. 그러나 이젠 상상의 힘을 확신한다.

책을 통해 성공한 CEO, 즉 '완전체로 성공하신 분들'은 확신의 힘을 자신의 내면에 각인 한다. 뿐만 아니라, 가정이란 공간을 참 많이 소중하게 생각한다는 것을 알게 되었다.

유쾌한 도올 선생님은 마당이 있는 집에서 사신다. 다양하게 성공한 사람들과 음식을 나누며, 토론하고 음악과 풍류를 즐기신다고 한다. 책도 많이 출간했다. 진정 멋지고 아름다운, 성공한 인생이라 생각한다. 또한 김밥 파는 CEO 김승호 회장님의 책을 보면서 그분이 가정이란 공간을 참 소중하게 여기심을 알게 되었다.

그래야 성공할 수 있다고 생각하는구나! 그들은 특히나 좋은 사람들과 집에서 음악을 나누기 위해 연주회를 마련하고 음식을 나눈다고 한다.

나도 가족과 함께하는 가정이란 공간을 생각해 왔지만, 이젠 구체적으로 상상하기 시작했다. 1층엔 카페, 2층엔 깔끔하면서도 맛있는 음식점에 세를 주고, 3층 사무실에는 임대를 놓고, 4층은 나의 숍, 5층은 살림집으로 꾸밀 것이다. 옥상에는 수영장과 테라스를 갖출 것이다. 이곳에서 음악 연주회를 할 것이다. 꼭 클래식이 아니더라도 우리나라의 고유 악기로 조화로운 음악을 연주할 수 있을 것이다. 풍류를 만끽하며 격조 높게 감성을 만족시킬 수 있으니 이 얼마나 매력적인가.

가정이 단순히 밥을 먹고 잠만 자는 공간이 아닌, 하늘의 구름도 밤

하늘의 별도 보고, 좋은 사람들과 이야기하며 음악을 듣고, 명작을 감상하는 공간이 된다면? 우리의 인생은 더욱더 충만할 거란 생각이다.

내가 어렸을 때는 블로그도 유튜브도 인스타그램도 없었다. 그때는 책과 현실이 아주 다른 세계였다. 나의 의식이 성장할 수 있게 좋은 책을 써 주신 작가님들을 실제로 만난다는 건 상상도 할 수 없는 일이었다. 하지만 지금은 너무나 놀라운 세상이 펼쳐져 있다. 내가 노력하면 '최고의 하우스'에서 존경하는 작가님을 만날 수 있고, 강의도 들을 수 있고, 조언까지 받을 수 있는 세상에 우리는 살고 있는 것이다.

예전에 스티브 잡스의 인터뷰 영상을 본 적이 있다. 젊은 시절에 잡스는 "누군가의 도움을 받고 싶으면 일단 전화번호부에서 그 사람의 전화번호를 찾아내세요. 그리고 전화를 걸고, 도와달라고 하세요."라고 말했다. 그리고 이제는 유명해진 '빌 휴렛과의 통화'를 예로 들었다. 영상에서 잡스는 마지막으로 이런 말을 한다.

"전화해서 도움이 필요하다고 말했을 때 이를 거절한 사람은 한 명도, 단 한 명도 없었습니다. 그런데도 사람들은 전화를 걸지 않아요. 대부분의 사람들은 요구하거나 요청하려 하지 않지요. 그것이 무언가를 이루어내는 사람과 그저 꿈만 꾸는 사람의 차이이기도 합니다."

존경하는 유명한 작가님들과 인생이며 책에 관해 이야기를 나눈다. 정성껏 마련한 음식을 대접하며 나의 가족들과 나의 친구들, 내 꿈의 지인들과 함께 의식이 확장되는 시간을 나의 집에서 갖는다. 뷰가 시원한 옥상에선 수영으로 몸을 건강하고 탄탄하게 만들 수 있다.

나의 5층 집에서 타이트한 운동복을 입고 요가로 건강도 다질 것이다. 책꽂이엔 그동안 내가 출간한 책들이 보기 좋게 진열되어 있을 것이다. 나는 친구나 지인들이 방문했을 때 이것들을 대놓고 자랑할 것이다. 부끄럽지만, 내 인생을 바꿔 준 운명 같은 보물들이기 때문에 자랑하고 축복받을 것이다.

훌륭한 인맥들이 많은 나는 그들로부터 나의 일들에 대해 진심 어린 축복을 받는다. 그들은 나와 꿈의 인맥들과 축복의 대화를 나누며 우주의 힘을 끌어 모은다.

그렇게 꿈맥들과 책 얘기며, 음악도 듣다가 인왕산 밑 공원으로 산책을 나설 수도 있다. 시인의 언덕도 걸으며 자연을 만끽하는 또 다른 행복을 나눌 것이다.

나의 집이 이렇게 편안하고 완벽하게 꾸며져 있어서 꿈맥들이 항상 나의 집에 오려고만 하지 않을까 걱정하지 않아도 된다. 그들은 모두 자신들만의 최고의 집을 가지고 있기 때문이다.

전에는 치열하게 잘 살고자 노력하지 않았다. 하지만 지금은 다른 사람들과 함께 성장하고 함께 행복해지고 싶다. 그리고 성장한 만큼 나의 도움을 필요로 하는 사람들에게 적극적으로 도움을 줄 것이다. 도움을 줄 수 있는 사람이 되어 많은 이들을 성장시킬 것이다. 그러려면 끊임없이 배움을 갈고닦아야 한다. 그래야 다른 사람들에게 선한 영향력을 주고 스스로도 끊임없이 성장하게 될 것이다.

나는 사람들이 서로 도와주고 성장하는 모임을 적극적으로 찾기를 희망한다. 만약 없다면 내가 공부하고 있는 한책협을 소개해 주고 싶다. 인생의 고통과 아픔을 책으로 승화시킨 천재작가들이 모인 곳이다. 이곳에서 나도 축복을 배웠다. 무수히 많은 작가님들을 배출한 한책협의 김도사님으로부터.

나는 이 글을 쓰면서 이미 이뤄진 나의 미래를 상상한다. 결말의 관점에서 상상한다. 성공한 사업가가 되어 지금처럼 내가 이루고 배운 것을 세상과 공유한다면, 그 또한 세상에 이로움을 주는 방편이 되지 않겠는가. 꿈을 생각만 하고 있으면, 그건 머릿속에만 존재하게 된다. 하지만 꿈을 종이에 쓰고 거기에 이루고 싶은 날짜까지 적으면, 그 순간 현실이 된다. 매일 볼 수 있도록 그것을 가까운 곳에 붙여 놓아야 한다는 전제하에.

나도 꿈을 다시 적고 새로운 꿈을 다시 꾼다. 어디에 있건, 어떤 학교를 나왔건, 나이가 몇 살이건, 어떤 일을 하고 있건 누구에게나 꿈을 꿀 권리가 있고, 기적과 만날 자격이 있다. 기적은 당신 안에서 나온다. 이제는 당신만의 미러클 여정을 만들어 가길 기원한다. 축복합니다.

4

벤츠 타고 여행 다니면서 사람들이 백만장자가 되도록 도와주는 메신저의 삶 살기

"조직에 몸담지 않아도 된다. 대단히 뛰어나지 않아도 된다. 모든 것을 잘할 필요도 없다. 하찮게 생각해 온 당신의 경험, 이야기, 메시지는 수많은 사람들이 목말라하는 가치다. 당신의 이야기는 당신이 생각하는 것보다 훨씬 더 어마어마한 가치를 지니고 있다. 당신은 수백만 명에게 메시지를 전달할 수 있고, 그 대가로 수백만 달러를 벌 수 있다. 나 자신이 이를 증명해 왔고, 내가 가르친 사람들도 그러했다.

나는 메신저가 된 지 2년 만에 460만 달러를 벌었다. 3년째엔 《골든 티켓》으로 전 세계 베스트셀러 작가가 되었고, 회당 2만 5,000달러를 받으며 강연을 했다. 유수의 업체들이 나의 코칭을 받기 위해 수년을 기다렸고, 온라인 프로모션을 할 때마다 200만 달러의 매출을 올렸다. 이 모든 것이 단 한 명의 상근직원 없이 재택근무로 이루어졌다. 이것이 바로 자신의 경험을 파는 1인 사업가, 백만장자 메신저의 삶이다.

내 삶의 이야기, 어릴 적 동심의 세계, 가난, 교통사고, 결혼, 자식을 키우며 살아온, 누군가의 한 편의 소설 같은 이야기를 나눌 것이다."

브렌든 버처드의 《백만장자 메신저》를 요약한 내용이다.

이 책을 읽으며 나 자신을 위한 삶인 동시에 다른 사람의 인생을 변화시킬 수 있는 삶을 살고 싶어졌다. 이 책은 마치 계시처럼 내 꿈에 답을 제시해 주었다. 좀 더 구체적으로 꿈을 말하자면, 벤츠 타고 여행 다니면서 사람들이 백만장자가 되도록 도와주는 메신저의 삶을 살고 싶다.

나는 왜 벤츠 타고 여행을 다니며 사람들이 백만장자가 되도록 돕는 메신저가 되고 싶어 하는가?

청소년 시절의 교통사고의 트라우마인지 나는 운전을 거부하며 살아왔다. 그래서 나에게 벤츠를 타고 여행을 다닌다는 것은, 트라우마를 이겨 내고 새로운 도전을 한다는 결심이기 때문이다. 차로는 벤츠에 대한 선망이 있기 때문이다. 그리고 백만장자가 되도록 돕는 메신저는 이미 스스로가 메신저가 되었다는 뜻이기 때문이다. 이미 꿈을 이룬 내가 더 많은 사람들이 백만장자가 되도록 도와주는 것은 내가 세상에 선한 영향력을 펼치는 진정한 자유인이기 때문이다.

내가 아는, 백만장자가 되도록 사람들을 도와주는 메신저들로는 어떤 사람들이 있는가? 대표적인 몇몇을 살펴보겠다.

먼저 《타이탄의 도구들》의 저자 팀 패리스. 그의 책에는 알랭 드 보통, 세스 고딘, 말콤 글래드웰, 피터 틸, 에드 캣멀 등 이 시대의 가장 성공한 인물들의 생생한 목소리가 담겨 있다. 세계적인 석학과 작가부터 최고의 혁신기업을 세운 창업가와 CEO, 크리에이티브 디렉터, 협상가, 슈퍼리치, 아티스트, 전문직 종사자까지 자기 분야에서 정상에 오른 사람들의 독창적인 성공 노하우가 낱낱이 담겨 있다.

또한《부자아빠 가난한 아빠》의 저자 로버트 기요사키. 그의 책은 재테크 분야의 고전으로 손꼽힌다. 그는 돈과 투자에 대한 기존의 통념과 대조되는 사고방식, 즉 건전한 투자로 돈을 버는 방법과 새로운 금융 지식 등을 직설적인 화법으로 풀어놓는다. 잘못된 재테크 습관을 지적하고 잘 아는 것이 약이 되는 돈에 대해 설명한다.

그리고《백만 불짜리 습관》의 저자 브라이언 트레이시. 그는 고등학교를 중퇴하고 방문판매원으로 시작해 세계적인 비즈니스 컨설턴트로 인생역전을 이룬 자기계발의 산증인이다. 그는 자신의 30년 경험과 수많은 사람들의 강의 인터뷰, 교육, 컨설팅 경험에 바탕해 나를 변화시키는 '습관론'을 세웠다. 그리고 성공한 이들의 오늘을 결정한 습관을 분석했다.

세계적으로 유명한《백만장자 시크릿》의 저자 하브 에커. 그는 무일푼에서 불과 2년 반 만에 백만장자가 된 세계적인 부의 멘토다. 성공의 기쁨과 실패의 나락을 모두 경험한 바로 그 순간 하브 에커는 독특한 이론을 개발했다. 돈과 무의식, 부를 이루는 심리 과정을 발견해 낸 것이다.

이 책에서 그는 돈에 관해 이미 프로그래밍 되어 있는 무의식을 성공으로 향하도록 세팅한 후 이룬 성과에 대한 놀라운 경험담을 이야기한다. 그리고 전 세계 80개국 200만 명을 백만장자의 대열에 올라서게 한 바로 그 방법을 명확하게 제시한다. 개인의 경제적인 운명을 결정하는 경제 청사진을 새롭게 그리는 방법, 백만장자 마인드와 행동지침이 바로 그것이다. 현재도 그는 세계적으로 유명한 계몽 전사 훈련의 프로듀서 겸 트레이너로 왕성하게 활동하며 선한 부자의 영향력을 펼치고 있다.

《부의 추월차선》의 저자 엠제이 드마코. 그를 생각하면 자동차 람보르기니가 떠오를 것이다. 그는 "조금이라도 젊을 때, 인생을 즐길 수 있을 때 부자가 되어라!"라고 한다. 30대에 자수성가한 백만장자 사업가이며 발명가인 엠제이 드마코는 죽도록 일해서 돈을 벌고, 아끼고, 모으는 것만으로는 절대 부자가 될 수 없다고 말한다. 그러곤 '젊어서 부자가 되는 길'을 공개한다.

특히 인도나 서행차선을 달리는 평범한 삶을 '현대판 노예'의 삶으로 간주한다. 그러면서 부의 비밀을 파헤치고 지름길로 향하는 문을 여는 '추월차선 법칙'을 소개한다. 추월차선에는 생산자만 존재하며, 생산자로 성공하면 원하는 것은 무엇이든 소비할 수 있다고 말한다. 추월차선 진입을 예고하는 사업으로는 임대시스템, 컴퓨터 소프트웨어 시스템, 콘텐츠 시스템, 유통시스템, 인적 자원 시스템을 꼽는다.

불과 몇 년 전까지만 해도 그는 청소 일을 하며 근근이 어머니를 부양했고, 허황된 꿈을 좇는다며 주변의 손가락질을 받았다. 하지만 결국 그는 부자가 되는 특별한 공식, 즉 추월차선 법칙을 발견했고, 단시간 내에 수백억 대의 자산가가 되었다. 어떤 부자도 털어놓은 적은 없지만 실제로 그들이 '돈을 번 방법'을 터득한 것이다.

그는 지금 아름다운 애리조나주 피닉스에서 살면서 자동차, 여행, 미식, 글쓰기, 피트니스, 람보르기니 동호회 활동 등 추월차선식 경제적 자유를 열정적으로 즐기고 있다.

자수성가한 부자들은 모두 고생하고, 실패하는 가운데, 다시 일어나 깨닫고, 신중하게 설계하는 과정을 거쳐 돈을 벌었다. 부를 얻는 것이 하나의 사건이 아니라 일련의 과정이었다는 것이다. 즉, 부모를 잘 만나서, 엄청 운이 좋아서 하늘에서 돈벼락을 맞은 벼락부자란 없다.

벤츠 타고 여행 다니며 사람들이 백만장자가 되도록 돕는 메신저가 되기 위해서는 어떻게 해야 할까?

어느 주방장의 말처럼 완벽한 요리에는 그에 걸맞은 재료들과 잘 짜인 레시피가 있어야 한다. 그것이 없다면 일류요리는 나올 수 없다. 즉, 이 재료 조금, 저 재료 조금, 정확한 시간과 정확한 단계에 필요한 조리 방법을 거쳐야만 비로소 '짠!' 하고 먹음직스런 요리가 완성되는 것이다.

부자가 되는 모든 사건의 이면에도 이런 과정, 즉 도전과 위험, 노력과 희생의 비하인드 스토리가 존재한다. 과정을 건너뛰려고 하는 사람에게는 절대로 사건(부)이 일어나지 않는다. 엠제이 드마코가 강조한 부분이다.

그들의 노력과 열정도 공부하고, 그동안의 나의 삶의 경험치를 잘 조합할 것이다. 그래서 정확한 시간과 정확한 단계에 필요한 조리 방법, 즉 과정을 거쳐 메신저의 삶을 이뤄 낼 것이다.

"오늘부터 당신의 경험, 당신의 메시지를 팔아라. 그 순간 돈과 행복이 함께하는 새로운 인생이 시작된다."

이제 엠제이 드마코의 이 말을 더 많은 사람들에게 알려 주고 도움을 주는 메신저가 되고 싶다. 내가 그들에게 도움을 주고서 얻게 되는 경제적 수익을 나눌 것이다. 나의 도움을 필요로 하는 또 다른 사람들에게 나의 수익을 돌려주는 방법을 찾을 것이다. 벤츠를 타고 여행을 다니면서 백만장자가 되도록 사람들을 도와주는 메신저의 삶을 사는 것이 그것이 아닐까.

반영구 문신으로 유명해져서 방송 출연하기

"예쁘게 해 주셔서 감사합니다."

"마음에 들어 하시니 제가 더 감사합니다."

일을 끝내고 고객님과 헤어질 때 하는 인사말이다. 내 일은 참 매력이 있다. 찾아오시는 분들이 가실 때는 더 환한 얼굴로 인사하며 고마워하기 때문이다. 뿐만 아니라 이렇게 감사하다, 예쁘다, 마음에 든다는 말씀도 잊지 않고 해 주시기 때문이다. 이 인사말 한마디에 힘든 것도 잊고 즐겁게 일하나 하는 생각도 든다. 나는 종로에서 〈라인아트 아카데미〉를 운영하고 있다.

사람들에게 일반 화장이 아닌 반영구 메이크업을 해 준다. 힘든 시기에 시작한 일이 내게 힘이 되어 주고 있는 것이다. 일 때문에 공부도 많이 하게 되었다. 경력이 쌓이다 보니 수강생도 받게 되었다. 이 섬세한 작업을 가르치는 일이 보람되고 기쁘다. 사람들이 하고 싶다고 아무 곳에

나 가서 함부로 할 수 없는 것이 또 이 일이다.

사람의 얼굴 윤곽에 변화를 주는 것이기 때문에 이 직업은 책임감을 가지고 임해야 한다. 사람의 피부 톤, 컬러, 위생, 기술, 제일 중요한 손의 힘 빼기 기술 등 이 일의 면면은 마치 인생처럼 다채롭다.

반영구하면 대표적으로 떠오르는 것이 눈썹일 것이다. 눈썹하면 가장 많은 반쪽눈썹, 숱이 없이 흐린 눈썹, 너무 넓고 듬성듬성 엉성한 눈썹, 예전에 시술받은 잘못된 눈썹 등 아주 다양하다.

눈썹은 사람을 첫 대면할 때 가장 먼저 보이는 곳이라고 하겠다. 눈썹의 애초 목적은 눈을 보호하고 빛나게 하는 것이다. "몸이 천 냥이면 눈은 구백 냥"이란 말처럼 눈은 우리 몸에서 매우 중요한 곳이다.

관상학에서는 눈을 밖으로 드러난 뇌로 보며, 그 사람의 정신세계를 가장 잘 알 수 있는 곳이라고 한다. 즉, 눈은 곧 나 자신이며, 눈썹은 나를 보호해 주는 만큼 주변 사람과 형제, 부모를 의미한다고 한다. 그렇게 눈썹은 이 중요한 눈을 더욱 빛내 주는 역할을 한다.

요즘은 여자뿐만 아니라 남자들도 눈썹에 굉장히 공을 들인다. 왜냐하면 나를 더욱 나답게 하는, 사소하지만 굉장히 적극적인 자기경영이라고 생각하기 때문이다. 눈썹 하나를 바꿈으로써 얼굴 전체의 이미지가 변하기 때문이다. 나를 나답게 가꾸어 주는, 작지만 큰 변화를 주는 역할을 하기 때문이다. 그러나 그만큼 또 잘못된 눈썹은 그 사람에게 치명적인 이미지 손상을 입힐 수 있다. 그래서 더욱 진지하게 공부하게 만드는 일이다.

나의 요즈음 소망은 내가 사랑하는 섬세한 이 일로 더욱 유명해져서 방송에 출연하는 것이다. 방송에 출연한다는 것은 그만큼 이 계통에서 인정받는다는 뜻이기 때문이다. 사람들도 나를 신뢰하며 즐거운 마음으로 찾아올 수 있기 때문이다.

반영구 문신으로 유명해져서 방송에 출연한 사람들은 나처럼 아카데미를 운영하고, 실제 시술하고 있는 원장들이었다. 나에게도 기회가 온다면, 주제를 제한하지 않고 모든 지적 호기심을 충족시켜 주는 게 목표다. 18분이라는 짧은 시간 동안 강연하는 〈세바시〉에 나가는 게 목표다. 나의 이야기를 공유함으로써 청중들에게 동기부여를 해 주고 자기계발을 하도록 고취시켜 주려 한다.

방송에 출연하기 위해서는 어떤 노력을 기울여야 할까?

나는 책을 쓰고 작가가 되기로 했다. 뜨거운 열망을 가지고 임하는 내 일과 나의 일상 이야기까지 생생하게 담아 보려 한다. 그러면 일에서도 더욱 전문가다운 면모를 다지게 될 것이다.

불안하고 감정이 고갈되어 가는 세상에서 사는 만큼 사람들은 보다 더 강하고 확실한 것에 목말라할 것이란 생각이 든다. 작가는 그런 이들에게 글로써 소통하고 안정감을 주는 사막의 오아시스가 될 것이라 확신한다.

책을 쓴 사람들에게는 자신만의 소신이 있다. 그들은 자신의 생각을 알리기 위해 글을 쓴다. 그들이 강연을 통해 직접적으로 그것을 알린다면 책은 재생산되는 셈이다. 그들의 이야기가 널리 전파될 테니까.

사람들이 눈썹을 그리는 행위에도 다른 사람들과의 원활한 교류를 준비하는 마음자세가 내포된다. 마치 글을 쓰는 일과 내 일이 일맥상통한다는 느낌이다.

좋은 눈썹은 눈썹털이 잘 자라 있고 윤택하고 밝고 빛이 나는 눈썹이다. 눈썹이 빠지면 스트레스를 많이 받고 있거나 생식력이 떨어지는 것으로 본다. 눈썹은 건강과 인기를 대변해 주는 매우 중요한 요소이기도 하다.

눈썹털이 부드러우면 성격이 유연한 사람이고 눈썹털이 강하면 정신적으로 강직한 사람이라고 본다. 눈썹털이 서로 엉키어 있거나 거꾸로 나 있으면 대인관계에서 갈등과 분쟁이 많다. 특히 눈썹 부위는 교감신경과 부교감신경이 지나가는 곳이어서 긴장하거나 예민할 때면 눈썹털이 곤두선다.

그리고 중요한 디자인 부분이다. 눈과 눈썹은 서로 조화로워야 한다. 눈이 길면 눈썹도 길어야 하고 눈이 작으면 눈썹도 짧아야 한다. 폭이 좁더라도 길게 펼쳐져 있는 눈썹이 좋게 보인다. 연예인 중에 고소영, 손예진이 이와 같은 예쁜 눈썹을 가지고 있다.

또한 눈썹은 비나 땀이 눈에 들어가지 않도록 막는 역할을 해 준다. 한 집의 지붕과 같은 것이다. 눈썹이 눈보다 짧아도 비가 새고, 털이 듬

성등성 나 있어도 그 사이로 비가 샌다. 뒤로 갈수록 눈썹이 희미하거나 흩어져도 비가 샌다. 그러므로 무엇보다 중요한 것은 눈썹이 눈보다 길어야 한다는 것이다. 디자인할 때 주의를 기울이는 이유이기도 하다.

눈썹이 지붕 역할을 제대로 해야 가정이 편안하고, 사업을 하더라도 끝까지 좋은 결과를 볼 수 있다. 눈썹의 끝이 흩어지면 용두사미로 일이 끝날 확률이 높다. 벌 때는 확 벌고 망할 때도 부지런히 망한다고 한다.

이 외에도 아이라인, 입술 컬러, 헤어 라인 등 반영구 화장이 사람의 이미지에 끼치는 영향은 크다. 그만큼 까다롭고 힘들지만, 보람도 많이 느끼는 일이다.

내 일이 사람들에게 기쁨을 주고, 대인관계에 좋은 영향을 끼친다는 것을 대중에게 자신 있게 알리고 싶다. 그럼으로써 이 일을 하고 싶거나, 또는 하고 있는데 어려움을 겪는 사람들에게 응원과 힘을 보태 주고 싶다.

요즈음 어디를 가든 사람들의 손에는 휴대전화가 들려 있다. 이 작은 기계 안에는 정보 전달, 소통, 관리, 즐거움 등 다양한 콘텐츠들이 즐비하다. 지금도 이 휴대전화로 예약전화가 걸려오고 있다.

휴대전화로 인터넷을 검색하면 바로 세상과 연결된다. 나아가 방송에 출연하게 될 수도 있다. 그러면 사람들이 꼭 그 방송을 시청하지 않아도 다양한 매체를 통해 나를 찾아올 수 있고, 동기부여를 받을 수 있을 것이다.

오늘도 나는 내 일에 매진하며 꿈을 꾼다. 그리고 꿈을 글로 쓴다.

해외에 저작권 수출하고 퍼스널 브랜딩에 성공해 TV, 라디오 출연하기

· 김희정 ·

김희정

직장인, 독서 코치 전문가, 독서 콘텐츠 제작자,
'꿈과 희망을 디자인하는 교육연구소' 대표, 자기계발 작가, 동기부여 강연가

교육기관에 다니는 30년 차 직장인이다. 어린 시절의 모토인 '준비된 자에게만 기회가 있다', '당신의 지지자는 당신 자신이다'가 나를 성장시킨 원동력이 되었다. '사람들이 자신의 인생에서 꿈과 희망을 디자인할 수 있도록 돕고 싶다'는 꿈을 가지고 있다. 현재 독서로 성장하는 삶의 노하우로 직장인과 학생들에게 꿈을 찾게 하고 더 나아가 자신의 행복을 찾아 주는 메신저 역할을 하고 있다.

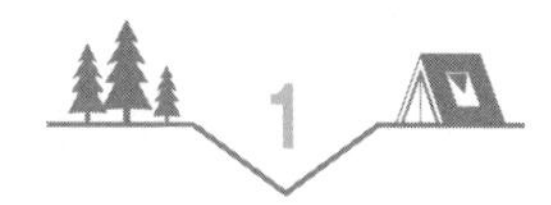

베스트셀러 작가 되고 대한민국 최고의 명강사 되기

책을 쓰는 작가는 생명을 부여받은 사람이다. 삶의 가치와 철학 그리고 살아오면서 겪었던 경험과 깨달음을 한 권의 책으로 엮어 내는 것은 자신을 표현하는 방법이기 때문이다. 자신의 인생을 완성해 나가는 길이기 때문이다.

나는 서강대 최진석 교수의 〈자신의 주인으로 산다는 것〉이란 명강연을 보고 책을 쓰리라 결심했다. "삶의 궁극적인 목적은 나를 표현하는 것이다."라는 그의 말은 누군가 내 머리를 망치로 내리치는 느낌을 주었다. 이전에는 한 번도 생각하지 못한 개념이다. 뿐만 아니라 내 인생의 화두, 어떻게 살 것인가? 나의 존재는 어떤 의미가 있는가? 왜 사는 것일까? 에 대한 답을 주었다.

〈자신의 주인으로 산다는 것〉이란 명강연에는 이런 내용이 나온다.

"지금은 자신을 표현하세요. 우리가 배우는 것은 아름다운 것이지만,

배우는 것이 습관이 되면 자기표현에 장애를 갖게 됩니다. 배우는 것은 표현하기 위한 수단으로만 존재해야 합니다. 배울 때는 표현의 동력이 있어야 하고 읽을 때는 쓰는 동력이 있어야 하고 들을 때는 말하는 동력이 있어야 합니다. 다른 사람의 글을 읽을 때 내가 어떻게 쓸 것인가를 생각하고 읽어야 합니다. 다른 사람의 말을 수용하는 것이 아니라 나의 말을 표현하려는 사람이 되어야 합니다. 사람의 궁극적인 동력은 나를 표현하는 데 있어야 합니다."

'나는 나의 주인으로 살고 싶다,' '나를 표현하고 싶다'는 강렬한 욕망이 이 강연을 보는 순간 불타올랐다. 인생의 궁극적인 목표는 자신을 표현하는 데 있음을 깨달았기 때문이다. 그 길은 많은 사람에게 감동과 영감을 줄 수 있는 책을 쓰고 울림을 주는 강의를 하는 데 있음을 깨달았기 때문이다. 내 책에 인생밑줄을 칠 수 있는 사람이 한 사람이라도 있다면 내가 이 세상에 온 의미일 수 있겠다는 생각이 들었다.

'나를 소중히 하고 남을 돕는 사람'은 나의 인생의 좌우명이다. 그러면 나를 존중하고 사랑하면서 남을 돕는 사람이 되는 길은 무엇일까? 자신을 퍼스널 브랜딩해 자신이 가지고 있는 지식과 경험을 공유하고 자기 인생의 주인으로 살 수 있게 돕는 길이 아닐까.

김미경 작가의 《꿈이 있는 아내는 늙지 않는다》는 결혼한 여성도 꿈을 꿀 수 있음을, 꿈을 꾸어야 함을 알게 해 준 책이다. 그는 첫 책 《꿈이 있는 아내는 늙지 않는다》를 비롯해 《언니의 독설》, 《엄마의 자존감 공부》 등 35권가량의 책을 출간한 작가다. 그리고 그것으로 자신을 브랜딩하고 TV와 강연을 통해 대중들과 호흡하면서 명예와 부를 쌓고 있다.

특히, 최근 1~2년간의 그의 성공은 눈부시다. 유튜브 대학이라는 아이디어, 영어로 강연에 도전한 점, 비대면 시대의 새로운 삶의 방식을 제시한 최근의 베스트셀러 《김미경의 리부트》까지. 도전하는 인생이 아름다운 인생임을 보여 주고 있다. 50대 또래로서 성장해 가는 그의 모습을 보면 부러우면서 존경스럽다. 외적인 성장과 함께 내면의 성장과 지식의 지평도 확장되고 있는 것이 눈에 보여서 더욱 그러하다.

나도 내 나름대로 내 분야에서 애쓰면서 성장해 왔다고 생각했는데…. 그 영향력과 자산의 크기는 비교가 안 되는 것 같다. 왜 그럴까? 그 이유를 곰곰이 생각해 봤다. 그러다 책을 쓰고 자신을 알리면서 출발한 것이 나와 가장 큰 차이임을 알게 되었다. 그리고 대중을 상대했다는 것, 자신의 홍보와 퍼스널 브랜딩에 능숙하다는 것, 유튜브 시대를 미리 읽고 실행했다는 점 등. 그런 것들이 지금의 그를 만든 힘이라고 생각한다.

《아주 작은 습관의 힘》, 《미라클 모닝 밀리어네어》, 《그릿》, 《백만장자 시크릿》은 내 인생의 책이다. 인생의 반쯤 왔을 때, 나의 발자취를 돌아보고 자기점검이 필요한 시점에 다다랐다. 그때 나를 획기적으로 바꾸어 준, '나로부터의 혁명'을 불러일으킨 책이다. 새벽 5시의 기적, 습관을 만드는 방법, 시간 관리, 돈에 대한 사고방식 등. 이 책들의 결과는 지금 내 삶을 지탱하고 있는 기본이 되고 있다. 이러한 세계적인 베스트셀러를 쓸 수 있는 작가의 통찰력과 안목, 역량과 노력을 배우고 싶다.

매일 세끼 밥을 먹듯이 독서와 글쓰기가 습관이 되도록 하루하루를 보내야 한다. 책 밥이라는 말이 있듯이 밥 먹듯이 잠자듯이 책 읽기를 매일매일 삶의 일부로 만들어야 한다. 그래야 책 쓰기에 대한 부담감과 두려움을 없앨 수 있을 것이다. 그리고 방법적인 측면에서는 내 블로그에 매일 글쓰기, 일상에서 블로그 주제를 생각하기, 일주일에 한 번 집중해서 책 쓰는 시간 만들기를 생각할 수 있겠다.

인간으로서의 존엄성을 가지고 우리가 멋지고 매력적으로 살기 위해서는 돈을 모으고 시간을 모아야 한다. 흩어져 있는 시간의 조각을 퀼트 조각처럼 맞추어 멋진 작품을 만들어야 한다. 그렇게 시간도 모아야 생산적으로 쓸 수 있다. 시간이 창의적인 활동과 연결될 때 삶의 수준이 높아지고 경제적, 정서적 풍요를 누릴 수 있을 것이다.

그리고 퍼스널 브랜딩을 위한 마케팅을 배워 나가야 한다. 나의 가치는 나 스스로 정할 수 있는 것임을 알고 적극적으로 나를 홍보하고 알릴 방법을 배워야 한다. 먼저 블로그, 인스타그램, 유튜브를 온라인 플랫폼으로 활용할 수 있다. 그리고 강연과 칼럼 등을 통해서 오프라인 플랫폼도 함께 확장해 나간다면 나의 가치는 더욱 상승할 것이다.

나의 정체성은 '작가 김희정'이다. 내가 은퇴하고 직장을 떠나더라도 내 고유의 가치를 부여받는 것은 정체성이다. 한 사람을 규정짓는 것은 직업도 직장도 학벌도 집안도 아니다. 그가 가지고 있는 고유의 캐릭터다.

2018년 출간되어 지금까지 스테디셀러로 사랑받는 배우 하정우의 에세이 《걷는 사람, 하정우》는 배우가 아닌 또 다른 그의 정체성을 만들어 준 책이다. 하정우는 하루 3만 보씩 걷고, 심지어 하루 10만 보까지도 걷는다는 걷기 마니아다. 그런 그에게 저자라는 타이틀을 안겨 준 책이다.

《걷는 사람, 하정우》에는 이런 내용이 나온다.

"걷기는 가진 게 아무것도 없는 것만 같았던 과거의 어느 막막한 날에도, 이따금 잠까지 줄여 가며 바쁜 일정을 소화해야 하는 지금도 꾸준히 나를 유지하는 방법이다."

영화를 촬영하지 않는 시간에 그는 걷는 사람이구나. 아, 그는 걷는 것을 좋아하는 사람이구나. 사람들은 그를 그렇게 인정하고 존중하게 된다. 배우가 아닌 사람 하정우를 생각하게 된다.

나도 '작가 김희정'이라는 정체성을 가지고 인생 스테이지Ⅱ를 시작하고 싶다. 교사 김희정, 장학관 김희정, 교장 김희정이 아닌, 나의 고유한 정체성을 나에게 부여하고 싶다. 직장에서 은퇴하면 나라는 고유명사 '熙: 빛나지예'와 '靜: 고요하지예'로 나를 표현하고 싶다.

최근에 비와 이효리, 유재석은 '싹쓰리'라는 혼성 그룹을 결성해 제2의 전성기를 맞고 있다. 〈다시 여기 바닷가〉라는 뉴트로를 통해 '비룡, 린다G,

유두래곤'이라는 '부캐'로 왕성하게 활동하고 있다. 이제는 정체성이 하나가 아니고 둘, 셋이 되는 세상이다. 평범한 나는 나의 부캐를 '작가, 김희정'을 통해 꿈꾼다.

나는 지식의 공급자가 되기 위해 다섯 가지 무기를 장착할 것이다. 첫째 독서, 둘째 글쓰기, 셋째 말하기, 넷째 퍼스널 브랜딩, 다섯째 퍼스널 마케팅이다. 이것들을 하나씩 나의 무기로 만들어 갈 것이다.

세상은 내가 아는 만큼 보인다고 한다. 독서의 힘은 21세기 온·오프라인이 공존하는 시대에 더욱더 중요해지고 있다. 마찬가지로 글쓰기는 자신을 표현하는 가장 강력한 수단이 되고 있다. SNS는 보통 사람인 우리에게 글쓰기의 영향력을 피부로 느끼게 해 주고 있다. 다시 말해 SNS를 통한 퍼스널 브랜딩과 퍼스널 마케팅이 더욱 중요해지고 있다고 하겠다. 이에 관한 공부는 이제 시작이지만 반드시 해야 하는 분야이므로 하나씩 실행해 나갈 것이다.

'베스트셀러 작가 김희정', '명강사 김희정'이라는 타이틀은 정말 이루 말할 수 없을 정도로 설렘과 흥분을 안겨 줄 것이다. 새로운 생명을 부여받는 기쁨이랄까? 행복해서 눈물이 난다는 경지를 보여 줄 수 있을 것 같다. 지금까지 차곡차곡 쌓아 놓았던, 살면서 억울했던 것, 서러웠던 것, 죽고 싶을 만큼 속상했던 것에 대한 보상을 한 방에 모두 받을 수 있을 것 같다. 그러고 나면 세상에 대고 외칠 것이다. "나는 참 괜찮은 사람이야.", "너희들이 생각하는 것보다 나는 훨씬 멋진 사람이야."라고.

내 인생에서 가장 힘들고 버거웠던 것을 남들은 더 쉽고 편안하게 받아들일 수 있게 도와주고 싶다. '자기혁명 독서', '좋은 습관 21일', '마인드 코칭', '시험 준비 코칭', '석·박사 논문 코칭', '경제적 독립', '경제적 자유', '돈 공부', '은퇴 후의 삶' 등 〈Life&Art Design 연구소〉를 설립해 개인 성장 UP 컨설팅 프로그램을 운영하고 싶다.

나는 나만의 책방을 가지는 것이 또 다른 꿈이다. ssam's 책방에 화려하고 심플한 나만의 아틀리에를 만들 것이다. 제3의 공간인 오두막을 지을 것이다. '책 아틀리에', '책 살롱'을 꾸며 책과 예술적 감성의 콘텐츠가 결합해 부가가치를 만들어 내는 시대를 열고 싶다. 내 인생은 나의 프로젝트다. 나의 묘비명에 '베스트셀러 작가 김희정, 저서 100권을 쓰고 명강사로 활동하다 잠들다'라는 문구를 새기고 싶다. 이를 위해 나는 오늘도 바다가 보이는 창가에서 글을 쓴다. 참 행복한 하루의 마무리다.

2

7년 후 100억 부자 되어 경제적 자유 누리기

'평범한 공무원이 100억을 갖고 은퇴할 수 있을까?'

가능하지 않을까? 있는 힘껏 용기를 낸다면. 아무도 도전해 보지 않은 길이라면 내가 도전하고 싶다. 나는 7년 후에 은퇴한다. 2027년은 내 나이가 예순이 되는 해다. 나는 은퇴 후 경제적 자유를 꿈꾼다. 그리고 그 길을 지금부터 준비하려고 한다.

7년 후 경제적 자유가 달성되면 그 노하우를 사람들과 공유하고 싶다. 지름길을 알려 주고 나침반을 보여 주고 싶다. 나처럼 아침 일찍부터 밤늦게까지 일하면서 청춘을 보낸 사람에게 보상해 주고 싶다. 그러면 허허해진 몸과 마음을 보듬어 위로받을 수 있을 것 같다.

우리 집은 딸이 다섯인데 4명이 공무원이다. 그것도 교육공무원인 교사들이다. 모이면 학교 이야기, 아이들 이야기밖에 할 이야기가 없다. 공통 소재가 있어서 좋기도 하고 좀 재미없기도 하다. 아버지가 사립중학교 과학 교사였다. 아마 모두 그 영향을 받고 교사가 되지 않았나 싶다. 자식들은 그 길이 최선이라고 생각했다. 선택지가 별로 없었기 때문이다. 우리는 골고루 다 초·중·고 교직에 있다. 사람은 환경의 동물이라고 한다. 부모의 등을 보고 배운 셈이다.

그런데 자본주의 사회에서는 이 직업이 별로 도움이 되지 못하는 것 같다. 다들 고만고만하게 사는 만큼 비행기 비즈니스는 생각도 못한다. KTX 특급을 탄 적도 없다. 5성급 호텔에 가는 것도 간이 벌렁거려서 정말 큰마음 먹어야 한다.

나는 스무 살부터 돈을 벌기 시작했다. 경제적 독립이 나의 숙원이었기 때문이다. 부모님이 딸 다섯을 키우면서 힘들어하는 것도 보기 싫었다. 엄마가 매일매일 1억만 있었으면 하는 넋두리도 듣기 싫었다. 그래서 아르바이트를 참 많이 했었다. 부모님이 시킨 건 아니었다. 자발적으로 내가 하고 싶어서 했다. 자매 중에 유독 내가 많이 했다. 아마 둘째이다 보니 생활력이 강했던 것 같다.

그래서 이제는 조금 쉬고 싶다. 조금 지쳤다. 매일 출근하는 것도, 매일 사람들의 관계 속에서 부대끼면서 상처받는 것도. 이제는 조금은 자유를 꿈꾸어도 될 나이가 되지 않았나 싶다. 열심히 달려왔으니까. 7년 후 100억을 갖고 은퇴하기로 결심한 이유다.

이제 그 프로젝트를 시작하려고 한다. 그래야 내 인생에 대한 예의를 다하는 것 같다. 내가 가고 싶은 곳을 내가 원하는 시간에 마음대로 가서 여유와 멋을 부리고 싶다. 이 정도는 하느님도 귀엽다고 허락해 주시지 않을까 하고 생각해 본다. 열심히 살았으니까.

《생각의 비밀》의 저자 김승호는 부자에 대한 나의 편견과 환상을 없애 주신 분이다. 꾸미지 않은 그의 정직한 삶의 태도와 돈에 대한 철학이 참 마음에 들었다. 멋지게 느껴졌다. 그는 자수성가한 재미교포로 사장들을 가르치는 CEO 메이커로 활동 중이다.

그의 저서 《생각의 비밀》에는 이런 내용이 나온다.

"생각이나 상상은 그 자체가 물리적 힘을 가진다. 내가 무엇인가를 생각하는 순간 그 생각은 실체의 에너지를 가지며 그 생각은 발현할 준비를 한다. 이 생각이 현실로 나타나는 첫 번째 모습은 그 생각을 시작한 사람이 종이에 글로 적었을 때다.

종이에 쓰인 생각은 실체다. 눈에 보이기 때문이며 스스로 존재하기 때문이다. 이제 생각에서 씨앗이 나온 것이다. 그리고 이 생각의 씨앗이 정말 발현할 것인가 아닌가는 얼마나 지속적으로 그 생각을 유지해 나가느냐에 있다.

화분에 씨앗을 심었을지라도 물을 주지 않으면 곧바로 말라 죽는다. 그 씨앗이 자랄 수 있도록 지속적으로 계속 생각하면 생각은 점점 자라 실체가 되어 나를 감싸게 된다. 나는 이렇듯 간단한 방식으로 내 삶의 모든 것을 얻었다."

이 글은 나에게 '생각하는 힘'이 얼마나 중요한지 깨닫게 해 주었다. 그래서 나도 컴퓨터를 켜면 메모장이 바로 보이도록 해 두었다. 메모장에 나의 꿈을 10가지 기록해 두었다. 일하는 도중이라도 눈에 띌 수 있도록 해 두었다. 다이어리 첫 장에도 같은 내용이 쓰여 있다.

그는 돈에 대한 목표가 제일 이루어지기 쉽다고 한다. 100일 동안 100번 쓰면 반드시 이루어진다고 강조하는 그의 강연을 여러 번 보기도 했다. 그의 저서 《김밥 파는 CEO》, 《자기경영 노트》, 《알면서도 알지 못하는 것들》 그리고 최근에 출간한 《돈의 속성》까지. 삶에 관한 그의 철학과 경제관 등, 배울 점이 참 많다. 부럽기도 하다. 나도 김승호 씨처럼 살고 싶다는 생각이 든다. 특히 돈이 인격체라고 생각하는 돈에 관한 그의 철학이 참 좋았다. 닮고 싶은 사람이다.

나의 에어백은 월급과 연금이다. 30년 동안 직장생활을 했으니 최저생활비에 해당하는 것으로 생각한다. 이 에어백은 종잣돈이다. 부동산으로 자산을 불려 나가고 싶다. 부동산의 미래 가치를 보는 안목이 조금 있는 것 같다. 에어백에 목숨을 걸고 사느라 지금까지 관심을 기울이지 못했다. 그래서 이제부터 공부하려고 한다.

100억을 갖고 은퇴하기로 마음먹은 후로 많은 것이 달라졌다. 관심을 기울이는 곳에 에너지가 모인다는 말이 맞는 것 같다. 경제적 자유를 목표로 하니 TV 드라마나 웹툰, 웹소설 같은 것은 눈에 들어오지도 않고 흥미도 없다. 시간을 뺏어 먹는 하마같이 느껴지기도 한다. 신기하다.

이전에 그렇게 빠져서 시간을 허비했는데도 말이다. 일순간 그런 것에서 빠져나온 느낌이다. 역시 목표가 있어야 하나 보다.

나는 퍼스널 브랜딩해 1인 기업가가 되고 싶다. 1인 기업가가 될 수 있는 콘텐츠는 나의 인생의 자취를 돌아보면 발견할 수 있을 것 같다. 이것을 어떻게 사업 아이템으로 만들어 갈까가 앞으로의 과제다. 그리고 마케팅을 공부해야겠다고 생각하고 있다.

2008년 부산과학고에서 근무할 때였다. 학생들을 인솔해서 미국 동부 아이리그 대학을 탐방한 적이 있다. 미국에 처음 가는 여행길이라 흥분되었다. 비행기 안에서 12시간 동안 몸을 웅크리고 앉아 가는 불편쯤은 괜찮았다. 영화 두 편을 보고 식사 두 번을 하니 도착했었다. 그런데 설렘을 안고 비행기에서 내릴 때였다. 비행기에도 2층이 있다는 것을 알았다. 2층 비즈니스석에서 여유 있는 몸짓으로 내리는 승객들을 보았다.

그들을 보면서 '어떤 삶을 사는 사람들일까?' 하는 생각이 들었다. 아이들도 저희끼리 인터넷 검색을 하면서 비즈니스석은 가격이 얼마다, 어떤 음식을 먹는다 등등 정보를 주고받느라 분주했다. '아, 저런 삶도 있구나.' 나도 캐비어를 먹고, 편안하고 여유롭게 책 읽고 음악을 즐기면서 여행하고 싶다는 생각이 스쳐 지나갔다.

그 이후 12년이라는 세월이 흘렀다. '어떻게 하면 되지? 나도 그들과 같은 삶을 살고 싶다. 차이가 어디서 비롯되는 걸까?'라고 생각한 지가. 매일의 일상에 매이다 보니 잊어버린 것이다. 그런 삶도 있다는 것을.

나도 풍요로운 인생을 살고 싶다. 콘서트와 오페라를 즐기고 전시회와 아틀리에에서 작품을 감상하면서 보내고 싶다. 돈과 시간에 구애받지 않는 삶을 살고 싶다. 그러려면 우선 경제적 부를 갖추어야 한다.

교직생활을 아름답고 우아하게 마무리 짓고 싶다. 7년 후에. 교사 17년, 장학사 8년, 교감 3년의 세월은 나의 젊음과 에너지를 다 투자한 시간이다. 또한 지금의 나로 성장시켜 준 삶이기도 하다. 앞으로 7년을 화려하고 멋지게 보내고 싶다. 은퇴 후 100억 부자의 삶을 준비하면서.

2013년에 제작되어 반향을 불러일으킨 〈EBS 다큐 자본주의〉에는 이런 내용이 나온다.

"인류의 역사 500만 년을 하루 24시간으로 환산했을 때 자본주의가 출현한 시간은 23시 59분 56초다. 경제는 신분에서 계약으로, 교환 경제에서 자본주의 경제로, 토지에서 자본으로 변화했다. 필요한 물품은 노동을 통해 상품화되고 사유재산이 인정된다. 그런 자본주의의 작동 원리는 무엇일까? 빚이 있어야 자본주의가 돌아간다. 세계 기축통화인 달러를 발행하는 FRB는 정부 기관이 아니다. 소비는 무의식이다. 과소비는 상처 난 마음이다. 자존감이 낮으면 더 많은 돈을 쓴다."

나는 처음에 이 다큐멘터리를 보고 정말 충격을 받았다. 내가 자본주의 시스템을 전혀 모르고 있었다는 사실을 알게 되었기 때문이다. 그

것이 놀라웠다. 그 이후 조금씩 돈 공부를 하게 되었다. 《레버리지》, 《부자 아빠 가난한 아빠》, 《부의 추월차선》, 《원칙》, 《부의 감각》 등 경제경영 서적에 관심을 가지고 읽게 되었다.

역시 관심을 가지면 길이 열리는 것 같다. 어릴 때 우리가 읽은 《알라딘》의 〈열려라 참깨〉처럼. 지니가 요술 램프에 주문하면 우주를 움직여 소원을 이루어 주듯이. 인생도 그런 것 같다. 자꾸 주문해야겠다. 이제부터 정확하게 주문하려고 한다.

나는 우아한 은발의 여성이 포르쉐에서 내리는 모습을 상상한다. 나의 7년 후 모습이다. 너무 행복할 것 같다. 중년 여성이 맑고 활기찬 얼굴로 사람 좋은 미소를 지으며 아이를 바라보는 모습도 상상한다.

나이 예순에 스포츠카 포르쉐를 타는 모습, 매력적일 것 같다. 돈에 구애받지 않는 삶, 돈이 나를 위해 일하는 삶을 누리는 행복을 이번 생애에 나에게 선물하고 싶다. 나의 자식에게 돈이 아니라 자아실현을 위한 직업을 선택할 기회를 주고 싶다. 그렇게 해 주면 자식들이 삶의 여유와 의미를 느끼고 풍요롭게 살아갈 수 있을 것 같다. 남과 더불어 살아가는 성숙한 사람이 될 수도 있을 것 같다. 부모로서 해 주고 싶은 일이다.

그리고 삶의 목적을 찾아 헤매는 사람을 위한 꿈과 희망을 디자인하는 재단을 설립하고 싶다. 그곳에서 교육 CEO로서 인재를 양성하고 싶다.

BTS의 방시혁 대표처럼 한국의 제2, 제3의 BTS를 발굴하고 싶다.

음악계뿐만 아니라 다양한 방면에서 BTS가 될 수 있는 청년들을. 방시혁 대표는 전 세계에 한글과 한국문화를 BTS 음악을 통해 알렸다. 얼마나 대단한 일인가? 그리고 세계 젊은이에게 삶의 의미를 찾고 자신의 목소리를 내라는 메시지도 전달했다. 그처럼 '꿈과 희망을 전달하는 삶의 디자이너'가 되고 싶다. 실현된다면 참 행복할 것 같다.

블로그, 인스타그램으로 퍼스널 브랜딩해 TV, 라디오에 출연하기

21세기는 퍼스널 브랜딩의 시대다. 이 흐름이 앞으로 쭉 이어질 것 같다. 코로나19 이후 주변을 둘러보면 변한 것들이 참 많다. 먼저 아이들이 학교에 가지 않는다. 격주로 가든지 격일로 가든지 한다. 또한 컴퓨터 앞에 앉아서 수업을 받는다. 1년 전이라면 상상도 하지 못했을 광경이다. 이제 이것이 자연스러운 현상으로 받아들여지고 있다.

비대면 사회가 된 것이다. 개인의 브랜딩이 더욱더 중요해지고 있는 셈이다. 오프라인에서 만날 기회가 줄어드니 온라인으로 접속할 수밖에 없다. 차선책이 최선책이 되어 가고 있는 것이다. 사회가 안전을 위해서 많은 것을 포기하자 사람들은 온라인으로 소통하고 정보를 얻고 있다.

그래서 나는 블로그와 인스타그램을 본격적으로 하려고 생각한다. 10년 전 〈김희정쌤 커뮤니티〉 홈페이지를 개설해 운영한 적이 있다. 시간이 부족한 과학고 학생들과 온라인으로 소통하기 위해서였다. 내 담당인 일본어 수업은 일주일에 2시간이었다. 그런 만큼 많은 활동을 하고 싶었다. 그러나 역시 시간이 부족했다. 이것을 극복하기 위해 홈페이지를 만들었다. 수업 자료와 활동사진 그리고 과제 등을 탑재했다. 꽤 아이들의 호응을 얻었었다.

장학사가 되고 나서 홈페이지를 없앤 것이 못내 아쉽다. 지금의 카페 역할을 하는 것이 그 당시에는 개인 홈페이지였다. 그때 홈페이지를 운영한 이유는 효율성도 있었지만, 무엇보다 호기심 때문이었다. 해 보고 싶었다. 나는 무엇인가 새로운 것을 하는 데 매력을 느낀다.

홈페이지가 기반이 되어 전국 ICT 활용 연구대회에서 1등급을 받았다. 나도 그 결과에 깜짝 놀랐다. 내가 무엇인가 고안하고 창의적으로 만들어 내는 것을 좋아할뿐더러 적성에도 맞는다는 것을 알았기 때문이다.

어른이 되어서도 재능과 적성을 발견할 수 있다. 그런 만큼 어른이 되어서도 계속 자신을 탐색하고 새로운 도전을 해 봐야 한다. 아마 계속 교사로 근무했다면 유튜브도 빨리 시작하지 않았을까 싶다. 나의 호기심이 새로운 플랫폼인 유튜브를 찾아 갔을 것이다.

이제는 50플러스 인생을 사는 사람들을 위해서 나만의 개성 있는 콘텐츠를 만들어 보고 싶다. 어떻게 퍼스널 브랜딩을 할까가 앞으로의 과제다. 계속 질문하고 궁리하면 답을 얻을 수 있을 것 같다.

〈행복재테크〉라는 카페가 있다. 부동산에 관심이 있는 사람 중에는 들어 본 적이 있을 것이다. 이 카페는 운영된 지 10년이 되었다고 한다. 나는 이 카페를 최근에 알게 되었다. 그것도 책을 통해서다. 책 속에 길이 있다고 하는데 오십 평생 살아 보니 정말 맞는 말 같다. 그 길을 따라서 살게 되니 말이다. 재테크도 마찬가지다.

〈행복재테크〉를 운영하는 사람은 송 사무장이다. 이전에 법률사무소 사무장으로 일했나 보다. 그는 2019년부터 개인 블로그도 운영하고 있다. 최근에는 〈송사무장TV〉도 개설해서 맹활약 중이다. 한 개인의 퍼스널 브랜딩이 제각각 다른 플랫폼을 통해 연결되고 있다. 저서, 카페, 블로그, 유튜브, 강좌 등이 덩굴처럼 줄줄이 엮여 있다. 부가 부를 만들고 부의 선순환이 일어나는 것이 눈에 보인다.

사람들이 찾는다는 것은 사람들의 니즈를 알고 해답을 준다는 것이다. 참 세상에는 똑똑하고 지혜로운 사람이 많다. 그들이 새로운 세상을 창조해 나가고 있으니 말이다.

시간과 공간의 제약을 받지 않는 유비쿼터스 세상이다. 이를 알고 한 걸음 먼저 실행하는 사람이 부와 성공을 거머쥐는 것 같다. 부럽다. 부러우면 따라 하라는 말이 있다. 부러움도 선한 영향력을 미치는 것 같다. 그들의 실행력과 안목, 통찰력을 배우고 싶다. 그들에게는 공통점이 있다. 끝까지 포기하지 않는 끈기와 지속성, 그리고 자신에 대한 확신이 그것이다.

최근에 읽었던, 앤젤라 더크워스가 쓴《그릿(GRIT)》이라는 책이 생각난다. 나는 이 책을 세 권이나 샀다. 아들과 딸에게 각각 주고 싶었기 때문이다. 그러나 아이들은 아직 받아들일 준비가 되어 있지 않았다. 내가 좋다고 생각하는 것이 자식에게도 좋은 것만은 아니라는 것을 깨달았다. 내가 살아온 인생과 아이들이 살아온 인생이 다른데 내가 좋으면 그들도 좋은 줄 알았다.

나는《그릿(GRIT)》을 통해 많은 공감과 위로를 받았다. 왜 위로를 받았냐면 내가 '그릿'을 갖고 살아왔기 때문이다.《그릿(GRIT)》에는 이런 문장이 나온다.

"요컨대 분야에 상관없이 대단히 성공한 사람들은 굳건한 결의를 보였고 이는 두 가지 특성으로 나타났다. 첫째, 그들은 대단히 회복력이 강하고 근면했다. 둘째, 자신이 원하는 바가 무엇인지 매우 깊이 이해하고 있었다. 그들은 결단력이 있을 뿐 아니라 나아갈 방향도 알고 있었다. 성공한 사람들이 가진 특별한 점은 열정과 결합한 끈기였다. 한마디로 그들에게는 그릿(GRIT)이 있었다(Grit은 사전적으로 투지, 끈기, 불굴의 의지를 모두 아우르는 개념이다)."

'그릿(Grit)'. 얼마나 멋진 말인가? '끝까지 해내는 힘'. 작심삼일도 계속하면 한 달을 만든다. 내 다이어리에 가장 많이 쓰여 있는 말은 '다시 시작'이다. 계획을 세우고 안 지켜지면 그 날짜로 또다시 계획을 세우고 시작하면 된다. 그래서 '다시 시작'하는 날이 참 많다. 그렇게 해서 작년에 박사 논문을 완성했다. 다시 시작하는 힘으로 12년 동안 미루어 놓았던 묵은 숙제를 푼 것이다.나를 부로 이끌어 줄 퍼스널 브랜딩을 할 때까지 '다시 시작'하려고 한다. '다시 시작'으로 리셋해서 매일매일 준비하려고 한다. 그러면 퍼스널 브랜딩이 완성되어 TV와 라디오, 〈세바시〉 등에 출연하고 있지 않을까? 상상만 해도 행복하다.

꾸준함이 생명이라고 생각한다. 매일매일 하는 것이 가장 강력한 무기가 된다. 매일 블로그에 재미있고 가치 있는 글을 올리는 것은 생각보다 쉽지 않다. 김민식 PD는 《매일 아침 써봤니?》라는 책을 쓴 작가다. 7년 동안 매일 아침 블로그에 글을 꾸준히 올렸다고 한다. 《매일 아침 써봤니?》에는 이런 문장이 나온다.

"직장인에게 책 한 권을 쓰라고 권하는 자기계발서가 많아요. 다음과 같은 세 가지 이유에서인데요. 첫째, 책을 쓰려면 그 분야에 관한 책을 읽고 공부를 하게 됩니다. 둘째, 글을 쓰면서 생각이 정리되어 그 분야의 전문가가 돼요. 그리고 셋째, 출판된 책을 통해 자신을 홍보할 수 있어요. 단계별로 자신을 성장시키는 좋은 방법이지요? 블로그 글쓰기 역시 같은 효과가 있어요. 일단 평소에도 책을 꾸준히 읽게 돼요. 글쓰기는 책 읽기부터 시작하니까요. 글을 쓰면서 관심 주제에 대해 자신만의 생각을 정리하는 훈련을 하게 됩니다. 그리고 당연히 자신을 알리게 되죠."

블로그와 인스타그램으로 퍼스널 브랜딩에 성공해 TV와 라디오에 출연하게 되면 내가 정말 자랑스러울 것 같다. 그리고 TV나 라디오에 내가 진행하는 프로그램이 있다면 정말 미칠 듯이 행복할 것 같다. 대중을 향해 내 목소리를 들려준다는 것은 두려움과 설렘 그리고 희열을 안겨 줄 것이다.

내 목소리로 나의 경험을 생생하게 전달하면 누군가에게 내가 꿈이 될 수도 있을 것이다. 그것은 내가 지금까지 살아온 삶에 의미와 보람을 안겨 줄 것 같다. 저 사람도 했으니까 나도 할 수 있을 거야. 그런 자신감과 동기를 유발시켜 줄 수 있기 때문이다. 인간은 모방을 통해 배우고 창의성을 획득해 나간다고 한다. 그 기회를 내가 만들어 주고 싶다.

50플러스 인생을 사는 사람들에게 희망을 주고 싶다. 멋지고 의미 있게 살아가는 방법을 공유하고 싶다. 교양, 외국어, 취미, 스포츠, 자기계발 등의 다양한 프로그램을 통해 자신의 길을 발견하게 하고 그 길을 따라 성장하는 데 도움을 주고 싶다.

내가 추구하는 퍼스널 브랜딩의 목표다. 하나씩 행동하면서 끝까지 포기하지 않는다면, 이룰 수 있을 것이다. 지금부터 'Just Do it!'이다.

•

내가 쓴 글이 교과서에 등재되고 공기업, 사기업에서 칼럼 및 특강 하기

교과서는 모든 책 중에서 으뜸과 기본이 되는 책이라고 생각한다. 왜냐하면 초·중·고등학교에서 쓰는 교재이며 국가기관에서 검증하고 인정하는 책이기 때문이다. 그래서 검정 도서, 인정 도서라는 말을 쓴다.

책과 글은 인격적으로 아직 완성되지 않은 아이들에게 큰 영향을 미친다. 그런 만큼 교과서에 실리는 글은 정선의 과정을 거친다. 인격 형성에 도움이 되는 글인지 교육적으로 가치가 있는 글인지를 신중하게 판단하게 된다.

작가는 자신의 글이 교과서에 실리면 자신의 삶 자체가 명품으로 인정받는 기분을 느낄 수 있다. 만약 내 글이 교과서에 등재된다면 작가로서는 최고의 명예다. 그리고 교직에 평생 몸담은 나로서는 무엇보다 큰 영광이리라.자라나는 아이들은 다양한 형태로 빚을 수 있는 찰흙과 같다. 어떤 물리적 환경에 놓여 있고 누구를 만나느냐에 따라 빚어지는 모양이 달라지기 때문이다. 미래의 인생이라는 작품이 달라지는 것이다.

내가 책에 관심을 두게 된 것은 중학교 선생님이 하신 말씀 덕분이다. 그 선생님은 머리맡에 항상 책을 둔다고 하셨다. 매일 자기 전에 책을 읽는다는 것이다. 그 습관이 참 좋아 보였다. 나도 그렇게 해야지 생각했다. 그 말씀이 평생 나를 따라다녔다. 그리고 지금의 나를 있게 한 힘이 되었다.

칼럼을 쓰고 강연을 한다는 것은 자신만의 고유한 콘텐츠를 가지고 있다는 것이다. 그리고 지금 이 시대에 그 콘텐츠가 유용하고 필요하다는 말이다. 나는 사람들에게 의미 있는 메시지를 전달하는 것이 참 좋다. 그런데다 감동을 준다면 더욱 가치 있는 일이라고 생각한다. 왜냐하면 그 과정에서 나는 성장할뿐더러 사람들과 관계를 맺어 나가게 되기 때문이다.

박용후 작가가 쓴 《관점을 디자인하다》라는 책이 있다. 나에게 'One of them'이 아니라 'Only one'이 되어야 한다는 메시지를 강렬하게 전해 주었던 책이다. 내가 가지고 있던 기존의 사고의 틀을 바꾸어 주었다. 열심히 줄을 긋고 메모하면서 읽었던 책 중의 하나다.

그런 박용후 작가를 2년 전 강연장에서 보았다. 부산교육연수원이라는, 교사들의 연수 목적으로 설립된 곳에서였다. 여기에 〈목요아카데미〉라는, 꽤 인기가 있는 프로그램이 있다. 명강사를 초청해 문학과 철학, 교양 등을 강연한다.

시간은 오후 7시부터 9시까지다. 밤늦은 시간인데도 강연장은 항상 꽉 찬다. 좋은 강의를 듣고 온 날은 온종일 쌓였던 피곤이 씻은 듯이 사라진다. 다른 사람들도 그래서 오는 것일 것이다.

좋은 강의를 들으면 몸과 마음이 고양된다. 그리고 한 사람의 인생과 경험이 담겨 있는 책을 읽은 후 그 저자를 만나면 내용이 더욱 깊게 와 닿는다. 박용후 작가의 강연도 그랬다. 박용후 작가처럼 울림과 감동을 주는 책을 쓰고 싶은 이유다. 그리고 내 인생과 내 책을 가지고 강연하고 싶다. 독자와 만나면서 나도 성장하고 싶다. 《관점을 디자인하다》에는 나에게 '좋은 질문'에 대한 울림을 준 다음과 같은 내용이 있다.

"좋은 질문은 사람을 생각하고 행동하게 한다. 따라서 다른 사람은 물론 나 자신의 의식과 행동을 움직이기 위해 끊임없이 질문해야 한다. 이때 명심해야 할 것은 '올바른 질문'이 제대로 된 답을 얻도록 만든다는 사실이다. 그러면 어떤 질문이 올바른 질문일까? 어떻게 하면 올바른 질문을 할 수 있을까? 대부분의 사람은 '답'에 집중한다.

질문에 대한 답이 올바른지 살피고 그 답이 틀렸다고 생각하면 자신만의 척도로 대답한 사람을 재단하고 평가하려 든다. 그 대표적인 사례가 바로 '나는 네 생각과 틀려!'라는 표현이다. 많은 사람이 '다르다'라는 말을 '틀리다'라고 표현한다. 이것 때문에 우리 대화에 언쟁이 많이 발생

한다고 생각한다."

전문가로서의 길을 꾸준히 가야 전문가로 대접을 받는다. 그러면서 자신을 매일 업그레이드시켜 나가야 퍼스널 브랜드를 완성해 나갈 수 있다고 생각한다. 책 속에는 한 사람의 진실한 삶이 담겨 있고 그와 연결된 자연과 우주가 있다. 나와 자연과 우주가 하나가 되는 책을 쓰려면 내 분야의 전설이 되어야 한다고 생각한다.

이화여대 최재천 교수가 그 대표적인 인물이다. 그는 자신의 분야에서 독보적인 전설이다. 생태학자인 그는 우리나라에 처음으로 '통섭'이라는 개념을 들여오기도 했다. 그의 저서 《과학자의 서재》에는 다음과 같은 내용이 나온다.

"그래 나는 아무것도 아니야. 지금 없어져도 세상에 아무런 변화를 일으킬 수 없는 존재다. 그렇지만 그렇다고 해서 굳이 없어질 필요는 없다. 내가 존재하는 이유는 따로 있다. 이 세상에 태어났으니 나의 모든 상황에 온 힘을 다하고, 즐기며 사는 것이다.

내게 주어진 것보다 더 많은 무엇을 해 보겠다고 욕심 부리며 아등바등 살 필요는 없다. 내가 할 수 있고 해야 할 일들은 어떻게 보면 내 유전자가 나한테 허락한 범주 내에서의 일들이다.

그러므로 할 수 있다는 자신감을 느끼고 최선을 다하면 내가 하고자 하는 일을 모두 할 수 있다고 믿는다."

나도 내 유전자가 허락한 범주 내에서 내가 할 일을 찾아 최선의 나를 만들어 가고 싶다. 나는 교과서에 내 글이 등재되고 공기업과 사기업 등에서 칼럼과 특강을 하는 것이 그 길이라고 생각한다.

나의 전문적인 분야에서 글과 책을 꾸준히 쓰면 그 길이 열릴 것이다. 그리고 주제가 있는 기획 독서로 독창성을 개발해 나간다면 그 기회가 더욱 빨리 다가오리라 확신한다.

초·중·고 교과서에 최소한 한 편 이상의 내 글이 실리면 좋겠다. 그것은 30년간 교직생활을 한 나에게는 명예이며 최고의 선물이다. 그리고 내가 쓴 책과 강연, 칼럼 등을 통해 퍼스널 브랜딩을 한다면 내가 꿈꾸는 경제적 자유가 한층 빨리 나에게 다가올 것이다.

황금 거위가 황금알을 낳듯 나의 '부캐'가 나에게 황금 거위를 안겨줄 날을 꿈꾸어 본다. 그 꿈을 위해 오늘도 나는 달린다.

1년에 책 한 권 출간하고 해외에 저작권 수출하기

바야흐로 100세 시대다. 100세까지 1년에 책을 한 권씩 쓰고 싶다. 나는 우리나라 나이로 올해 쉰셋이다. 100세까지 산다면, 50권 정도까지 쓸 수 있을 것 같다. 책을 쓰고 싶은 이유는 나의 정체성과 관련 있다.

"무엇을 하면서 살고 싶으세요?"라고 누군가 묻는다면, 나는 이렇게 답할 것 같다. 책을 쓰면서 살고 싶다고. 왜냐하면 나에게는 특별히 내세울 만한 재능이 없기 때문이다. 노래를 잘 부르지도 못하고 춤도 잘 못 춘다. 그렇다고 손재주가 있어서 그림을 잘 그린다거나, 뚝딱 하고 물건을 잘 만드는 재주도 없다. 운동 신경이 뛰어나지도 않다. 무엇보다 딱히 무엇인가 열정적으로 배우고 싶다든가, 굉장히 하고 싶다든가 하는 것도 없다.

정말 무미건조하고 밋밋한 삶이다. 내가 생각해도 참 재미없다. 그냥 아주 보통의 평범함이라고 할까? 그래도 정말 건강하게 늙고는 싶다. 열심히 살아왔으니 멋 좀 부리면서 살고 싶다. 책 쓰는 삶은 좀 멋있어 보인다. 왠지 사색적이고 지적일 것 같은 생각이 든다.

그래서 1년에 책 한 권을 출간하는 작가가 되리라 결심했다. 인생 목표를 오십에 다시 세운 것이다.

그리고 내 책을 해외에 저작권료를 받고 수출하고 싶다. 한류의 붐이 책에도 일어나면 참 좋겠다. 드라마, K-POP에는 한류가 있다. 그런데 책에 한류가 있다는 소리는 아직 들어 본 적이 없다. 시나 소설, 수필과 같은 문학작품뿐만 아니라, 자기계발서와 실용서에서도 못 들어 봤다. 그런 만큼 내 책을 해외에 저작권료를 받고 수출하면 참 좋을 것 같다. 책이나 대신 다른 나라에서 일하는 셈이니까.

서점에 가면 미국, 프랑스, 일본 등에서 들여온 번역서들이 참 많다. 국적도 다양하다. 그런데 외국의 서점에서 우리나라 책을 발견하기란 쉽지 않다.

스포츠계를 비롯한 음악계, 가요계 등에서는 세계적인 수준의 인재들이 눈부시게 활약하고 있다. 박세리, 추신수, 손흥민, 김연아 등 스포츠계의 스타들로부터 가요계의 BTS, 음악계의 조성진 등 헤아릴 수 없이 많은 사람이 우리나라를 빛내고 있다.

이제 모든 면에서 세계적 수준이다. 용모에서도 실력에서도 영어에서도 어디에 내놓아도 밀리지 않는다. 이런 인재들이 점점 많아지고 있다. 그래서 대한의 자식들이 참 자랑스럽다.

그런데 출판계는 아직 아닌 것 같다. 조금씩 분위기가 바뀌고 있지만,

K-POP과 스포츠계와 비교하면 시작 수준이 아닐까?

한강의 《채식주의자》는 맨부커 인터내셔널상을 수상한 후, 중동 아랍어권에까지 수출되었다고 한다. 지금까지 27개 나라에 수출되었다. 참 대단하다. 가장 한국적인 것이 가장 세계적이라는 말이 실감난다.

출판계도 세계무대로 조금씩 진입하고 있다. 한국의 작가들이 세계 무대에서 점점 인정받고 있다. 이는 우리나라가 선진국 반열에 들어서면서 한글 인프라가 늘어난 덕이 아닐까. 문화도 경제와 밀접한 관계가 있는 것 같다. 이제 한글 책 전문 번역가도 나오고 있다. 정말 반가운 소식이다. 나도 그 대열에 합류하고 싶다. 내 책이 한류의 흐름을 타면서 해외에 저작권료를 받고 수출되는 장면을 상상하는 것만으로도 행복하다.

《나는 나로 살기로 했다》라는 책으로 일약 스타가 된 30대 초반의 작가가 있다. 그는 2020년 5월에 신작 《애쓰지 않고 편안하게》라는 책을 출간했다. 이 책이 일본에 2억 3,000만 원 선인세를 받고 수출되었다고 한다. 정말 기쁜 소식이다.

그는 책을 통해 세계 청년들을 위로하고 응원한다. 20대에 대기업 입사에 실패하고 작가가 되었다고 한다. 인생역전이다. 그의 이 인생 스토리만으로도 청년들은 그에게서 희망을 본다. 실패가 새로운 기회라는 것을. 그리고 한쪽 문이 닫히면 또 다른 쪽 문이 열린다는 것을.

'리추얼(ritual)'이라는 말이 있다. 규칙적으로 행하는 의식이라고 번역할 수 있다. '성스러운 관습'이라는 라틴어에서 유래했다고 한다. 리추얼은 반복되는 행동에 의미를 부여하는 것이다. 성공한 사람 중에는 리추얼을 가지고 있는 경우가 많다고 한다.

《노르웨이의 숲》,《1Q84》로 유명한 일본 작가 무라카미 하루키의 리추얼은 '달리기'다. 그의 저서《달리기를 말할 때 내가 하고 싶은 말》에는 다음과 같은 말이 나온다.

"그러나 무슨 일이 있어도 달리는 것을 그만둘 수 없다. 매일 달린다는 것은 나의 생명선과 같은 것이므로, 바쁘다는 핑계로 건너뛰거나 그만둘 수 없다. 바쁘다는 이유만으로 연습을 중지한다면 평생 달릴 수 없을 것이다."

책과 달리기는 연관성이 전혀 없는 것 같다. 그러나 그에게는 달리기가 책 쓰기로 들어가는 통로다. '달리기가 일상 습관에서 벗어나 종교적인 의식처럼 된 것이다. 나도 이런 리추얼이 있으면 1년마다 책 한 권을 쓸 수 있을 것 같았다. 그래서 나도 2년 전부터 시작한 수영을 리추얼로 삼기로 했다.

철학자 김형석 교수는 나이 아흔쯤에《100년을 살아보니》라는 책을 썼다. 제목에 들어가는 100년이라는 용어가 임팩트가 있었다. '100년을 사신 분이 쓰신 책인가?' 하는 호기심을 불러일으켰다.《100년을 살아보니》에는 다음과 같은 말이 나온다.

"사람은 성장하는 동안은 늙지 않는다. 백 년을 살아보니 인생의 황금기는 60세에서 75세다. 늙어서도 행복하게 살 권리가 있고 후배와 후손들의 존경을 받아야 할 의무도 있다. 늙는 것은 누구의 잘못도 아니지만, 노년일수록 존경스러운 모범을 보여야 한다."

너무 멋있는 말이다. 그의 말에 따르면 나에게는 아직 황금기가 오지 않았다. 지금부터 황금기를 준비하면 된다는 것이다. 그래서 나는 예순을 목표로 삼게 되었다. 나의 예순은 경제적 자유의 기념비적인 해, 황금기가 시작되는 해다. 김형석 교수처럼 삶에 대한 희망적인 메시지를 줄 수 있는 작가가 되고 싶다.

나는 오십을 지나 예순을 바라보는 나이다. 그런 나에게 그의 말씀 한마디 한마디가 주옥같다. 인생의 지침서 같다. 노년의 삶을 어떻게 준비하고 맞이해야 하는가를 그의 글과 강연은 보여 준다.

사람은 '삶과 앎'이 그리고 '말과 글'이 일치해야 한다고 한다. 김형석 교수님 같은 분은 이것을 실천하고 계신 분이다. 본받고 싶다. 100세쯤에 내 인생을 돌아보았을 때, '삶과 앎' 그리고 '말과 글'이 일치하는 사람이 되고 싶다.

나에게 책 쓰기는 마음공부이며 인생공부다. 그리고 '책 쓰기'는 '인생 쓰기'이기도 하다. 그래서 나는 오늘도 인생을 쓰고 마음을 쓴다.

인간 본연의 감정으로 회복시키는 감정 베스트셀러 작가 되기

· 최경선 ·

최경선

자기계발 작가, 동기부여가, 강연가

10년간 대기업 임직원 5,000명의 식사를 책임졌던 베테랑 조리 전문가이다. 이후 23년간 외식산업 전문경영자로 일했다. 호텔조리 및 외식경영학부를 졸업하고 경영대학원을 수료했다. 인생 후반을 맞이한 지금 1인 창업에 도전한다. 그동안 성공과 실패 경험을 바탕으로 작가이자 동기부여가를 꿈꾸며 블로그와 인스타그램을 운영 중이며, 유튜브와 카페를 개설할 준비 또한 하고 있다. 현재 인간에게 중요한 '감정'을 주제로 개인저서를 집필 중이다.

교보문고 감정 분야 베스트셀러 작가 되기

"인생이 얼마 남지 않았을 때, 사람은 가장 자유로워진다."

영화 〈버킷리스트〉에 나오는 대사다. 나는 몇 년 전 이 영화를 보면서 그 영화 속에 나를 대입시켰다. 그러곤 그 감동으로 주인공이 되어 한동안 아주 행복한 자유를 누렸다. 어린 시절 유난히 감성적이었던 나에게 시골 앞마당은 나의 노트였다. 집 앞에 펼쳐져 있던 산과 들을 생각하면 동화책 아닌 것이 없는 추억이다.

새내기 소녀시절 국어 선생님이 '눈떠서 보이지 않는 님! 눈 감아 보인다면 차라리 소경이 되리라'라는 글을 칠판에 쓰셨다. 그 당시 교과서에도 없는 선생님의 칠판 글씨에 어린 가슴이 얼마나 콩닥거렸는지 모른다. 지나온 삶의 언저리에는 늘 꿈꾸던 어린 시절이 있다. 하고 싶었던 글쓰기와 그림 그리기는 아름다운 추억으로 남겨졌다.

자녀들도 성장하고 제각기 출가해 손녀 손자 각각 2명씩을 봤다. 그 아이들의 재롱도 좋지만, 인생 후반의 삶을 어떻게 보낼 것인가 3년 동안 골똘히 생각했다. 1인 창업을 해야만 하는 내 인생의 재설정에 돌입하던 중, 꿈에도 그리던 작가의 길로 들어섰다.

다니던 직장을 그만두고 유능한 지인과 사업가로 변신한 시점은, IMF로 국내 상황이 힘들 때였다. '너의 가슴이 뜨거우냐? 나도 뜨겁다'라며 멤버 7명으로 시작한 창업이었다. 그 당시는 포장마차 권리금도 5,000만 원이었는데, 우리의 창업 자금은 3,700만 원이었다.

그렇게 10년의 시간이 흘렀다. 회사는 1,500배의 성장과 사세 확장을 이루며 수익을 재투자했고, 400명이 넘는 정규직에게 승진 기회를 아낌없이 주어 모두 파이팅이 넘쳤다. 매월 지급해야 하는 고정비 외에 각종 비용, 세금, 복지는 늘 우리의 가슴을 설레게 했다.

그러던 중 한국의 노동법에 따라 직원 300명 이상 사업장에 속한 규제가 시작되었다. 가족 같았던 직원들의 마음에 우리 식구 우리 동료보다 나의 이익 나의 권리라는 감정이 들어섰다. 그 앞에 10년 동안 쌓았던 동반자 관계는 모래성이 되어 버렸다. 이성을 잃은 감정은 그 어떤 핵폭탄보다 강한 위력으로 직원들을 휘젓기 시작했다. 초창기 멤버 역시 아무리 정신교육을 해도 부정적인 소수에 의해 무너져 버렸다. 그런 상황들 속에서 가슴 아프게 대표직을 내려놓아야만 했다.

그렇게 10년이란 시간 속에 쌓아 올렸던 한 개인의 삶과 회사를 파괴시키는 시작과 결과들을 대표직이란 타이틀을 통해 바라보아야만 했었다. 회복할 수 없는 상처로 인한 우울증, 대인 기피증으로 뜬눈으로 지새우던 날들이 많았다.

만약 그들이 내 책을 보게 된다면 어떤 생각이 들까? 아마 깜짝 놀랄 것이다. 이제는 끝났다고, 폐인이 되었을 거라고, 이름도 없이 빛도 없이 사라졌을 거라고 까맣게 잊었을까? 그러면서 그들은 하나의 추억이라고 치부해 버릴까?

노동자의 현대어인 사노비의 시절도 이제는 변화되어 간다. 오늘의 대기업 노동은 전체 공정의 특별한 위치 외에 AI 인공지능으로 대체되고 있다. 4차 산업혁명이라는 거대한 변화가 시작되었기 때문이다. 그뿐인가. 코비드19는 2020년에 살고 있는 우리에게 2025년쯤 시작되어야 할 사회적 시스템을 요구하며 우리를 급격히 변화시키고 있다.

이제는 함께 모여 사람들 힘으로 회사를 좌지우지하던 시절은 끝났다. 모든 경제적 변화, '눈에서 멀어지면 마음에서도 멀어진다'는 인간 관계적 변화, 환경의 변화, 기후의 변화가 닥치고 있다. 우리는 이제 그 변화의 페달을 혼자서 밟고 밟아야 하는 1인 창업 시대에 살아야 한다.

과학이 발달할수록 목마른 감성의 시대가 닥치는 것을 감정이 어떻게 받아들여야 할 것인가 생각해 본다. 내가 좋아하고 잘하며 남보다 다른 장점을 수익으로 창출하는 1인 창업의 시대가 그것 아닐까. 이렇게 디지털 시대에서 AI 시대로의 변화가 사회적 환경과 인식의 변화는 가져다줄 것이다. 하지만 인간이 지닌 순수한 감정을 디지털화하지는 못할 것이다.

내가 아는 40대 중반의, 어린 두 자녀를 둔 가장이 있다. 그는 직장인으로서 주5일은 회사에서 근무한다. 그리고 주말 2일은 일용직으로 수년째 주7일을 일하고 있다. 그는 명절 연휴에도 일한다. 그렇게 알뜰히 생활해 연초에 서울의 방 3개짜리 단독 집 한 개 층을 구입했다. 그는 얼마나 감사해했는지 모른다. 몇 년 동안 쉬지 않고 열심히 벌어 꿈과 희망을 기쁨으로 만들어 낸 그 과정들이 어찌 쉽기만 했을까.

현대인들은 불확실한 미래와 직장, 사업, 의도치 않았던 오늘의 현실에 적응하느라 많은 고민 속에 있다. 공황장애, 우울증… 현대인의 정신질환이 우리와 멀리 있지 않다고, 정신건강의학과에서 발표했다. 지난 10년간 임상 환자 증가율 1위 기록이란다. (출처: 〈헬스컨슈머〉)

누구도 행복하지 않은 한국사회…. 병들어 가는 현대인의 정신건강. 자신의 삶이 불행하다고 느끼는 사람들이 점점 더 많아지고 있다.

정신건강 자가평가 평균 68.1점에 그쳐…. 3명 중 2명, 다양한 정신적 고통·증상 겪고 있어 / 정신건강 병들게 하는 원인으로 '지나친 경쟁', '경제적 어려움' 등 사회구조적 문제 주로 꼽아 / 69.9% "주변에 정신적 문제 있는 사람들 많아져"… 65% "정신질환 앓는 것 부끄러운 일 아냐" / 여전히 선입견 강한 한국사회… 77% "우리 사회는 심리적 고통을 겪는 사람들을 차별하는 경향이 있다." / 82.4% "정신질환은 개인적인 문제이기보다 사회적으로 함께 고민해야 할 문제" 〈세계일보〉 보도.

대다수 현대인들은 자신이 행복보다는 불행에 더 가깝다고 생각한다고 한다. 이는 개인의 성향이나 기질적인 문제 때문일 수도 있을 것이다. 하지만 치열한 경쟁과 사회 불평등, 불공정한 시스템 등 사회 구조적인 문제에서 보다 근본적인 원인을 찾을 수 있을 것이다.

많은 사람들이 일상생활에서 과로와 스트레스에 시달리고, 불안과 분노를 가슴에 쌓아 두고 있다. 이러한 감정들이 우울증과 무기력증, 공황장애, 분노조절 장애와 같은 다양한 유형의 정신적 질환으로 이어지는 사례가 늘어나고 있는 상황이다. 자신이 결코 행복하지 않다는 생각은 개인의 정신건강도 병들게 하고 있다.

모든 병은 마음에서 시작됨을 우리는 알고 있다. 그런 만큼 비논리적인 감정을 관리하는 기술이 필요하다. 나는 옛날과 같은 시대는 돌아오지 않을 것을 안다. 아인슈타인은 이렇게 말했다. "어제와 똑같이 살면서 다른 내일을 기대하는 것은 정신병 초기 증상이다."

우리는 변화에 적응해 어제처럼 살 것인가, 그 변화를 주도하는 삶을 살 것인가. 많은 시간 동안 인간에게는 동물과 같은 비인간 생물 종류들과 구별해 주는 '지성' 혹은 '이성'이 존재했다. 그러나 빠르게 다가오는 변화 속의 기계의 인지적인 능력에서 사람들은 이제 본능적인 감정으로 눈을 돌린다. 나는 이제 이 변화를 아름답게 인간 본연의 감정으로 회복시키는 감정 베스트셀러 작가가 될 것이다. 기계화되는 삶, 물질 만능주의의 사회적 환경 속에서 가정과 가족, 아프고 슬픈 상처, 기쁨들 하나하나를 쓰다듬고 심금을 울리는 휴머니스트 작가가 될 것이다.

지나온 시간 속 쓰라렸던 경험도 내 인생의 아픔도 사랑하며 안으리라. 기억해 내지 못하는 어릴 적 상처도 살아온 인생의 상처도 사랑하리라.

나는 작가가 되는 인생의 대전환점을 돌았다. 그동안 나를 우울하고 어둡게 했던 모든 생각과 주변을 정리한다. 나의 잠재의식을 더욱 풍성히 채울 것이다. 의식 속에서 바라보며 냄새 맡고 어루만진다. 그렇게 나의 버킷리스트가 이루어지는 상상을 한다. 나의 책이 4,000만 권의 책을 소장하고 있는 교보문고의 감성 베스트셀러 앞자리에 꽂힘에 감사하는 상상을 한다.

생텍쥐페리의 《어린 왕자》에는 '사막이 아름다운 것은 어딘가에 샘을 숨기고 있기 때문'이라고 나온다. 그런 것처럼 슬픔과 고통, 좌절 속의 인생에 꿈과 희망이 없다면 샘이 없는 사막이나 다를 바 없다.

우리는 자신의 마음을 이해하려는 노력을 포기해서는 안 된다. 내 마음 나도 잘 모르겠다며 포기하지 말고 감정을 이해하고 조절해 보라. 내 마음이 들려주는 진실의 메시지에 가슴과 귀를 열어 보자. 그러면 반드시 삶이 자유로워지며 살맛나는 세상을 만날 것이다. 지금 당장 마음의 문을 열고 가슴의 소리에 귀 기울여 보라.

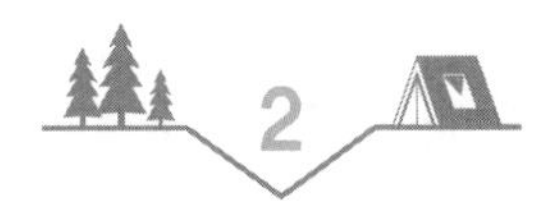

100세까지 가족들과 함께 육체적·정신적으로 건강하게 살기

"엄마!"

"나 왔어요."

멀뚱히 의아하게 쳐다보는 엄마를 보고 나는 오늘도 가슴이 꽉 막힌다.

"엄마 둘째 딸 경선이야, 엄마!"

암만 말해도 몰라보는 엄마에게 안타까운 마음으로, 좋아하셨던 찬송가를 틀어 드리면 해맑은 표정으로 웃으며 따라 부르신다.

나는 "엄마! 딸은 잊어버려도 하나님은 잊지 마세요." 하며 뜨겁게 올라오는 울음을 삼킨다.

건강하고 행복하게 오래 살고 싶지 않은 사람이 있겠는가. 이는 모든 이들의 소망이라 생각한다. 불과 몇 십 년 전까지만 해도 인류의 평균수명은 지금 보다 현저히 낮았다. 요즘은 100세를 넘어 125세까지 사는 세상이라고 뉴스에 소개된다. 큰 질병이나 사고가 없으면 현대의학 발달과 충분한 영양 섭취, 질병 예방 환경 조성으로 100세까지 건강하게 사는 것은 남의 일이 아니다.

슬하에 7남매를 둔 아흔다섯의 친정어머님은 몇 년 전부터 요양원에 계신다. 어머니는 평생 정정하고 건강했다. 80대 중반에 간 경로당 단체 지리산 야유회에서 혼자만 정상을 등정해 주변의 부러움과 시샘을 받기도 했다.

그러다 목과 허리에 심한 골절을 당했다. 이후부터 온종일 시청하던 크리스천 TV도, 성경 읽기도 멈추고 혼미해 가는 정신으로 음식을 탐하기 시작했다. 친정어머님은 뼈를 다치는 과정에서 정신적 충격을 심하게 받은 듯하다. 쉽게 말해 정신 줄을 놓은 듯했다.

사람은 저마다 나이가 들면 정신적 육체적으로 많은 제약을 받게 된다. 저마다 건강하려고 매스컴을 통해 건강 지식을 습득한다. 주변 사람들의 장수 경험과 생활을 보고 닮으려 노력한다.

요즘 70대는 청년이라고 불린다. 옛날이면 어땠을까? 나 역시 나이는 피해 갈 수 없다. 활동적이던 지난 삶을 내려놓음과 동시에 재정비가 필요하다고 느낀다. 포기하는 것과 내려놓음의 사전적 의미는 다르다. 더 이상 내 힘으로 안 된다고 포기하는 것이 아닌, 특별한 하나님의 뜻임을 이해하고, 정지해야 할 것은 내려놓아야 한다. 남은 삶을 잘 살겠다는 생각, 잃지 말아야 할 용기, 관계성 적응과 실천, 그런 것들을 챙기며 감사히 사는 것이다.

다가오는 미래의 내 삶의 흔적은 작가의 길에서 찾아볼 수 있을 것이다. 100세까지 살면서 건강한 작가로서 삶의 메시지를 팔고 싶다. 평범하게 살아오지 않았던 지난 세월이다. 온 몸에 녹아 있는 경험이 누군가에게는 목마른 사슴의 꿀맛 같은 샘물이 될 것이다. 그래서 아픈 상처가 회복되어 새로운 힘과 희망을 가질 수 있다면 가치 있는 100세의 삶이지 않을까?

8년 전, 나의 영업장에서 '100세 장수만세 경로잔치' 무료 이벤트를 했다. 그 당시 인구 87만 시청 복지과 도움으로 리스트를 받았다. 관내에 100세 이상 어르신이 36명이 계셨다. 못 오시는 분 외 자녀와 동반한 여섯 분을 모시고 잔치를 벌였다. 가족사진을 찍고 전통춤과 흥겨운 민요를 창했다. 그중 최장수 어르신인 106세의 할머님은 같이 손뼉 치고 웃으시며 가실 때까지 웃음을 잃지 않았다. 틈틈이 감사하다는 말씀도 하셨다. 얼굴에서 웃음이 떠나지 않았다. 장수하는 분의 특징인 밝고 긍정적인 표정을 보며 모든 분들이 '역시' 하며 고개를 끄덕이셨다.

몇 년 전 나 역시 건강이 몹시 나빠져 많은 고통을 받았다. 치료 과정을 거치며 오랫동안 고생한 경험이 있다. 그 당시 찍은 사진을 보면 여지없이 얼굴에서 아픈 티가 나는 것을 볼 수 있다. 마음의 평안과 평화가 없어지면 몸이 여지없이 반응을 보인다는 것을 알았다.

"마음의 즐거움은 양약이라도 심령의 근심은 뼈를 마르게 하느니라."
(잠언 17:22)

무엇보다 건강한 정신을 유지하기 위해 부단히 노력해야 할 것이다. 그러나 세상살이가 내 마음대로 되던가? 그 당시 나는, 사업의 위기로 심한 스트레스와 해결 방안 고심에 즐거움과 담을 쌓고 있었다. 근심으로 인해 자존감은 절제 못할 정도로 추락했다. 그 결과 수년 동안 건강을 회복하기 위해 노력해야만 했다.

100세까지 건강하게 살려면 어떤 노력을 기울여야 할까. 장수하는 사람이 많아지고 있는 현대지만 건강한 노인은 많지 않다. 오래 사는 것도 좋지만 건강하게 사는 것이 더 중요하지 않을까. "한국인 8년 이상 질병에 시달리다가 사망한다." 〈헬스 조선〉의 보도 자료다. 100세는 하늘에서 내린 수명, 즉 '천수'라 한다. 그러나 20년을 요양병원에서 누워서 지낸다면, 건강하게 살다가 20년 앞서간 사람보다 더 나을 게 없지 않은가?

앞서 106세 할머니는 그 아들 또한 80대 중반 노인이었다. 노인이 노인을 모시고 오신 것이다. 나는 어떤 분인지 무엇을 드시는지 궁금해 여쭤 보았다. 육류는 잘 안 드시고 소식하신다고 했다. 할머니 방은 늘 본인이 청소하며 다른 사람에게 맡기지 않는다고 했다. 여기저기 움직이며 걷기도 한다고 하셨다. 무엇보다 항상 웃으신다고 했다. 가족이나 주변을 대하는 심성이 그렇게 따뜻할 수가 없다고 했다. 그 당시 할머니의 웃음 보따리가 무엇일까 궁금했지만, 할머니 아들도 80대 중반 노인인지라 더 이상 물어보지 못했다.

재확산된 코비드19로 사회적 거리두기가 격상되어 그나마 가끔씩 보던 재롱둥이들을 볼 수 없게 되었다. 코로나 바이러스로 인해 집에만 있던 아이들 극성에 못 이겨 큰아들네가 조심스레 다니러 왔다. 두 재롱둥이는 할미 뺨에 이쪽저쪽 뽀뽀하고 난리다.

가족이란 어려운 시기에 가장 먼저 생각나는 존재다. 속담에 "긴 병에 효자 없다."라고 했다. 가족 공동체의 친밀한 사랑 나눔에도 건강이 우선된다. 몸이 불편하면 먼저 가족에게 불편을 끼치게 된다. 이웃은 물론 신앙공동체, 사회공동체에 영향을 미친다. 처음 얼마간은 안타까워하고 걱정하며 위로한다. 그러나 그 마음을 긴 시간 지속하기는 힘들다.

나 역시 친정어머니 면회를 사회적 거리두기로 못 뵌 지 몇 개월이다. 처음엔 안타깝고 힘들었지만 몇 개월 지나는 동안 합리화를 통해 그 마음이 희석되고 있음을 느낀다. 건강하셨다면 이렇게 이별 아닌 이별을 맞고 있지는 않을 텐데.

100세까지 건강하게 살려면 어떻게 해야 할까? 먼저 실천하기 쉬운 것부터 하자. 먼저 나에게 충실하며 올바른 평안함을 유지한다. 소소한 움직임을 미루지 않고 적극적 긍정적 삶의 태도를 갖는다. 얼마 전 걷기를 하려고 30년 경력의 운전을 그만두었다. 하루 만 보 걷기를 하다 보면 가까운 거리를 둘러보는 즐거움이 아주 많다. 작가로서의 꿈과 희망, 새로운 세상을 바라보는 눈, 주어진 꿈과 삶에 감사하면서.

"나, 지금 인생 최고의 정점에 다다랐어요."라고 지인에게 말했다. 그랬더니 지인은 의아해했다. 내 꿈의 비밀을 알지 못하니 당연하다.

왜 나이에 미래에 굴복하려고 하는가? 진정한 시간의 가치는 지금부터라고 말한다. 나를 애정하라, 하고 싶은 것에 그냥 도전하라고 말한다. 새로운 세상이 "웰컴!" 한다.

100세 건강한 삶에 모든 것 버리고 도전하라. 아니면, 집안 고양이, 강아지와 함께 춤춰 보라.

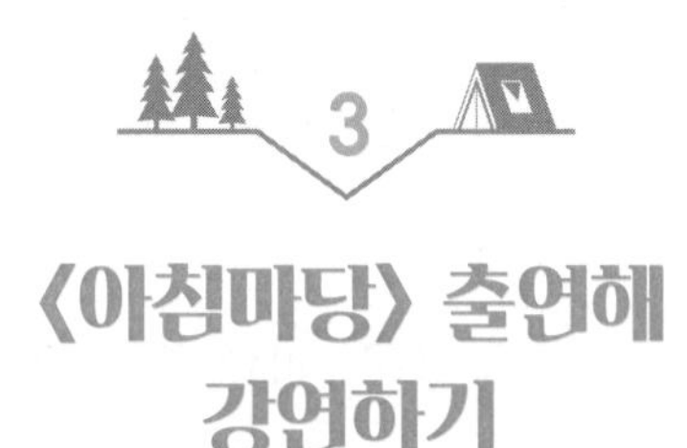

〈아침마당〉 출연해 강연하기

"생각하는 대로 살지 않으면 사는 대로 생각하게 된다."

프랑스 작가이자 비평가인 폴 부르제의 말이다. 참 멋지지 않은가.

KBS 장수 프로그램 〈아침마당〉에 출연해 강연하는 것은 나의 버킷리스트 중 하나다. 1991년에 시작해, 현재까지 일상에서 만나는 선한 이웃들의 다양한 이야기들을 들려준다. 요일별로 잘 구성해 감동과 재미, 가치와 의미를 준다.

요일별 다섯 코너 중 '화요 초대석'은 최근의 화제 인물, 추억의 인물을 초대한다. 그리고 그들의 인생사를 풀어놓게 해 시청자에게 인생의 의미를 생각하게 한다. '슬기로운 목요일'은 지식 만땅인 전문가 강연을 통해 시청자의 궁금증을 풀어 준다. 나는 이 2개의 코너에 작가로서 출연하는 게 꿈이다.

나는 인생 후반에 꿈과 희망을 이루려고 망설이지 않고 도전한 60대다. 70대를 앞둔, 요즘 말하는 청년 작가다. 나이와 글쓰기는 상관이 있을까? 나는 나이와 스펙을 개의치 않고 〈아침마당〉에 출연해 강연하려 한다. 그래서 자신의 생각대로 멋있게 사는 꿈의 전도사가 되려 한다.

"언니, 뭐 하세요?"

"으응, 이제 설거지해."

"아니, 지금 시간이 몇 시인데 이제 해요?"

"〈아침마당〉 보느라 그렇지."

옆 동네 친한 언니에게는 4명의 자녀가 있다. 자녀들이 학교에 다닐 때 도시락을 싸는 그 바쁜 와중에도 〈아침마당〉은 꼭 챙겨 봤다고 한다. 뭐가 좋으냐니까, 인생 사는 이야기, 건강 지식 등이 참 좋다고 했다. 자녀들 모두 독립하고 혼자 지내는 지금은 〈아침마당〉 시청으로 하루를 시작한다고 한다.

〈아침마당〉은 화제의 인물, 한 분야를 제패한 유명 전문가들, 평생 한 분야에 몸담아 온 사람들 이야기를 들려주는 프로다. 좌충우돌하며 살아온 그들의 인생이야기, 아주 특별한 사연을 가진 이들의 이야기로 따뜻한 위로와 힘을 건네는 인생 토크쇼다.

〈아침마당〉에 출연한 이들을 보면 대부분 꿈을 포기하지 않고 끝까지 이루어 낸 인물들이다. 나는 작가로서 우리의 사고방식이나 행동에 선한 영향력을 미치는 오피니언 리더가 되겠다는 희망을 갖는다.

한때 나는 독심술을 배워 보고 싶은 충동에 빠졌었다. 사업을 하며 직원 면접을 볼 때, 자신을 어필했던 이력서와는 판이하게 다른 경우를 많이 봤다. 겉으로 드러나는 개인의 특성과 이미지는 있을 것이다. 하지만 나는 표현되지 않는 상대의 생각이나 감정을 읽어 내는 데 호기심이 간다.

소통은 매우 중요하다. 〈아침마당〉도 비대면이다. 언택트(비대면) 사회에 적응하는 방법은 많을 것이다. 나는 〈아침마당〉 강연을 준비하는 것으로 시작할 것이다. 유튜브 방송과 공식 카페를 개설할 것이다. 〈최경선 작가의 행복TV〉와 〈최경선 작가의 행복카페〉에서 나의 이야기보다 상대방의 이야기에 집중할 것이다.

《긍정 심리학》 내용 중 '인디언 기우제'는 왜 매번 성공하는 것일까? 라는 물음이 있다. 그런데 그 대답이 의외로 간단하다. 비를 내려 달라는 '인디언들의 기우제'가 100% 성공하는 이유는 바로, 비가 내릴 때까지 기우제를 지내기 때문이다.

"인생에서 뜻을 세우는 데 있어 늦은 때라곤 없다."

스탠리 볼드윈의 말이다.

나는 열정적 도전 작가로서 사회 조직, 가정, 개인의 행복과 성공에 관한 꿈을 동기화하는 강연을 〈아침마당〉에서 하고 싶다. 내면의 존재를 의식화해 '꿈을 꾸라고', '꿈을 향해 도전하라'라고 할 것이다. 꿈에 도전하는 데 지렛대가 되는 작가로서 나를 내려놓고, 꿈을 꾸고 꿈꾼 대로 살라고 외칠 것이다. 우리의 삶은 유한하다. 때문에 오늘도 어제처럼 사는 것은 무의미한 일이다. 바버라 홀은 다음과 같은 말을 했다.

"당신이 인생의 주인공이기 때문이다. 그 사실을 잊지 마라. 지금까지 당신이 만들어 온 의식적 그리고 무의식적 선택으로 인해 지금의 당신이 있는 것이다."

나의 휴대전화에 수록된 전화번호는 거의 2,000개다. 어느 우울하던 날, 그 전화번호가 무의미하게 느껴졌다. 나는 내가 인생을 잘못 살았나, 심각하게 고민했다.

그러던 중 문득 전화하고픈 친구가 생각났다. 30년 지기 친구다. 1년에 한 번 정도 통화해도, 2년에 한 번 정도 얼굴을 봐도 스스럼없는 남자 동기 친구다. 그 친구는, 어쩌다 통화해도 어제 통화한 것 같은 마음이 든다. 몇 년 만에 보아도 크게 궁금해하지 않고 말도 많이 하지 않는다. 그러나 우리는 얼굴 표정만 보아도, 몸동작과 눈만 보아도 서로의 마음을 알 수 있다. 비언어적 소통이다.

포스트 코로나, 언택트 시대에는 새로운 소통의 기술이 필요하다. 좀 더 배려하며 상대방 감정을 정확히 파악하려는 노력과 훈련이 필요하다. 얼굴이 보이지 않는다고 함부로 말할 수 없다. 그러면 내가 한 말에 대한 반응을 볼 수가 없게 된다.

우리가 삶의 좌절과 어려움 속에서 알 수 있는 것은 행복하고 싶은 마음이다. 나는 그 행복을 위해 따뜻한 친구가 되고 싶다. 실현하고 싶은 희망이나 꿈의 지렛대가 되는 〈아침마당〉 강연가가 되고 싶다. 나의 성공과 실패에서 묻어난 진솔한 경험을 전달하고 그들의 아픔을 껴안을 것이다. 〈아침마당〉 시청자들이, 자신의 고귀한 정체성을 깨닫고 꿈꾸게 할 것이다.

내가 〈아침마당〉에 출연해 강연을 하게 되면 꿈에 감사할 것이다. 꿈꾸었기에 도전했고 마침내 버킷리스트를 이루었기 때문이다. 나의 명예의 전당에 꿈 존재를 새길 것이다.

꿈은, 잠자는 동안에 깨어 있을 때와 마찬가지로 여러 가지 사물을 보고 듣는 정신 현상, 실현하고 싶은 희망이나 이상이다. 주변 이웃과 형제자매를 꿈꾸게 해 그들의 삶을 풍요롭게 할 것이다. 〈아침마당〉을 보며 꿈꾸는 시청자들의 꿈의 조력자가 되는 것이 나의 꿈이다.

감정 주제로 전국에서 초청강연 하기

"여보세요?"

"최경선 작가 선생님이세요?"

"네! 그렇습니다."

"반갑습니다, 저는 삼성인력개발원 교육 담당자입니다. 선생님 강연은 미리 예약해야만 해서 내년 저희 그룹, 신년 초대 강사로 작가님을 초빙하려고 합니다."

"아, 그렇군요. 반갑습니다. 그렇다면 제 스케줄을 관리하는 비서실장과 의논하시면 됩니다."

"생생하게 상상하라, 간절하게 소망하라, 진정으로 믿으라, 그리고 열정적으로 실천하라. 그리하면 무엇이든지 반드시 이루어질 것이다. 모든 것을 실현하고 달성하는 열쇠는 목표 설정이다. 내 성공의 75%는 목표 설정에서 비롯되었다. 목표를 명확하게 설정하면 그 목표는 신비한 힘을 발휘한다."

폴 J. 마이어의 말처럼 상상이 현실을 창조한다! 세상 사람들은 이 말을 하면 미신이나 정신 이상자 취급을 한다. 그들은 자신의 잠재의식 속을 들여다보지 않는다. 잠재의식에 대해 알면 더 이상 미신이나 정신 이상자가 아님을 깨닫게 된다. 대부분의 사람은 상상의 잠재의식을 원하는 방향으로 만들려고 하지 않는다. 대신 결심과 의지와 노력만으로 될 거라면서 실패를 반복한다.

전국에서 초청강연 하기, 기업, 기관, 단체 초청강연을 하는 것이 나의 버킷리스트다. 과거에 나는 전국 몇몇 대학교에서 정신교육, 전문 실무교육을 담당했었다. 사내 직원 정신과 실무교육을 6시간 동안 계속한 경험이 많다. 그렇게 할 수 있었던 것은, 끼워 맞추기식 이론 교육이 아니었기 때문이다. 그것은 그동안의 성공과 실패의 다큐멘터리적인 경험이 온몸에 녹아 있었기 때문에 가능했다.

버킷리스트인 전국 초청강연을 생생하게 상상하는 힘이 곧 결과를 만든다. 물론 상상만 한다고 다 되는 것은 아니다. 명확한 목표를 향해 믿음을 갖고 열정적으로 노력해야 한다. 나는 실용적 감정을 주제로 책을 쓸 것이다.

"인생의 경험과 지혜가 최고의 보물이다. 우리는 수십 년을 살아왔다. 나는 사람들이 자신이 가진 경험과 지혜를 사장시키지 말고 책을 써서 세상에 내놓기를 바란다. 경험과 지혜는 현재 시행착오를 겪는 사람에겐 희망이 된다. 한 권의 책은 좌절하고 절망하는 사람들의 마음을 환하게 밝히는 등불이 되어 준다. 이제부터 책을 읽는 독자에서 책도 쓰는 저자의 위치로 바꿔야 한다. 책을 읽기만 하면 아무런 변화도 일어나지 않는다. 그러나 책을 쓰게 되면 내 책을 읽는 독자들이나 기업, 기관으로부터 강연 요청을 받기도 한다. 세상에 선한 일을 하는 작가, 코치, 강연가로 살아갈 수 있게 된다."

김도사의 《100억 부자의 생각의 비밀》에 나오는 말이다. 참 좋은 100억 부자의 생각의 비밀이다. 나는 지금껏 책을 읽던 독자에서, 책을 쓰는 작가가 되려 한다. 내 책 속에 녹아 있는 경험들이 독자의 마음을 움직이고 실생활에 적용되는 작가가 되려 한다. 독자들이 행복해하는 모습이 보인다.

내가 생각하고 상상하는 만큼, 나는 과거보다 이미 좋아졌다. 생각이 바뀌고 생활이 바뀌고 주변이 바뀌고 있다. 확고한 꿈과 목표가 있다.

P-D-C-A

즉 'plan→do→check→action'이다. 과거에 직원 교육에서 수없이 부르짖던 말이다. 계획을 세우고 체크해 실행하라! 안 되면 어디서 잘못되었는지 파악 후 다시 시작하라. 이제 나의 목표가 세워졌다. 실행하면서 잘못될까 봐 두려워하지 않겠다.

형이상학의 최고 권위자 네빌 고다드는 이렇게 말한다.

"상상의 힘. 상상이 곧 결과를 만든다. 결과에서 생각하라. '나는 좋아질 것이다'가 아니라 '나는 이미 좋아졌다, 나는 건강하다, 나는 부자다, 나는 행복하다.'고 말하라."

이 상상의 힘이 아무도 모르게 나에게 엄청난 변화를 넘어 혁신을 가져다주고 있다. 다만 나는 의식 확장과 영적 확장으로 생각하고 만지고 냄새 맡는다. 같이 즐겁게 노래하고 손잡고 춤춘다.

나는 내가 글을 쓰는 작가가 될 것이라고 생각한 적이 없다. 남은 인생 후반을 어떻게 살 것인가 생각하던 중, 사업할 때 기록했던 30권의 다이어리를 보게 되었다. 그 내용들이 너무 아까웠다. 이제 한책협에서 1인 창업을 목표로 책 쓰기에 도전하며 매일 글쓰기 근육을 단련한다. 지금이라도 이렇게 하지 않으면 죽을 때까지 후회할 것이다. 목표가 달성되어 현실이 될 때까지 죽기를 각오하고 달리는 마라토너처럼 최선을 다할 것이다.

나의 목표와 꿈이 현실이 되어, 감정을 주제로 한 초청강연을 삼성 및 전국 각 기관, 단체로부터 받는다면, 나는 하늘을 나는 기분일 것이다. 나는 그곳에서 원하는 주제의 콘셉트를 자유자재로 잡아 그간의 실력을 발휘할 것이다. 삶 속에서의 감정이 실용적 연습이 되어 사고와 의식이 꿈이 되고 희망이 되게 할 것이다. 그리하여 사회와 이웃의 숨은 보물이 되어 그들을 사랑할 것이다.

선교하며 인정받는 하나님의 자녀로 살기

바쁜 일상에서 선교하며 하나님의 인정받는 자녀로 사는 것이 가능할까? 대다수의 기독교인에게 쉽지 않은 일이다. 생업을 위해 사회생활을 하며, 여러 부류의 사람들을 만난다. 직장에는 규칙이 있고, 여러 다양한 인간관계와 만남이 있다.

사람에게는 직장과 사회조직 속에서 재능과 능력을 인정받고 싶어 하는 인정욕구가 있다. 주일날 예배에 참석해야 하지만 생활전선에 나가야 할 때도 있다. 친인척 대소사에 참석도 해야 하고, 일주일 동안 힘들게 일한 보상으로 가족들과 함께 쉬거나 친구를 만나보고 싶기도 하다. 이렇게 바쁘게 살며 힘들면서도 하나님의 자녀는 선교적인 삶을 살고 싶어 한다.

어릴 적 시골 우리 집의 가족, 친인척 누구도 하나님을 믿지 않았다. 유일하게 초등학교 때 제출했던 일기를 선생님이 큰 소리로 아이들 앞에서 읽어 주며 참 잘 썼다고 하셨다. 그 외에 나는 주변 누구에게도 인정이나 격려를 받아 보지 못하고 자랐다. 나는 18세에 예수님을 영접했다. 누군가에게 보호받고 인정받는 것 같은 아주 기분 좋은 일이었다.

그때 부흥강사로 휘날리던 김충기 목사님 집회에서 은혜 받고 눈물을 흘리며 신앙고백을 했다. 내 안에 주님이 함께하기 시작하셨다. 먼저 부모 형제의 구원을 위해 기도했다. 때로는 3일간 금식기도를 하기도 했다. 그때 부모 형제와 나란히 주일 예배에 참석하는 주위의 가족을 보면 한없이 부러웠다.

신입사원이 입사하면 그 직장에 맞는 체계적인 교육과 리더의 자세를 가르친다. 조직의 규칙과 업무를 잘 습득해 회사 일원으로서 맡겨진 업무를 잘해낼 수 있게 해야 한다. 그렇지 못하면 그 신입사원은 회사에 적응하지 못하고 다른 이상을 찾아서 떠나거나 방황하게 된다.

신앙도 마찬가지다. 처음 하나님을 믿는 자녀에게는 무엇보다 체계적인 양육이 필요하다. 믿는다고 다 이룬 것은 아니다. 그때부터 초신자는 말씀과 기도, 사랑으로 하나님과의 관계성과 자아를 찾을 수 있도록 해야 한다. 옛날 교회에는 그러한 신앙 훈련을 시켜 주는 시스템도 매뉴얼도 없었다. 배고픈 사람이 먹을 것을 찾듯이, 하나님과의 관계성을 담임목사님 설교를 듣고 본인이 알아 가기 위해 노력해야 했다. 그러다 보니 세상의 유혹과 생활 속에서 뜨거웠던 신앙심은 자연히 식어 가곤 했다.

그렇게 세월이 흘렀다. 나는 2009년 12월 30일 새벽 4시에 일어났다. 구약성경은 어려워 신약성경 마태복음서 1장부터 읽고 마음 가는 대로 기록하며 기도하기 시작했다. 1년 동안 매일 이같이 하며 신약성경 마지막까지 한 번도 쉬지 않은 여정은, 나를 혼돈에서 이끌어 냈다.

누군가를 미워하고 분노하며, 하나님을 헌신짝처럼 버렸던 거의 20년 세월이었다. 얕은 물이 소리만 요란하듯 깊이가 없었던 나와 하나님과의 관계성이었다.

내가 누구인지? 왜 살아야만 하는지? 억울함과 치밀어 오르는 분노를 아무렇지 않은 것처럼 삭였지만 나의 내면은 상처 나고 휘저어졌다. 조그만 것에도 곧잘 화를 내고 신경이 곤두섰다. 후회하고 다시 다잡은 마음은 어느 순간 다시 무너지고 나를 휘청거리게 했다. 하나님을 찾으려는 노력도 하지 않았다.

아무것도 생각지 않고 오직 돈 벌기에 선택과 집중을 했다. 그래서 많은 돈을 벌었었다. 하지만 즐거움은 없었다. 주변에 진정 나를 아껴 주는 사람도 없었다. 왜냐하면 내가 마음을 열지 않았기 때문이다. 겉모습은 화려하고 멋있었지만, 내면은 꽁꽁 얼어붙은 시베리아 벌판 같았다. 누군가, 툭 건드리면 부러질 것 같았다.

"이모! 뭐 해요?"

"웬일이니? 이모에게 전화를 다 주고?"

숨을 가쁘게 몰아쉬며 전화해 온 시집간 조카의 목소리다.

"너 어디 가는데 그렇게 숨이 가쁘니?"

"응, 금요 철야예배 가는 길인데 조금 늦었어. 갑자기 이모 생각나서 전화했어요."

나는 조카에게 농담 투로 이렇게 말했다.

"네 기도만 하지 말고, 이모를 위해 기도 좀 해 다오."

그 통화를 까맣게 잊어버리고 잠든 밤, 예수님이 날 찾아오셨다.

사람에게는 누구나 신앙의 자유가 있다. 직장에서 능력도 인정받고 돈도 벌고, 선교하며 하나님으로부터도 인정받는 자녀로 사는 것이 가능할까? 어릴 적 동화 속의 보물섬 찾아가기가 생각난다. 우리는 삶 속에서 각자의 보물을 찾아간다.

사회에서도 쉽고 편하게 모든 것을 인정받기는 매우 어렵다. 하나님은 결코 쉽고 편하게 하나님의 자녀로 양육하지 않으신다. 질책하지도 않으신다. 우리가 그 음성을 들으려 하지 않고 외면해도 그분은 우리에게 늘 사랑으로 말씀하신다는 것을 나중에 깨닫는다. 하나님의 자녀로 선교적인 삶을 살며, 그분께 인정받는 보물섬 지도를 쥐고 있으면서도 그런 것을 알지 못한다.

하나님은 나에게 교회를 개척하라 하셨다. 저 같은 죄인이 어떻게 그 거룩한 사명을 감당하라 하시느냐고 몸부림치며 버텼다. 6개월 동안 목에서 피가 올라올 때까지 기도했다. 순종하니 목사님과 사랑하는 성도들을 하나님은 이미 예비해 놓으셨다.

어언 8년 차다. 작지만 깊은 강물 같은 '행복한동행교회'를 이끌어 온 것이. 하나님은 아흔아홉 마리의 양보다 잃었던 한 마리의 양을 찾은 기쁨이 얼마나 큰지 보여 주셨다.

나는 이제 더 큰 욕망을 갖는다. 나는 하나님의 인정받는 자녀이고 선교적인 삶을 살 수 있다고 말한다. 모든 일에서 우선순위는 하나님이시다. 그다음은 창조주이시며 질서이신 하나님 몫이다. 그 하나님과의 파이프라인은 언제나 직통으로 열려 있다. 내가 원하는 모든 것을 그분은 이미 아시고 예비하고 계시다는 것을 알고 있다.

힘겨운 삶에 위로가 되어 주는 그림을 그리는 작가 되기

· 한예진 ·

한예진

예진북스 대표, 화가, 자기계발 작가, 동기부여가

홍익대학교 교육대학원 미술교육 석사를 갖고 있으며, 화성시 미술협회 회원으로 다수의 미술작품 전시를 하는 등 활발한 작품 활동을 하고 있다. 어린이 미술 교습소를 8년간 운영하며 아이들에게 미술을 가르쳤다. 1인 출판사 예진북스 대표이며 사람들에게 희망을 주는 책을 만들고 싶다. 진정한 나를 찾아 현재의 소중함과 감사함에 대한 주제로 개인저서를 집필 중이다.

사람들에게 희망과 행복을 주는 베스트셀러 작가 되기

최근에 나에게는 새로운 꿈이 생겼다. 사람들에게 희망과 행복을 주는 베스트셀러 작가가 되는 것이다. 이유를 곰곰 생각해 봤다. 그러다 난 예전부터 원하는 목표가 있으면 실행 전에 간접경험을 위해 항상 서점과 도서관을 먼저 찾았다는 것. 하고 싶은 것들에 대해 정보를 그렇게 얻고 알아보았다는 것을 깨달았다. 내가 누구인지, 무엇을 하고 싶은지, 이 땅에 왜 태어났고, 왜 존재하고, 무엇이 성공이며 어떻게 사는 것이 답인지…. 이렇게 알고 싶은 것이 많을 땐 책을 읽는 것이 유일한 낙이었다.

주변 사람들보다 나는 나에게 더 공감을 주는 책으로부터 도움을 많이 받았다. 때문에 나도 내가 경험했던 것들과 알고 있는 내용을 담아 책을 내고 싶다. 그래서 가끔은 마음과 생각이 복잡해 길이 보이지 않는 사람들에게 작은 희망의 빛이라도 되고 싶다. 새로운 꿈인, 희망과 행복을 주는 작가를 향해 나아갈 것이다.

나는 공무원이라는 안정된 직업을 갖기 위해 전문대학에서 행정학을 전공했다. 친구들은 공무원 시험에 합격해 경찰서 민원실, 시청, 법원 등에 취업했다. 안정된 직장에 잘 적응하는 친구들이 부럽고 내 삶이 잘못된 건가 싶어서 집 근처 동사무소와 우체국을 여러 번 기웃거렸다. 나도 공무원 시험을 준비해서 동사무소나 우체국에 취업할까 고민도 잠시, 답답함에 가슴이 턱 막혔다.

어렸을 때부터 대가족인 집안의 막내딸로 태어난 나는 시키는 일은 잘했다. 언니들이 여러 명이라 일부러 시키는 것만 했다. 로봇처럼. 내 생각과 뇌가 없는 로봇처럼 시키는 것만 하면 차라리 편했다. 하지만 성인이 되어서는 그렇게 '시키는 것만 하면서 살지는 않을 거야' 라며 나를 스스로 다독였다.

대학을 졸업하자마자 가족들 말에 흔들릴 것 같아 집에는 알리지도 않고 취직했다. IMF가 터진 직후라 불안감이 들었다. 대기업 중소기업 자영업 줄도산에 취업률은 최하위를 기록하고 있다는 뉴스가 계속 나왔다.

그러한 사회적 분위기에 난 나를 찾는 것이 더 다급해졌다. 감옥에라도 들어가서 책을 읽고 싶었다. 취업 신문을 보고 한 달 정도 도서관 근처에 있는 사무직 일자리만 알아보았다. 책을 많이 볼 수 있는 직장을 찾았다. 그러다 보니 마음에 드는 직장도 도서관과 너무 멀어 놓쳐 버렸다.

돈이 적어도 무조건 도서관과 도보 20분 내외일 것, 근무 중에도 책을 읽을 수 있을 것, 6시 이후에는 자기계발이 가능하도록 출퇴근시간이 정확할 것, 주말은 무조건 쉴 것. 내가 내세운 이런 조건에 맞는 직장을 잡기가 어려웠다.

그러다 이력서를 낸 여러 곳 중에서 내가 원하는 조건에 딱 맞는 곳을 찾았다. 엘리베이터 업체 사무직이었다. 직원은 나를 포함해 7명이었다. 하는 일은 간단한 서류와 장부 정리, 전화를 받는 업무가 다였다. 나는 내 계획대로 회사 바로 옆 도서관에 다니며 나를 찾겠노라! 1~2년이면 찾겠지 했지만 쉽지만은 않았다.

그렇게 그 직장을 거의 4년간 다녔다. 퇴근하면 바로 배우고 싶은 것을 실천했다. 그림을 배우러 화실도 다니고 토요일 일요일에는 영화 아카데미를 다니고. 그러느라 시간은 총알같이 빠르게 지나갔다. 그 와중에도 책을 통해 유럽배낭여행을 꿈꾸었다. 그렇게 일도 하고 저축도 하며 즐겁게 보낼 수 있었다. 유럽배낭여행을 갈 때 비행기도 처음 타 봤다. 이 모든 것들은 간접경험을 하게 해 준 책 덕분이었다. 책은 자신감을 키워 도전하고 다양한 경험을 하게 해 준 나의 친구 그 이상이었다.

3년 전 배 속의 아기를 유산하기 전에는 6평 남짓한 어린이 미술 교습소를 8년간 운영하고 있었다. 직장에 다니면서 했던 취미를 살려 회화과로 편입했고, 나의 꿈이었던 작업실을 갖기 위해 교통이 편한 곳에 작고 아담한 미술 작업실을 구했다. 그 작업실이 미술 교습소였고, 초등 저

학년 3명이 수강생으로 있었다. 급매로 나온 미술 교습소라 보증금과 임대료가 내가 갖고 있던 1,000만 원으로 처리 가능했다. 원장님이 갑작스럽게 미국으로 이민을 가게 되어 권리금도 깎아 주신다 해서 계약하게 되었다.

그러나 막상 계약하고 보니 보이지 않던 것들이 많이 보였다. 기존에 있던 3명의 아이들은 수강료를 낸 날짜에 그만두게 하면 된다고 생각했다. 하지만 나는 아이들이 그림을 그리며 행복해하는 모습을 보았다. 그래서 낮에는 미술 교습소로, 저녁에는 나의 작업실로 사용했다. 그러면서 작업실을 유지하려면 낮에는 몇 명이라도 수업을 하는 것이 훨씬 좋을 것 같은 생각이 들었다. 하지만 막상 수강생을 모집하는 것도 쉽지만은 않았다.

3명 중의 한 명이 이사를 가서 2명의 원아들만 남게 되었다. 그런데 그중 한 여자아이가 나를 보며 "미술 선생님, 저는 백 살 먹고 할머니가 되어도 이곳 미술학원에 다닐 거예요. 선생님 여기 미술학원 없어지면 안돼요! 학교, 집보다 미술학원이 제일 좋아요"라고 말하는 것이었다.

어린아이의 이 말에 나의 머릿속에선 많은 생각들이 스쳐 지나갔다. 나는 초등학생 때 집이 가난했다. 때문에 학원을 다녀 보지 못했다. 그중에서 미술학원에 다니는 친구들이 제일 부러웠다. 공주 그림을 그리며 예쁜 색연필로 색칠하는 짝꿍이 얼마나 부러웠던지. 어릴 때 못 해 본 것을 이제라도 마음껏 하라고 신이 나에게 이런 기회를 주셨나, 하는 감사한 마음도 들었다.

나만 바뀌면 모든 것은 완벽했다. 나는 욕심을 버리고 약간만 바꿔 보자 마음먹었다. 그리고 이때는 세 살 연하 남편을 만나 결혼을 한 신혼 때였다. 부모님께 손 벌리지 말고, 둘이서 바닥부터 시작하기로 약속했다. 사람만 보고 결혼한 것이다. 듬직하고 성실한 착한 신랑을 만나 행복했지만 삶의 질은 정말 바닥이었다.

우리는 둘이 합친 돈에 대출을 받아 작은 원룸 전셋집에서 신혼생활을 시작했다.

당시 난 돈을 벌어야 할 때지, 아직은 내가 하고 싶은 것만 하면서 지낼 수는 없다고 생각했다. 개인 미술 작업은 나중에 나이를 먹고 해도 되기 때문에 아이들 가르치는 일에만 집중했다.

수강생이 2명에서 최고로 많을 땐 58명이 되었다. 방학에는 특강도 했다. 아이들과 학부모들은 학원이 너무 좁다며 넓혔으면 좋겠다고 했다. 하지만 인테리어를 할 정도의 금전적 여유는 없었다. 지금 생각해도 아이들에게 미안하다…. 그 미안함에 나는 더욱더 열심히 최선을 다해 아이들을 가르쳤다.

교습소는 학원과 다르게 교육청에서 정해 놓은 전용면적이 있다. 같은 20평이라 해도 학원허가가 안 나는 경우가 있다. 때문에 학원을 할 때는 정확하게 확인한 후에 계약할 것을 추천한다. 그리고 교습소는 강사를 채용할 수가 없다. 학원 법에 걸리기 때문에 영업 정지되어 불이익을 당할 수도 있다. 보조 선생님을 채용할 수는 있다. 단, 수업을 하면 안 된다. 혼자서 수업 시간표를 잘 짜 놓지 않으면 진짜 힘들고 고된 일이 아닐 수 없다.

50분 수업 타임별로 7~10명 정도가 수업을 받는다. 하지만 나는 수업도 해야 하고, 상담도 하고, 전화도 받아야 한다.

"선생님, 이건 어떻게 해요?", "선생님, 잘 안 돼요!", "선생님, 얘가 때렸어요.", "엄마가 보고 싶어요.", "오늘은 다른 수업 하고 싶어요.", "얘가 칼을 만지고 있어요.", "가위로 머리카락을 자르려고 해요.", "화장실에 가고 싶어요."

선생님, 선생님, 선생님…. 몸이 10개라도 부족했다. 픽업하러 오는 아이, 가는 아이 배웅해 주고, 다른 스케줄 때문에 다른 학원에 보내 줘야 하는 아이, 시간 맞춰서 챙겨 줘야 하는 아이들, 물감 가지고 장난치는 아이, 학원에 적응 못해서 힘들어하는 아이, 학교에서 친구랑 싸워 오자마자 우는 아이, 친구랑 와서 수업 안 하고 노는 아이 등등….

미술대회 기간에는 밤을 새운 적도 많았다. 이 모든 것이 비록 몸은 힘들지만 너무 즐겁고 행복한 일이었다. 난 그림을 그릴 때, 그림을 감상할 때가 제일 행복하다. 온전히 나를 느낄 수 있기 때문에. 아이들이 성인이 되어서도 그림을 공부하며 행복하길 바란다. 때문에 매 순간순간이 즐거웠다.

결혼을 하고 인공수정, 시험관을 시술했지만 아이를 갖는 건 어려웠다. 나의 일이 바쁜 속에서도 미술 수업을 받는 아이들을 보면 친아들, 친딸처럼 대리만족이 되었다.

결혼하고 2017년도 8년 만에 자연임신이 되어 너무 기뻤다. 학부모님께 양해를 구하고 수업시간을 줄여서 수업을 했다. 임신 소식에 아이들 엄마들은 나보다 더 좋아해 주시고 축하도 많이 해 주셨다,

어느 날 수업을 하다가 아랫배가 아파서 화장실에 가 보니 속옷에 피가 묻어 있었다. 담당의사 선생님에게 전화해 보니 대학병원에 가 보라고 하셨다. 유산기가 있으니 입원하라고 하셨다. 미술학원 문을 3일 정도 닫고 급하게 강사를 채용해 학원은 유지만 해 놓은 상태가 되었다. 유산을 하고 입원하면서 몸과 마음이 지친 나는 퇴원 후 더 이상 아무것도 할 수 없었다. 좋은 원장님을 구해 급하게 학원을 정리했다. 내가 죽을 것 같았기 때문에….

이렇게 하늘이 무너질 듯한 괴로움에 힘들었을 때도 날 위로해 주는 것은 책이었다. 때론 친구가 되어 주기도 하고 스승이 되어 주기도 했다. 오늘도 난 책에서 희망과 행복을 얻는다.

시간과 경제적인 자유를 누리는 작가 되기

시간과 경제적인 자유를 누리고 싶은 것은 모든 사람들의 희망일 것이다. 시간은 인생에서 돈보다 중요하다. 따라서 사람들은 자기 의지로 행동하는 경제활동을 통해 경제적인 자유를 꿈꾼다.

나는 결혼하고 종잣돈을 모으기 위해 원룸에서 살았다. 집이 없을 때는 집을 사기 위해 쉴 틈 없이 일만 했었다. 내가 어떤 사람이고 무엇을 원하고 바라는지 알아내려고 나에게 집중하며 고군분투했다. 해답을 알아내는 데 아주 오랜 시간이 걸렸다.

경제적인 목표는 나의 생각을 조금 낮춤으로써 이루었다. 그렇게 경제적인 자유를 빨리 찾을 수 있었다. 48평대 아파트를 꿈꿨다가 33평대로 줄였고, 원하던 200평대 땅을 100평대로 줄였다. 그러다 보니 마음이 조급하지 않아서 좋다. 시간의 자유를 위해서는 나의 일을 다른 사람이 하도록 하면 된다.

요즘에는 디지털 노마드(Digital Nomad)의 삶을 살고자 하는 사람이 늘어나고 있다. 자신이 가장 잘하고 좋아하는 일을 하며 평생 살 수 있다면 정말 행복한 일일 것이다. 내가 가진 재능으로 주변에 도움을 주는 삶은 누구나가 바라는 꿈이다.

'디지털 노마드'는 1997년 프랑스의 경제학자 자크 아탈리가 《21세기 사전》에서 처음 소개한 용어다. 주로 스마트폰이나 노트북 같은 디지털 기기와 통신망을 이용해 시간과 장소에 상관없이 어디서나 자유롭게 업무를 보는 사람들을 일컫는다. 유목민의 삶과 같은 특징을 가져 '新유목민'이라고도 한다.

나는 서양화를 공부했고, 셋째 언니는 동양화를 전공해 대전에서 초대 작가로 활동하고 있다. 그림을 오래 하다 보니 보이는 것과, 눈에 보이는 않는 것들에 대한 소중함을 갖고 산다.

같이 미술을 공부하는 셋째 언니와 하는 미술 얘기는 하루 종일 해도 재미있다. 백화점 쇼핑은 한 군데만 돌아도 힘들고 지친다. 하지만 보고 싶은 미술 작가의 작품 전시회는 시간이 허락하는 만큼, 끼니를 거르면서 봐도 즐겁고 행복했다. 발에 물집이 잡혀 터지는데도 아프지도 않았다.

동양화를 전공한 셋째 언니는 지인들의 개인전을 보러 서울 인사동에 자주 갔다. 그럴 때 나도 자주 따라갔다. 작품을 볼 때는 너무 좋은데…. 이쪽 계통에 있는 작가들도 고충은 하나둘씩 있었다.

"언니, 인사동의 갤러리 대여료는 비싸지?"

"갤러리마다 금액은 다르지만 1년 벌어서 저축한 돈으로 개인전을 열고 그런다고 하시더라…."

셋째 언니는 개인전도 여러 번 했다. 서울 광화문 근처에서 개인전을 끝내고, 내가 "언니, 축하해." 하면 언니는 "작품이나 전시를 할 때는 너무 좋은데 전시 끝나니 허무하기도 해. 현실을 생각 안 할 수도 없고. 현실만 생각하자니 그동안 해 온 것들을 포기해야만 할 것 같아 마음이 편하지만은 않아."라고 했다. 내가 좋아서, 행복해서 하는 건데, 다른 사람들은 일을 해서 돈도 많이 벌고 그러는데 난 뭐 하는 거지? 작가로서 인지도가 높으면 그림이라도 비싸게 팔 수 있으련만.

언니는 "그래도 너는 학원에서 아이들에게 미술을 가르치고 돈을 버니까 얼마나 좋으냐."라며 나를 부러워했다. 나는 작품만 하는 언니가 부러웠는데…. 언니, 우리는 꼭 돈 많이 벌어서 마음 편하게 전시도 하고 그러자. 예술가들은 현실적인 고통을 무시할 수가 없다.

언니와 나의 고민은 비슷했다. 일이 너무 바빠 정신없이 살 수밖에 없는 나는 경제적 자유를 누리며 일을 줄이고 작품에 전념하고 싶었다. 반면 셋째 언니는 작품에 전념해서 좋긴 하지만 돈을 벌어야 될 것 같은 강박관념에 사로잡혀 있었다. 경제적 자유를 이뤄 작품을 마음 편하게 하고 싶어 했다. 나는 꼭 시간과 경제적 자유를 누리는 작가가 되어야겠다고 생각했다.

코로나19 바이러스가 발생하기 전에는 1년에 한 번씩 여름휴가를 갔다. 형제들끼리 갈 때도 있었고, 엄마를 모시고 형부들과 조카들, 외국에 사는 동생 가족들까지 온 집안이 출동하기도 했다. 장소는 강원도 계곡이나 뷰가 좋은 펜션을 잡거나 했다.

재작년에는 제주도에 놀러 갔다가 투자 방식에 대해서 얘기를 나누기도 했다. 다들 부동산과 주식으로 재테크를 하고 있었다. 커피숍에서 두런두런 얘기하다 제주도에 와서 그림이나 그렸으면 좋겠다고 했다. 그러자 넷째 언니가 그림으로 돈 버는 게 어려우면 다른 것으로 돈 벌면 되겠네. 그 돈으로 그림 하면서 살면 되겠네, 라고 했다.

언니는 주식으로 1억의 종잣돈을 만들어 다시 불려서 200% 이상 수익을 보는 중이라고 했다. 안 되면 되게 하면 된다.

《제3의 물결》을 쓴 미래학자 앨빈 토플러는 "21세기의 문맹은 읽고 쓸 줄 모르는 사람이 아니라, 배운 것을 잊고 새로운 것을 배울 수 없는 사람"이라고 했다. 제1의 물결인 농업혁명, 제2의 물결인 산업혁명에 이어 제3의 물결인 지식정보 혁명 시대가 도래할 것이라 했다. 재택근무나 전자정보화 등 새로운 용어가 이 책에서 처음 등장했으며 이미 정보화 혁명을 예고했었다. 100세 시대에 원하는 일을 하며 행복하게 인생을 살아가려면 미리 준비해야 한다. 새로운 것에 도전하는 용기 또한 필요하다.

"잠자는 동안에도 돈이 들어오는 방법을 찾아내지 못한다면 당신은 죽을 때까지 일해야만 할 것이다."

워런 버핏의 말이다. 이 말에 아파트 한 채만 달랑 갖고 있던 나는 주식과 땅 매입, 상가 분양 등에 눈뜨게 되었다. 그러곤 옆 동네에 사는 넷째 언니와 입지가 좋은 곳의 상가를 분양받았다.

주식은 확실하지 않은 정보들로 인해 투기로 인식되어 있다. 투자자들은 저평가된 가치주를 매입해 복리의 힘으로 돈을 불리곤 한다. 투자를 할 때는 관심을 갖고 시간을 투자해야 한다. 경제적 자유는 노력해야 얻을 수 있다. 누구나 부자를 꿈꾸지만, 월급만으로는 부자가 되기 어려운 세상에 살고 있다. 일하지 않아도 매달 월급이 입금된다면 전보다 훨씬 풍요롭고 여유롭게 즐기면서 살아갈 수 있을 것이다.

나는 시간과 경제적 자유를 누리는 작가가 될 수 있다는 것을 보여줄 것이다. 절대 포기하지 않을 것이다. 그리고 일에 치여 소중한 시간을 희생만 하며 살지 않을 것이다. 나는 단순하게 놀고 즐기며 걱정 없이 살고자 하는 것이 아니다. 나의 소중한 삶을 위해 세상을 보는 관점을 바꾸고 삶을 누릴 것이다. 부자가 되는 길을 찾아 마인드를 변화시키고 성장하여 삶의 풍요로움을 사람들과 나누고 나의 인생에서 멋진 주인공이 되어 살 것이다.

멋진 정원이 있는 전원주택에서 작품활동 하며 소중한 인생 즐기기

내가 자연을 좋아하는 이유는 어릴 때 돌아가신 아빠가 땅속에 묻히는 것을 보면서 충격을 받았기 때문이다. 시간이 한참 지나고 아버지에 대한 그리움이 자연스럽게 자연으로 옮겨졌다. 식물의 씨앗이 뿌리를 내리고 자라나는 것이 너무도 신기하다.

8남매를 둔 우리 엄마는 아빠의 죽음에 많은 눈물을 흘리셨다. 막내 동생이 여섯 살 때였다. 친인척들도 어린애들을 남기고 돌아가신 아빠가 불쌍하다면서 우리 가족을 보며 눈물을 흘리셨다. 우린 다 같이 울었다…. 30년이 지난 지금도 아버지의 장례식 때의 가족들의 울음소리가 내 귓가에서 떠나질 않는다.

난 어린 마음에 '땅에 묻힌 아빠는 떠난 것이 아니다. 모든 식물을 자라나게 하는 흙이 된 것이다.'라면서 스스로를 달랬다. 다들 힘들어했기에, 아무렇지 않은 척했다. 자연과 맑은 공기, 선선한 바람은 아빠의 따뜻한 마음을 느끼듯 나를 편안하게 해준다. 눈에 보이지는 않지만 내 마음속에 그리운 아빠가 살아 있음을 느낀다. 낯선 곳으로 여행을 떠나 자연의 숭고함과 아름다움을 대하면 나도 모르게 겸손해진다. 난 삶의 방식을 자연에서 배웠다. 아니, 아빠에게서 배웠다.

2018도에 개봉한 〈타샤 튜더〉라는 다큐 영화를 봤다. 타샤 튜더는 전 세계에서 사랑받는 《소공녀》,《비밀의 화원》의 삽화를 그린 베스트셀러 동화작가이자 자연주의자다. 자신의 라이프스타일대로 삶을 영위하는 타샤 튜더의 행복 스토리 영화를 보고 너무 공감이 되었다.

그녀는 아흔한 살의 나이에도 꾸준히 그림을 그렸다. 넓은 정원에 자신이 좋아하는 꽃들을 키웠다. 그리고 따뜻한 햇살을 받으며 한가로이 차를 마셨다. 내면의 소리를 들으며 소중한 시간을 채워 갔다. 내가 꿈꾸던 삶의 모델을 영화 속에서 만났다. 나도 그녀처럼 살고 싶다.

새벽마다 넷째 언니와 운동을 한다. 종합비타민과 건강에 좋은 약을 챙겨 먹고 집을 나선다. 이어폰을 귀에 꽂고 챙이 긴 자외선 차단용 야구 모자를 머리에 대충 눌러쓴다. 그러곤 먹을 물을 챙겨 집 밖으로 나선다. 호수 공원과 산책로를 2~3시간 걷는다. 풀내음, 흙내음을 맡으며 자연으로부터 위로를 받고 집으로 온다. 스트레스와 우울함이 사라져 저절로 힐링 된다. 나는 자연주의 삶과 미니멀 라이프에 관심이 많다. 아름다운 정원, 초록 풍경, 꽃과 식물, 맑은 공기는 나를 재충전시켜 준다.

신랑과 난 취미가 같아 여행을 자주 갔었다. 미리 계획을 세워 힘든 일상을 즐겁게 떠날 여행만 생각하면서 하루하루를 보냈다. 아니 이 악물고 버텼다. 여행은 떠나기 전에 준비할 때 느끼는 설렘이 가장 좋다. 다람쥐 쳇바퀴 돌듯 틀에 박힌 나의 삶을 잠시 잊고 소소한 일상의 행복과 감사함을 재충전하고 돌아온다.

올해 초 1~2월에는 프랜차이즈 미술학원을 차리기 위해 학원 매매 아카데미를 통해 알아보러 다녔다. 사스나 메르스처럼 코로나가 일찍 없어질 수 있을 거라 생각했다. 프랜차이즈는 학원 수업에 필요한 모든 것을 사용료를 주고 회사에서 제공받는다. 알려 주는 대로 하면 되니까 선생님 입장에서는 편하다. 프랜차이즈가 아닌 일반 미술학원은 수업시간표, 수업 준비 등 모든 것을 직접 해야 한다.

미술학원은 흥미를 유지할 수 있도록 아이들을 계속 관리해 줘야 한다. 아이들의 창의력과 사고력, 표현력은 경험을 통해 이루어지기 때문에 프로그램이 다양하다. 미술교육도 통합미술, 창의미술, 스팀(steam)융합교육 등 사회가 원하는 인재를 키우기 위해 계속 바뀐다.

꿈다락 토요문화학교는 문화체육관광부가 주최하고 한국문화예술교육진흥원이 주관하는, 학교 밖에서 이루어지는 토요일 문화예술 프로그램이다. 그림만 그리고 만들기만 하는 시대는 지났다. 철학, 예술, 과학, 경제를 미술로 만나는 융합체험 프로그램 등 미술을 배울 수 있는 루트는 다양하다. 행복한 부모가 행복한 아이를 만든다. 아이의 잠재력을 발견하고 키우기 위해서는 긍정의 힘이 가장 중요하다.

미술은 '스트레스 해소의 출구'가 되어 정서적으로 안정감을 준다. 미술은 정답이 존재하지 않는다. 틀린 것이 아니라 다름을 배운다. 그리고 1등 2등이 없다. 과학기술이 발전할수록 인간의 존재감과 정체성, 개성의 가치가 요구되는 시대에 미술교육은 중요하다.

예전부터 엄마는 식물을 좋아하셨다. 옥상에는 화분에 고추와 파를 심었고, 마당에도 고추, 가지, 호박, 앵두나무, 대추나무, 방울토마토, 깻잎, 상추를 키웠다.

"엄마, 마당에 예쁜 꽃도 심었으면 좋겠어."

"꽃은 뭐 하러 키워! 먹을 것도 아닌데…."

여유 없이 힘들게 살아온 엄마를 느낄 수 있는 말이다.

우리는 엄마 몰래 마당 모퉁이에 장미꽃과 팬지, 패랭이꽃을 심었다. 엄마도 좋아하셨다. 금세 엄마 얼굴도 환하게 꽃이 핀다. 꽃이 활짝 피어 집 안도 환하게 빛나는 것 같았다.

인간이 자연을 예찬하는 건 본능에 이끌린 행위다. 낯선 곳으로 여행을 떠나면 겸손한 삶의 방식을 자연에게서 배워 오기도 한다.

봄, 여름, 가을, 겨울 사계절이 있는 자연은 나에게 비움이라는 것을 알게 해 줘서 감사하다 나는 정원이 딸린 전원주택에서 좋아하는 작품을 쓰며, 항상 바쁜 사람들에게 희망을 주고 싶다.

2018년 노벨문학상 수상자인 올가 토카르추크가 쓴 《잃어버린 영혼》이라는 그림책이 있다. 책 내용을 간략하게 적어 보면, 영혼은 주인의 속도를 따라갈 수 없다. 그래서 큰 혼란이 벌어진다. 영혼은 머리를 잃고, 사람은 마음을 가질 수 없다. 영혼들은 자신이 주인을 잃었다는 걸 알지만, 사람들은 영혼을 잃어버렸다는 사실조차 모른다. 너무도 바빠 영혼을 잃어버리며 오늘을 사는 우리의 모습이다.

그 책을 보고 나도 멋진 어른 동화책을 내고 싶었다. 시청에 가서 내 이름을 딴 '예진 출판'이라는 1인 출판사를 등록했다. 작가의 꿈을 포기할 것 같아 서점과 도서관에서 어떻게 작가가 되는 것인지 자료를 찾아봤다. 그러다 김태광 작가님의 《가장 빨리 작가 되는 법》과 《나는 직장에 다니면서 1인 창업을 시작했다》를 읽었다. 나는 곧바로 한책협을 방문해 책쓰기 1일 특강을 듣고 글쓰기 수업을 신청했다.

김태광 작가님은 24년간 250권의 책을 쓰신, 우리나라 최고의 책 쓰기 코치님이다. "성공해서 책을 쓰는 것이 아니라 책을 써야 성공한다."라는 그의 슬로건이 마음에 들었다. 내 꿈에 다가갈 수 있다는 사실에 너무 기뻤다. 이젠 나도 내 꿈을 펼칠 수 있다. 내가 바라는 전원주택에 살며 내가 하고 싶은 그림과 글을 쓰는 작가생활을 하면 어떤 기분일까?

나에게 최고의 기쁨일 것이다. 내가 경험하고 깨달은 것을 책을 통해 나의 도움을 필요로 하는 사람들에게 나눠 주고 싶다. 동화작가인 타샤 튜더처럼 나도 자연을 통해 인생을 배우고 사계절의 순환을 특별하게 여기며, 모든 과정의 기다림을 즐길 것이다.

내면의 목소리를 듣고, 그 목소리대로 실천하며 살 것이다. 내가 살고 싶은 대로 순간순간을 충실하게 즐기며 살 것이다.

의식을 확장해 진정한 나로 살기

앞으로 나아가기 위해서는 뒤를 너무 돌아보면 안 된다. 과거를 벗어나려 해도 벗어날 수가 없었다. 난 현재에 살기 위해 그림을 배웠다. 그림에 순간순간 몰입하고 집중하면 내가 다시 태어난 듯 가벼워진다.

누구나가 과거의 경험이 내재된 관점으로 현재를 판단한다. 삶을 변화시키려면 잠재의식을 변화시켜야 한다. 하지만 몸에 밴 습관은 바꾸기가 어렵다.

부모가 만든 환경에서 아이들의 능력이 자란다. 나도 내 삶을 크게 보면 아빠가 살아 계시기 전과 후로 나뉜다. 아빠는 친구들을 좋아하시고 자식들을 예뻐하며 엄마보다 더 잘 챙겨 주셨다. 아빠가 계시면 집안에 온기가 돌았다. 아빠를 중심으로 다 같이 아침 먹으며 웃는 날이 많았다. 아빠가 돌아가신 후로 먹고살기 바쁜 엄마는 화나는 일이 있으면 우리에게 화풀이를 하셨다. 언니들은 결혼하거나 멀리 있는 학교를 다니느라 뿔뿔이 흩어졌다. 집에는 냉기만 돌았다.

식구들이 많으면 사생활이 존재하기 어렵다. 나는 내가 쓸모없다고 생각한 적도 있었다. 내가 딸이라서 엄마를 고생시켰다는 생각도 했다. 내 밑으로는 귀한 아들 둘에 위로는 언니들 5명이 줄줄이다. 언니들은 사춘기 때 엄마와 많이 부딪쳤다.

엄마는 삶을 힘들어하셨다. 딸들은 기댈 곳이 없었다. 더 이상 엄마에겐 기댈 수가 없으니 우린 의좋은 형제가 되었다. 그래서 성인이 된 지금도 언니들이 엄마처럼 포근하다. 엄마도 이제는 본인의 잘못을 아셨는지 미안해하신다. 그때는 엄마도 남편 없이 죽을 만큼 힘들었다면서….

집안 형편이 어려워 우리 형제는 할아버지 할머니 제삿날만 기다렸다. 제삿날에는 좋아하는 약과랑 전, 맛있는 음식을 많이 먹을 수 있기 때문이었다. 소풍 가는 날처럼 난 제삿날이 좋았다.

하루는 제삿날에 친척들이 많이 오셔서 집에 발 디딜 곳이 없었다. 그러니 제사 시작하면 부른다고 놀이터에서 놀다 오라고 했다. 놀다 지쳐서 집에 들어갔더니, 일찍 제사를 끝내고 나만 빼놓고 밥을 먹고 있었다. 난 존재감도 없다는 마음에 서럽게 울기도 했다. 식구가 워낙 많으니 진짜 내가 어디에서 무엇을 하는지 몰랐을 것이다.

엄마는 힘들면 짜증을 많이 내셨고, 나는 혼나는 대로 다 견뎌 내야 했다. 그래서인지 나는 자존감이 낮은 아이로 자랐다. 언니들은 엄마에게서 애정을 못 받자 동생들에게 화풀이를 했다. 엄마가 밉기도 했지만 불쌍했다. 엄마이기 전에 여자인데, 엄마가 안쓰러웠다. 마음 한구석에서는 어른이 되면 성공해서 엄마에게 용돈도 많이 드려야겠다는 상상을 했다.

엄마는 시골 땅에 대한 보상이 많이 나왔는데도 돈을 안 쓴다는 것을 알았다. 엄마에게 돈이란 통장에 찍히는 그냥 숫자인 것이다. 그 돈으로 물건을 산다거나 필요한 것에 잘 쓰지 못하신다. 그래서 용돈을 받은 돈으로 반은 필요한 물건을 직접 사다 드린다. 그랬더니 엄마도 좋아하신다. 금액은 같아도 돈의 가치가 사람마다 다르다는 것을 알았다.

나는 한책협을 알기 전에는 법륜스님, 〈김창옥tv〉 등을 찾아보았다. 하지만 지금은 나의 의식 변화와 의식 향상을 위해 〈김도사tv〉, 〈네빌 고다드tv〉의 영상을 시간이 날 때마다 본다. 김도사님이 추천해 주신 김도사의 《100억 부자의 생각의 비밀》을 필사하고, 네빌 고다드의 《믿음으로 걸어라》, 《네빌 고다드의 부활》, 《세상은 당신의 명령을 기다리고 있습니다》, 웨인 다이어의 《확신의 힘》을 읽을 것이다. 내면의 자아를 깨우기 위해 50번 이상을 읽을 것이다.

필사와 독서를 통해 나의 의식을 성장시켜 한책협의 대표 김태광 코치님처럼 주변 사람들에게 선한 영향력을 주고 싶다. 상상이 현실을 창조하듯이 의식은 나의 인생을 바꿀 수 있다는 것을 알게 되었다.

아빠가 가시던 마지막 날을 생생하게 기억한다. 아빠를 대신에 생활비를 벌기 위해 공장에 다니신 엄마는 매일 출근하셨다. 첫째, 둘째 언니는 결혼해 출가했고 셋째 언니는 회사에 다녔고, 넷째, 다섯째 언니는 학교 수업 받느라 없었고, 남동생 2명은 같이 놀이터에서 놀고 있었다.

누워만 계시던 아빠가 머리 감는 것 좀 도와달라고 하셨다. 아빠가 어깨와 몸이 좋지 않았기 때문에 나는 샴푸로 거품을 내어 아빠 머리를 감겨 드렸다. 아빠는 고맙다고 하셨다. 아빠를 도와드리고 학교 숙제를 하고 있었다. 목욕까지 다 하신 아빠는 머리를 드라이어로 말려 달라고 하셨다. 머리를 곱게 빗고 아빠는 다시 이불 속으로 들어가셨다. 그 모습을 본 후 다른 방에 가서 다 못한 숙제를 하고 있는데 일을 마치고 엄마가 오셨다. 그리고 안방에 들어가더니 갑자기 소리를 지르셨다.

결혼한 둘째 언니가 만삭인 몸으로 울면서 왔다. 안방에 들어간 엄마가 소리를 지르시며 거실로 나오셨다. 아빠의 숨소리가 이상하다며 둘째 언니가 부른 구급차로 아빠를 모시고 병원에 갔다. 좁은 골목에 지나가는 구급차 불빛이 유난히도 무섭고 커 보였다. 모두들 병원차를 타고 응급실로 갔다. 나에겐 집을 지키라면서.

마당에 서서 달님에게 기도했다. 아빠가 살아만 돌아오게 해 주시면 부모님 말씀 잘 듣고 공부도 열심히 하겠다고. 그렇게 수십 수백 번을 기도하고 있자니까 대문 위로 불난 것처럼 번쩍거리는 구급차의 불빛이 보였다. 아빠가 하얀색 천에 덮여 카트에 실려 오셨다.

그때 아빠의 그 죽음이 나에겐 트라우마가 되었다. 아빠에게 좀 더 잘해 드리지 못한 것 같아 괴로웠다. 그날이 생각날 때마다 마음속의 괴로움이 점점 더 커져 날 괴롭혔다. 나는 주변을 탓하며 나 자신을 제대로 보지 못하고 스스로를 부정적으로 판단하고 평가하며 자기 합리화를 했다.

이제는 의식을 확장하고 나의 소중한 미래를 위해 과거 속에서 벗어나 새롭게 태어날 것이다. 의식을 변화해 자존감이 높은 사람처럼 행동할 것이다. 그리고 나 자신을 있는 그대로 인정하고 사랑해 줄 것이다. 나에 대한 믿음을 바꿔 나의 미래를 새롭게 창조할 것이다.

"이미 소원이 이루어진 느낌을 받아들여 미래의 꿈을 현재의 사실로 만들라."

네빌 고다드의 이 말처럼 말뚝에 묶여 있는 코끼리처럼 스스로를 제한하지 않고 한계를 벗어날 것이다. 힘들고 외로웠던 어린 시절을 잘 견디며 잘 살아왔노라 나를 응원할 것이다. 더 나은 이상 실현을 위해 내면과 대화할 것이다. 소망이 이루어졌다는 느낌을 간직한 채 그것이 나에게 오도록 할 것이다. 거울을 바꾸려 하지 말고 나의 모습을 바꿀 것이다. 세상을 그대로 두고, 나의 의식을 확장해 진정한 나로 살 것이다.

마지막으로 네빌 고다드의 글로 마무리하려 한다.

"상상력은 창조하고 형상을 유지하고 그리고 변형시킵니다. 기억에만 의존하고 있는 상상의 활동 모두가 사라졌을 때 상상력은 철저하게 창조를 시작합니다. 상상력의 활동이 주로 기억에만 의존해 영양을 공급받고 있다면 상상력은 현실 그대로의 모습만을 유지시킬 것입니다.

상상력이 이미 존재하고 있는 하나의 테마를 바꿀 때, 상상력이 삶에 나타난 현실을 교체할 때, 그리고 상상력이 기억 속의 경험이 제공하는 현실을 남기고 떠나거나 그곳에 무언가 새로운 것을 교체해 넣을 때 상상력은 세상의 모습을 변화시킵니다."

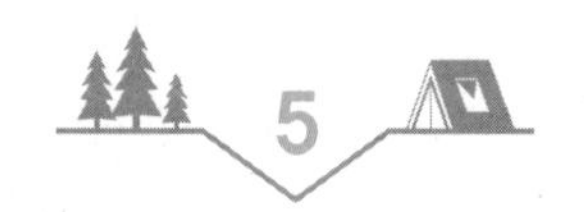

희망과 감동을 주는 그림 그리기

꿈을 향해 달려가는 것만이 행복이라고 생각한 적도 있다. 나는 퇴근하고 도서관에 가 읽고 싶은 책을 마음껏 읽었다. 몇 달은 세상을 다 가진 것같이 너무 자유롭고 행복했다. 하지만 도서관에서도 나의 방황은 계속되었다. 그런 속에서도 신문, 잡지, 만화, 철학, 영어 책 등 다양하게 읽었다. 하지만 노력해도 마음에 드는 책을 찾기란 쉽지 않았다. 숨바꼭질하듯이 도서관 전체를 다 뒤졌다.

도서관에서 갖고 싶은 책이 생기면 서점에 가서 소장용으로 구입했다. 사고 싶은 책도 많았지만, 그럴 수는 없었다. 월급을 받으면 무조건 반은 저축했기 때문이다. 나머지 반에서 반을 나눠 엄마에게 생활비로 드리고 자기계발비와 용돈을 쓰고 나면 여유가 없었기 때문이다.

책을 쓴 작가와 내가 느끼는 감정은 다르기 때문에 내가 직접 겪어 보고 어떤 느낌인지 알고 싶었다. 책을 보니 호기심이 더 많이 생겼다. 내 것으로 만들기 위해 읽기만 하지 않았다. 내가 좋아하는 일을 해 보기로 했다.

주말에는 내가 좋아하는 숙녀복 매장에서 아르바이트를 했다. 그리고 대형서점에서도 아르바이트를 했다. 그렇게 하면 내가 원하는 것을 찾을 수 있을 것만 같았다. 좋아하는 일을 하고 있는 나를 상상했다.

옷가게에서 일하며 나는 알게 되었다. 비싼 옷을 많이 판다고 주인이 돈을 많이 버는 건 아니라는 것을. 오히려 저렴한 보세품 매장 주인이 돈을 더 많이 벌 수도 있다는 것을. 그런 나를 보고 옷가게 사장님은 열심히 배워서 가게를 물려받으라고 했다.

그런데 적성이 맞지 않아 그만두었다. 책을 많이 보고 싶었다. 그래서 책이 많은 대형서점에서도 일했다. 손님들 눈에 잘 띄는 곳에 책을 진열해 달라고 간청하는 영업사원들을 자주 봤다. 책도 진열 위치에 따라 매출에 영향을 받는다는 것을 처음 알았다.

계속 책들이 나오기 때문에 영업사업들은 재고를 직접 가져가거나 새로운 책을 진열해 놓기도 한다. 내가 진열하고 싶은 책은 베스트셀러 쪽이었다. 그런데 영업사원들이 각자 알아서 하기 때문에 직원의 손이 거의 필요치 않았다.

내가 일한 때는 여름방학 때였다. 아이들 문제집, 참고서, 방학숙제 권장도서를 찾는 손님들이 많았다. 나는 종이에 손을 자주 베였다. 손에 밴드를 붙이며 일했지만 힘들어 한 달을 채우지 못했다. 결국 보름 만에 마음에 드는 책 한 권도 못 보고 그만두었다.

동네 작은 서점에서는 사장님 눈치가 보여 마음 편하게 책을 읽을 수 없었다. 또 한 달 만에 그만두었다. 생각과 현실이 많이 다르다는 것을 깨달았다.

몸과 마음이 지친 나는 한동안 도서관에도 가지 않았다. 회사, 집, 회사, 집만 다녔다. 나는 나를 다람쥐라고 생각했다. 인간이 사람이 되기를 거부하고 다람쥐를 선택한 것이라고….

몇 달이 지나 감정을 추스르고 다시 도서관에 갔다. 나는 내가 습관대로 도서관에서 책을 고른다는 것을 알았다. 그래서 그날은 평상시 가지 않는 길, 예술 쪽 코너로 갔다. 아니, 이게 웬일인가? 내가 좋아하는 책이 그곳에 다 모여 있었다.

물방울을 그린 김창열의 자서전을 보았다. 극사실주의로 표현한 물방울 작품을 보니 나와 많이 닮아 보였다. 보잘것없이 흔한 물방울 하나하나가 반짝반짝 영롱하게 빛나는 보석 같았다. 보잘것없는 나를 물방울로 대변해 아름답게 표현한 것 같았다. 감정이입이 되어 마음이 아렸다. 진한 감동이 밀려왔다.

그 일이 있고 도서관에서 어떤 코너로 갈지 방황만 하던 내가 예술책 코너에 자주 갔다. 프랑스 파리의 미술관 퐁피두센터에 김창열의 원작품이 있다고 하여 꼭 직접 프랑스에 가서 보고 싶었다. 도서관에서 책을 읽으며 내가 나에게 약속했다. 꼭 그곳에 가리라고….

초상화 화실에 등록했지만 너무 재미가 없었다. 매일 똑같이 따라 그리는 것만 시키셨다. 초급반에서는 선긋기를 시작한다. 도형 그리기, 명암, 구도 잡는 방법을 배운다. 중급반에서는 드로잉을 하며 크로키를 하고 다양한 재료를 접해 본다. 고급반이 되면 실크 캔버스에 검정 유화물감으로 세필 붓을 이용해 먼지가 내려앉듯 차곡차곡 덧칠을 한다.

중간에 화실을 포기할 것 같아 작은 목표를 만들었다. 그 목표를 이루는 데만 집중하겠노라, 했다. 아버지의 영정사진을 내가 그리고 싶었던 것이다. 제삿날에 병풍 앞에 놓여 있는 아버지의 영정은 낡고 초라한 흑백사진이었다. 때문에 그림을 열심히 배워서 아버지께 영정사진을 선물해 드리고 싶었다. 하지만 화실 선생님이 작업하는 것을 보고 영정사진은 함부로 그리는 것이 아님을, 아무나 하는 것이 아님을 느꼈다.

돌아가신 지 오래된 아버지이니 영정사진을 그만 놓아도 된다고 큰언니가 말했다. 내가 세운 목표를 이루지 않아도 되니 차라리 마음이 편했다. 초상화는 그 모델을 닮지 않으면 못 그린 그림이라고 평가한다. 난 똑같이 그려야만 평가를 받는 그림에는 큰 매력을 못 느낀다.

파블로 피카소는 "모든 어린이는 예술가다. 어떻게 하면 이들이 커서 예술가로 남을 수 있게 하느냐가 관건이다."라고 했다. 아이들은 하나하나가 창의적이고 독창적이다. 아이들은 그림으로 속마음을 표현한다. 아이가 무심코 그리는 낙서, 진하게 그린 선, 흐리게 그린 선, 꼬불꼬불 그린 선만 봐도 소근육의 발달 정도와 심리를 알 수 있다.

그림을 그리는 것은 쉽다. 결과중심주의인 한국사회 분위기로 인해 잘 그려 내야 한다는 부담감에 그림 그리는 것이 어렵게 다가온다. 아이 손을 잡고 와 어머니가 상담을 청한다.

"선생님, 우리 아이가 그림을 너무 못 그려요."

그림은 못 그리고 잘 그리는 게 중요하지 않다. 그림을 그리는 자체가 중요한 것이다. 자신의 생각을 표현하면 예술이 되는 것이다. 어떻게 짜임새 있게 구도를 잘 잡았는지, 얼마나 사실적으로 그렸는지 평가하는 획일화된 그림을 보며 우리는 작가의 의도가 무엇이고 어떤 것을 표현하고자 했는지 유추한다.

그림을 못 그리는 화가로 유명했던 '앙리 루소'는 자신의 꿈을 위해 더 가난한 삶을 살 수도 있는 것을 알면서도 꿈에 뛰어들었다. 어떤 이는 무모하다고 생각할 것이고, 또 다른 사람은 꿈에 도전하는 삶이 멋있다고 부러워할 것이다.

꿈을 위해 뛰어드는 용기는 아무나 가질 수 없다. 모든 비판과 질타를 받아들이며 자신만의 독창적인 그림을 계속 그려 나간다. 성공한 화가들은 자신만의 독특한 기법으로 꾸준하게 그림을 그렸다. 어떤 색채와 부딪혀 알 수 없는 잭슨 폴록의 그림처럼 우연의 주사위에 던져 놓아야 한다. 이해받으려 애쓰지 않아도 괜찮다

고흐는 경제적인 궁핍 속에서도 자화상을 그렸다. 그의 자화상을 보면 열망이 그대로 느껴진다. 자화상의 영혼으로 일컬어지는 렘브란트는

매년마다 자화상을 그렸다. 부와 명예를 누릴 때부터 부인의 죽음 이후 한순간에 추락해 가난하고 별 볼일 없이 초라하게 된 모습까지. 자신의 내면이 드러난 자화상에는 삶의 풍파가 고스란히 담겨 있다.

힘들 때 그림은 나의 마음속을 들여다보게 한다. 그렇게 나의 마음을 정화시킨다. 희망과 감동을 주는 그림을 그리고 싶다. 앞으로 계속 나아갈 수 있는 용기를 주기 때문이다. 힘겨운 삶에는 사랑이 더욱더 필요하다. 모든 사람들에게 위로가 되는 그림을 그리며 희망차고 행복한 삶을 살고 싶다.

PART 12

미국에 보험 에이전시 만들고 성공한 작가로서 한국 방송 출연하기

· 대니 리 ·

대니 리

District Agent/매니저, 자기계발 작가

현재 174년 역사를 가진 미국 메이저 생명보험사 National Life Group의 District Agent 및 Worthington Financial Partners의 Senior Vice President로 근무하고 있다. 그리고 26년간의 이민생활의 경험을 토대로 자기계발 작가로 활동하고 있다. 저서로는 《어떤 조직에서도 결과를 만드는 영업 비밀 노트》(가제)가 출간될 예정이다.

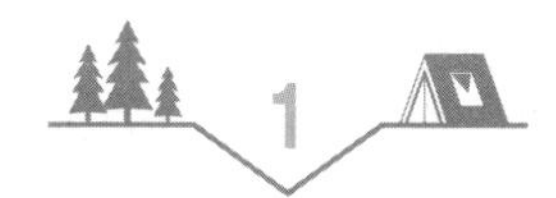

미국 내에 1,000만 달러짜리 보험 에이전시 만들기

내가 대학을 졸업하고 잡은 첫 직장은 태평양화학이었다. 당시 화장품 중심이었던 태평양화학이 샴푸, 비누 등의 가정용품으로 제품의 다변화를 꾀하고 있었다. 그러면서 세웠던 대전 공장에 화장비누를 제조하는 엔지니어로 첫발을 내디디게 된 것이다. 이때 처음 일본의 시세이도로 파견되어 연수를 받기도 했던 새내기 엔지니어였던 나는 많은 성취감을 맛보기도 했다.

그렇게 태평양화학에서 8년 정도 근무하고 과장으로 승진할 무렵이었다. 나는 당시 주위 사람들에겐 아주 생소한 회사인 듀폰 코리아의 생산 담당 부서 매니저로 자리를 옮기게 되었다. 나는 나일론, 타이벡 등의 세계적 화학제품을 만들어 내던 듀폰을 만나면서 문화 충격에 빠졌다. 한국 회사에서 8년간 배운 기업 문화가 완전히 무너져 내린 것이다.

한 가지 예를 들면, 나는 태평양화학 근무 시 일본의 기업들을 돌아보는 한 주짜리 연수를 다녀오기 위해 품의서를 기안했었다. 그때 무려

20여 개의 결재를 받았던 적이 있다. 우리 부서, 관계 부서 또 본사의 해당 부서 등 무려 20명이 넘는 부서장들을 만나야 했다. 그렇게 그들의 동의를 구하거나 때로는 다시 서류를 작성해야 했던 기억이 있다. 거의 집어던질 뻔했던 쓰디쓴 경험이었다.

그러다 듀폰에 입사해서 나는 울산에 케미컬 플랜트를 세우고 20여 명의 직원들을 채용하게 되었다. 그러고 나서 그들을 일본 내 같은 계열의 듀폰사로 한 달간 기술 연수를 보내야 했다. 이때 몇 명이 연수 계획서에 서명했는지 아는가. 바로 나 한 사람의 전결로 일이 끝나고 말았다. 나는 나중에 플랜트 매니저에게 어떻게 그럴 수 있었는지 물었다. 그랬더니 그건 바로 내가 전년도에 제출한 업무 계획서가 이미 모두의 승인을 받았기 때문에 굳이 다시 반복할 일이 없었다는 간단한 대답뿐이었다. 진짜 놀라웠던 경험이었다.

후에 나는 미 본사의 미국인이 맡았던 매니저 팀을 한국인들로 대체해 로컬화했다. 그러면서 다시 한국 기업처럼 문화가 바뀌는 경험을 했던 게 다만 크게 아쉬운 점이었다.

듀폰에서 7년간 근무하면서 많은 나라를 돌아보게 되었다. 그 영향인지 더 늦기 전에 다른 나라로 나가 살아 보자는 강한 동기가 생겼다. 먼저 하고 싶었던 공부를 위해 찾던 학교가 뉴질랜드에 있어 지원하게 되었다. 그때 당시 점수제 영주권을 주던 제도를 발견했다. 아주 쉽게 건너갈 수 있는 행운이 따른 셈이었다.

거기서 3년 반 지내면서 뉴질랜드 시민권을 취득했다. 그런 후 호주로 회사가 발령을 내주었다. 그 바람에 이번에는 호주의 영주권을 받고 시드니에서 1년 반 정도 직장생활을 하게 되었다.

사실 뉴질랜드에서 지낼 무렵 우리 가족은 이미 미국으로의 이민 수속을 시작하고 있었다. 한참 팔팔하게 직장생활을 하면서 뛰어다니던 내겐 시간적 여유가 너무 없었다. 그것이 이민을 결심한 이유였다. 내겐 좀 더 큰 마켓이 필요했다. 그러다 보니 역시 예전 미국 연수 시절 경험했던 미국의 환경이 나와 내 식구들에겐 더 의미 있게 다가왔다. 40대 중반이 넘어 가는 나이로 인한 초조함이 크게 작용했다.

마침내 2002년 2월, 시드니의 미 대사관에서 성공적인 인터뷰를 마치고 영주권을 손에 넣었다. 그러고는 그 주말 미국행 비행기를 타게 되었다.

그렇게 이민 간 미국에서 보험일을 하게 되었다.

미국의 초짜 이민자에겐 일자리가 만만치 않았다. 도착하자마자 제일 먼저 나의 이력서를 미국의 유명한 일자리 찾기 사이트인 monster.com에 올렸다. 하지만 한 건도 응답받지 못한 채 시간을 흘려보내게 되었다. 나는 얄팍한 통장 잔고가 더 얇아지는 걸 기다릴 수 없었다. 하는 수 없이 출석하던 교회의 장로님 도움으로 사무실 청소를 시작하게 되었다. 아마 거의 모든 미국 이민자들에게 청소일은 거쳐야 할 일종의 교양과정이지 않을까 싶었다.

사실 자신감 하나만을 갖고 미국에 들어왔지만 이때를 뒤돌아보면 일종의 절망감의 터널 같다. 끝이 보이지 않았다. 긍정의 시간은 아침마다 홀로 하나님 앞에 나가던 큐티 시간이 유일했다.

당시 그릿 시냇가에 숨어 있던 엘리야를 묵상하며 나는 홀로 기도하곤 했다. '하나님, 저를 도울 사람 좀 보내 주세요!'

그러던 어느 주 금요일 저녁, 교회의 순모임에 나갔던 나는 순목자님으로부터 한마디를 들었다. "집사님, 차라리 보험을 해 보시지요."

난 평생 영업을 해 본 적이 없다. 그런데 기도를 하던 나에게 그 권유는 무슨 응답 같았다. 적성이고 뭐고 따져 볼 여력이 없었다. 다음 날 토요일 아침 동네 슈퍼에서 주말판 〈워싱턴포스트〉를 사서 뒤쪽의 구인 광고를 뒤지기 시작했다. 그러고는 파이낸스 트레이닝을 제공한다는 두 줄짜리 광고를 발견하고 전화를 걸었다.

나는 이들의 도움으로 이 일에 필요한 라이선스 세 가지를 두 달 안에 모두 취득하게 되었다. 48세라는 나이에 드디어 늦깎이 보험 에이전트의 길에 들어서게 된 것이다. 그러다 나중에 보다 한국 교민들에게 접근이 용이한 회사로 옮기게 되었다. 그리고 거기서 비로소 진짜 보험 영업을 시작하게 되었다.

당시 우리 4인 가족은 함께 팀을 이뤄 저녁 5시경에 들어가 밤 11시까지 사무실 청소를 했다. 그러곤 한 달에 1,500달러 정도를 받았던 것 같다. 한 달 생활비가 2,000달러 정도 필요했던 우리에겐 너무 적은 돈이었다. 하지만 아내가 벌어 오는 돈하고 함께 밸런스를 맞출 수 있었다. 그 결과 돈을 더 이상 까먹는 일은 막을 수 있게 되었다.

어느 날 드디어 보험 영업을 시작하고 나서 첫 세일을 하게 되었다. 그런데 그때 받았던 수당이 무려 3,200달러 정도 되었다. 짜릿한 경험이었다. 그때의 감격은 진짜 이루 말할 수 없었다. 온 가족 고생시키지 않고 나 혼자 불과 몇 시간 일해 이렇게 한 달 생활비가 될 만큼의 큰돈을 벌 수 있다니…. 난 지금도 그때의 감격을 잊을 수 없다.

이민 초짜로 주위에 아는 사람이 변변치 않았던 내게 진짜 도전은 사실 그다음이었다. 원체 사교성이 없는 내가 누구를 찾아가 보험을 권유한다는 건 정말 쉽지 않았다. 하지만 당시 내가 정한 몇 가지 규칙 중 하나는 아침엔 내가 제일 먼저 사무실에 출근하는 사람이 되는 것이었다. 빈 사무실 이른 시간에 홀로 큐티를 하고 노트엔 나의 목표와 꿈들을 적어 나갔다.

아직 내게 업무 훈련을 시켜 줄 만한 사람이 따로 있지도 않은 회사여서 혼자 도서관에 가 관계 서적들을 뒤지곤 했다. 전부 영어로 되어 있어 많이 헤맬 수밖에 없었다. 출근했다 사무실을 나오면 갈 데가 없어 어느 백인 동네에 주차하고 책장을 넘기곤 했다. 그러다 신고 받고 나온 경찰에게 검문을 받았던 기억도 있다.

그래도 첫 3개월간의 내 실적은 이미 6개월치 생활비를 벌어 놓고 있는 상태였다. 그것은 진짜 까마귀로부터 먹이를 공급받던 엘리야와 같았는지도 모르겠다.

그러다 나는 매니저로 승진하게 되었다.

6개월 정도 그렇게 헤매면서 고군분투하고 있을 무렵의 어느 날, 스테이트 매니저에게서 면담하자는 콜을 받게 되었다. 영문도 모른 채 그와 앉은 나는 그로부터 놀랄 만한 오퍼를 받게 되었다. 당시 사무실에서는 지역 매니저가 추가로 급히 필요하다고 했다. 그런데 내 이력서를 보니 이미 큰 회사에서의 관리 경험이 있는 데다 필요한 라이선스도 이미 다 취득한 상태였다. 그런데다 지난 몇 개월간의 보험 실적이 당시 팀 내에서도 전혀 나쁘지 않은 상태였다. 뿐만 아니라 아침마다 성실하게 출근하는 게 인상 깊었다는 말을 했던 것 같다. 세상에….

당시 나는 첫 질문으로 매니저가 되면 무엇이 달라지느냐고 물었다. 그는 내게 적지 않은 연봉과 혜택이 제공된다. 해야 하는 일도 보험 영업이 아니라 에이전트 리쿠르팅과 팀 빌딩 및 관리가 주된 업무라고 했다. 나는 그 대답을 듣고는 얼마나 짜릿했는지 모른다. 일이 필요한 사람에게 내가 자리를 줄 수 있는 위치라는 것이었으니. 또한 실적에 따라 지급되는 수당이 아니라 생활비보다 훨씬 많은 금액을 고정급으로 받을 수 있다는 것이었으니. 정말 기적 같은 일이 아닐 수 없었다.

회사마다 매니저가 되기 위해선 일정 근무 기간을 채우거나 필요한 사전 성과도 내야 한다. 또한 그 밖에 소정의 훈련 절차를 거쳐야 하는 제도가 있다. 그렇지만 스테이트 매니저는 내게 필요한 교육이나 모든 절차를 예외로 진행시켜 주었다. 2년짜리 고급 매니저 과정을 6개월 만에 업무와 병행하면서 취득해도 되도록 본사와 연락해 해결해 주었다. 매니저로 먼저 승진했어도 6개월간은 수습 매니저처럼 교육을 병행해도 좋도록 본사의 양해를 구해 주었다.

이 일로 난 상당히 만족스런 느낌으로 일할 수 있었다. 이후, 본의 아니게 다른 몇 개의 메이저 보험사로 자리를 옮기게 된다. 하지만 이때 얻은 매니저로서의 커리어는 이민자로서의 자리를 잡아 가는 내게 큰 틀이 되어 주었다.

지금은 뉴욕라이프와 매스 뮤추얼의 매니저를 거쳐 내셔널 라이프 그룹의 디스트릭트 매니저로서 미 동부 워싱턴 지역에서 업무를 하고 있다. 사실 미국의 보험사 제도는 한국과는 많은 차이가 있을 것이라 생각된다. 미국의 경우 매니저로서의 경력이 쌓이면 지역을 총괄하는 제네럴 에이전트가 되어야 한다. 하지만 이 자리에는 상당히 정치적인 요소가 있다. 또한 대부분 정년이라는 나이 제한이 있어 은퇴 계획이 없는 나에겐 별 의미가 없다.

내가 매니저로서 성취감을 맛볼 수 있는 부분은 바로 나의 팀이 내는 연간 실적이다. 이런 성취는 많은 수입의 기회가 되기도 하겠지만 내겐 늘 나 스스로의 목표 성취에 대한 동기부여의 주제였다. 이런 내게 1,000만 달러라는 팀의 목표를 달성해 보고 싶다는 꿈이 생긴 것이다.

나는 7년 전에 지금의 회사로 옮겼다. 그러고 나서 버지니아, 메릴랜드의 한인 에이전트를 중심으로 팀 관리를 했다. 그러다 캘리포니아주의 샌프란시스코와 LA에서 매니저를 뽑고 사무실을 열게 되는 놀라운 기회를 갖게 되었다. 사실 지역권을 중요시하는 보험업계에서 보면 쉽지 않은 일이었다. 하지만 내겐 한국인 최초의 매니저로서 서부까지 영역을 확장해 보고 싶다는 마음이 있었다. 그런데 때마침 좋은 재목을 만나 본사의 승인 아래 가져 본 귀한 기회였다.

그 후 몇 년간은 동·서부를 매달 오가며 일했다. 장시간의 비행에서 오는 피로에도 성취감은 이루 말할 수 없었다. 회사 내 디스트릭트 매니저로서 톱의 위치를 맛보는 귀한 경험이기도 했다.

그러다 내 커리어의 꽃을 피우게 되었다.

지금부터 1년 전, 지난 6년간 내가 쌓았던 모든 조직을 잃게 되는 어이없는 일이 발생했다. 부득불 나는 처음부터 다시 시작해야 하는 입장이 되었다. 내가 뽑은 매니저들이 자기네끼리 내게 등을 돌리고 떠나 버리고 만 것이다. 물론 그들에게도 충분히 그럴 만한 이유가 있었을 것이다.

하지만 난 배신감으로 상당히 힘들 수밖에 없었다. 모든 팀을 잃고 난 그 후 1년간 지금까지 명상과 마음챙김을 배우게 되었다. 그리고 미국 보험업계의 어느 한 면을 비로소 보게 되는 귀한 경험도 몸으로 친히 배우게 되었다.

이때 접했던 책들은 잭 캔필드의 《석세스 프린서플》, 넬슨의 《소망을 이루어 주는 감사의 힘》, 이시다 히사쓰구의 《3개의 소원 100일의 기적》, 박용철의 《감정은 습관이다》, 유근용의 《메모의 힘》, 브렌든 버처드의 《백만장자 메신저》, 김상운의 《왓칭》 시리즈, 안셀름 그륀의 《당신은 이미 충분합니다》, 켈리 맥고니걸의 《스탠퍼드 성장 수업》, 권오현의 《초격차》, 사이토 히토리의 《그릇》, 론다 번의 《시크릿》 시리즈, 엘렌 랭어의 《마음챙김》, 에크하르트 톨레의 《지금 이 순간을 살아라》, 《삶으로 다시 떠오르기》, 할 엘로드의 《미라클 모닝》, 한상복의 《보이지 않는 차이》, 네빌 고다드의 《리액트》 등 전 시리즈, 헨리에트 클라우저의 《종이 위의 기적, 쓰면 이루어진다》 등등 수십 권에 이른다. 이런 책들을 보며 전체적인 마음을 가다듬고 의식을 깨우는 시도를 평생 처음 시도하게 되었다.

이사이에 10여 권의 메모노트를 작성하면서 나의 내면 여행이 얼마나 풍성해졌는지 모른다. 나의 인생에 대해서 다시 큰 목표들을 세우고 비전 보드들 만들어 폰에 담아 다니는 재미있고 흥미로운 여행을 꿈꾸게 되었다.

보통 미국의 보험회사들은 매년 한 해 동안 성공적인 에이전트들을 초대해 축하해 주는 행사를 성대히 갖곤 한다. 난 매년 이런 행사들에 참가하면서 유심히 챔피언과 같은 많은 에이전트들을 보곤 했다. 한국인 에이전트들이 많은 회사에서 두각을 나타내곤 했지만 아직 난 그런 챔피언들을 만들어 낼 기회가 별로 없었다.

지난해 이후 백의종군하는 마음으로 배신을 잊었다. 오히려 감사를 배우며 내게 비로소 평안이 찾아왔다. 그 속에서 진짜 업계의 챔피언들을 만나게 되었다. 기적 아니면 설명이 안 될 만한 에이전트들과 다시 파트너가 되고 있다. 지금까지와는 비교가 안 될 그림을 내게 비쳐 주고 있는 것이다.

1,000만 달러란 숫자는 보통 내 목표의 5배가 되는 숫자다. 어지간한 작은 에이전시들은 감당 못할 숫자다. 하지만 그 목표를 세우고 나서 비로소 큰 프로듀서들이 하나둘씩 내 품으로 모여들고 있음을 보고 있다. 그 모든 이들이 나의 조용한 비전 보드에서 아침마다 내게 미소 짓고 있는 사람들이기도 하다.

나의 챔피언들이 단상에 불려 올려 전사적인 환영을 받고 그들과 일일이 허그를 나누는 나와 내 아내의 모습을 보고 있다. 회사의 CEO가 친히 나의 테이블로 다가와 악수와 함께 무대로 안내할 때 그의 손에서 전달되는 힘을 느낀다. 1,000만 달러의 금자탑을 이루는 그 순간을 생생히 느껴 본다.

지난 1년 재활의 시간 동안 그 실적이 이미 괄목할 만큼 성장하고 있음은 그 생생한 증거일 것이다.

2 매달 한 권의 책을 써내는 베스트셀러 작가 되기

평생을 살면서 내가 읽었던 책은 도대체 얼마나 될까?

고1 때 교회에 처음 출석하기 시작하면서 담임목사님의 서재를 방문한 일이 있었다. 그때 그 엄청난 도서의 양을 보고 입을 다물지 못했다. 목사님이 되려면 이만큼의 책을 읽어야 하나 보다 생각했다.

아주 어릴 때는 다른 아이들이 보던 그림책을 얻어 보고 싶어 친구를 졸졸 따라다니기도 했다. 당시 마침 같은 주택에 세 들어 살던 초등학교 선생님의 방에 있던 많은 그림책들을 종일 보았던 기억도 있다. 아마 내 기억에 처음 읽었던 책은 《엄마 찾아 삼만 리》라는 동화집이었던 것 같다. 마르코라는 어린 소년이 돈을 벌려고 멀리 가 버린 엄마를 찾아 떠나면서 겪는 온갖 어려움을 그려낸 책이었다. 아버지께서 어디서 우연히 한 권 구해다 주신 꽤 두툼한 책이었다. 그 동화책을 읽으면서 그 아이의 외롭고 불쌍한 형편에 공감해 나도 힘들어하곤 했었다.

상급학교에 진학하면서 내가 제일 좋아하던 곳은 대전 목척교 부근의 헌책방 거리였다. 학년이 바뀌면 늘 난 그곳을 뒤지고 다녔다. 학습용 참고서를 싸게 구할 수 있는 곳으로는 거기만 한 곳이 없었다. 그곳의 여러 가게를 들르면서 제일 두껍고 싼 참고서를 찾곤 했다. 당시 엄마를 졸라 몇 원을 얻어 들고는 종일 그곳을 뒤지기도 했다. 어느 때는 운 좋게 구한 참고서에서 선생님이 베껴 출제한 문제를 발견하기도 했었다. 그렇게 구한 참고서는 다른 아이들의 새 참고서와 바꿔 볼 수도 있어 아주 유용했다.

그렇게 헌책방들을 뒤지면서 맡던 눅눅한 책 냄새는 지금도 기억날 듯하다. 거기서 만난 참고서 외의 다양한 서적들은 그야말로 신세계 같았다. 교회를 막 다니기 시작했던 내가 거기에서 우연히 만난 킹 제임스 영어성경은 오랫동안 내 좋은 친구였다.

밤에 공부는 안 하고 그 영어성경을 읽다가 아버지한테 들켜 야단도 맞곤 했다. 영어책을 펴 놓고 공부하는 줄 알았는데 그게 성경책이라니. 아버지는 그 사실을 아시고 기막혀 하셨다. 또한 〈가이드포스트〉, 〈타임〉, 〈뉴스위크〉 등은 당시 나에게 아주 새로운 세계를 열어 줬다. 아마도 그 영향으로 오늘날 내가 미국에서 살게 된 건지도 모를 일이다. 그러다 대학에 들어가면서 아르바이트해 스스로 번 돈으로 책을 살 수 있을 때 너무 좋았었다.

나도 책을 써보고 싶다.

미국으로 건너오기 전에 호주에서 1년 반 직장생활을 한 적이 있었다. 그 당시 미국으로의 이민 수속을 밟으면서 장차 살게 될 미국의 정보를 참 많이 찾아다녔다. 이때는 인터넷 공급의 아주 초기 단계여서 아직 많은 정보가 웹상에 나타나기 전이었다.

그래서 원래 하던 습관대로 시드니 주변의 헌책방을 뒤지면서 미국의 정보를 찾아다녔다. 미국의 부동산, 증권, 일자리 현황, 미국 내 주별 정보 등등 닥치는 대로 시간만 나면 찾아보았다. 그러다가 문득 생각이 하나 떠올랐다. 너무 정보가 없는 것 아닌가. 누가 미국 이민에 관한 정보를 모아 제공할 수는 없을까? 내가 하나 써 볼까?

이 생각은 불과 몇 달 후 미국으로 건너오는 바람에 더 이상 생각 속에 뿌리를 내리지 못했다. 오늘날은 수많은 책들이 세상에 쏟아져 나와 적어도 이런 정보 때문에 어려움을 겪지는 않을 것이다. 지금껏 나에게도 책은 한번 써 보고 싶다는, 꽤 우아하고 보람된 꿈으로만 남아 있었다.

나와 함께 군에서 군종으로 수고했던 친구 정경석이 평생 다니던 직장을 퇴임하면서 산티아고를 다녀왔다. 그러고는 그 여행기인 《산티아고 까미노 파라다이스》를 발간한 후 내게 하나 보내 줬다. 그 친구 삶의 여정이 아름다웠다. 난 과연 내 삶의 여정을 어떻게 정리해 볼 수 있을까, 스스로 자문하는 때가 많아졌다.

그러다 언젠가 쓸 수 있을지도 모른다는 생각에 페이스북에 조금씩 글을 써 보기 시작했다. 길든 짧든 하루에 한 가지를 올려 봄으로써 배짱을 키우고 또 친구들의 반응도 보기로 했다. 그러면서 한편으론 어떤 경로로 책을 쓰고 또 출판하게 되는지, 도와줄 멘토를 찾을 수 있을지, 만약 쓴다면 그 분량 등은 어떻게 결정하는지 등등 애매한 부분들을 찾아 메모하곤 했다. 그 부분의 해답을 찾아 주위를 물색하면서, 페이스북의 친구들 중에서 출판과 관련된 인연도 있는지 틈틈이 찾아보기도 했다. 그렇지만 내겐 아주 요원한 과제였다. 내가 그런 사람들에게 실력으로 발탁된다는 건 거의 불가능해 보였다.

길이 보였다. 어느 날 네빌 고다드의 상상에 관한 책들을 읽던 중, 유튜브에서 김도사 채널을 우연히 보게 되었다. 네빌에 관한 자료가 유튜브상에 있는지 검색하던 중에 연결된 듯했다. 1년째 마음공부를 하면서 네빌은 내게 모든 여정의 정리 편처럼 다가왔다. 때문에 그를 더 알고 싶었던 것이다. 그런데 김도사라는 분이 나보다 앞서 그 길을 가면서 남긴 자취라니. 자세히 보고 싶은 마음이 들었다.

내겐 아침마다 만 보씩 걷는 습관이 있다. 이땐 휴대전화로 책이나 필요한 유튜브를 보곤 했다. 어느 날 걸으면서 그의 채널을 듣고 있었다. 그러다가 책 쓰기 채널로 넘어가면서 그 자신의 책 쓰기 경험과 책 쓰기의 기술적인 내용에 접하게 되었다. 그 후 며칠간 내용들을 집중해 듣게 되었다. 내가 그동안 궁금해하던 것들을 거의 다 파악할 수 있었다.

그러고는 관계되는 그의 책들 《평범한 사람을 1개월 만에 작가로 만드는 책쓰기 특강, 《김 대리는 어떻게 1개월 만에 작가가 됐을까》, 《150억 부자의 부의 추월차선》, 《자본 없이 콘텐츠로 150억 번 1인 창업 고수의 성공 비법》,《내가 100억 부자가 된 7가지 비밀》 등을 한국으로부터 주문해 단시간에 읽었다.

처음에는 책 쓰기와 돈벌이가 함께 섞이는 게 이해가 되지 않았다. 하지만 그의 책을 자세히 읽으며 그 메커니즘이 비로소 이해되었다. 보통 사람들이 겪는 혼돈은 문학적 소양이 있어야만 책을 쓸 자격이 있다고 생각하는 데 있다. 나 또한 그중 하나였다. 그런데 생각해 보면 지금 내가 책으로 남기고 싶은 것은 나의 문학적인 깊이가 아니라 내가 살아온 삶이다. 그것이 혹시 나와 같은 시행착오를 겪을지도 모를 이들에게 도움이 될 만한 정보라는 것을 분명히 알게 되었다.

또한 나의 삶이 완전히 성공적이 아니었더라도 실패로 인한 배움을 널리 나눌 수 있을 것이다. 그렇게 된다면 그것을 읽고 누군가 힘을 얻을 수 있을지도 모를 일이다. 김도사가 자신의 어려웠던 삶을 그렇게 책 속에서 반복해 나누는 것은 나와 같은 이들에게 용기를 갖도록 자신의 울타리를 낮춰 준 귀한 배려였다.

베스트셀러 작가가 되고 싶다.

누구나 베스트셀러를 써내는 작가가 되고 싶어 할 것이다. 나 또한 그렇다. 우선은 나의 목표대로 나만의 책들이 세상의 빛을 보게 할 것이다. 그다음은 나의 꿈과 상상이 연결해 주는 대로, 또 다른 미지의 세계로 삶을 펼쳐 나갈 것이다. 그곳엔 분명 꽃이 피어 있을 것이다. 그게 베스트셀러일지도 모르겠다. 지금까지는 수많은 경험을 하면서도 이를 문자화하는 기술이 없었다. 하지만 이제는 매일 만나고 접하는 일들 모두가 내 책의 세계가 될 것이다. 얼마나 가슴 뛰는 일인지 모른다. 나를 가장 흥분케 하는 것은 늘 새로운 도전이었다. 누가 나에게 언제 은퇴할 계획이냐고 물었다. 난 계획이 없다고 대답했다. 왜냐하면 내가 만나는 세상은 여전히 내게 활짝 열려 있을 것이기 때문이다.

그래서 오늘도 난 책 쓰는 기술을 열심히 배우고 있다.

한국 방송에 출연해 삶을 나누기

내가 즐겨 보는 프로 중 하나는 〈세바시〉다. 각계각층의 사람들이 주어진 15분 동안 자신들의 세상, 생각, 삶을 세상에 소개하는 프로다. 이들의 15분이 과연 얼마나 세상을 바꿀 수 있을는지는 모르겠다. 하지만 분명 이들은 어느 누군가의 마음 밭에 작고 선한 씨를 뿌리고 있을 것이다. 만약 그 뿌려진 작은 씨앗이 세상천지 어디에선가 뿌리만 내릴 수 있다면 그 마음 밭 세상은 충분히 아름답게 변화되지 않을까 생각한다.

내가 감명 깊게 들은 〈세바시〉의 강의들은 많다. 하지만 아마도 서울대 심리학과 최인철 교수의 인문학 강의가 제일 인상에 남았던 것 같다. 당시에 내가 〈세바시〉를 찾게 된 이유는, 세상에 과연 온전한 '행복'이란 게 있는 건지, 마음이란 건 어떻게 생겨 먹은 것이고 또 다스릴 수는 있는 것인지 마냥 궁금했기 때문이다. 그 해답을 찾으러 이곳저곳을 막 뒤지고 다니던 때였기 때문이다. 나도 크리스천으로 평생을 살아왔지만 이와는 또 다른 차원의 해결책이라는 게 있을 수 있는 건지 너무도 궁금했었다.

이때 최인철 교수의 '행복하고 싶다면 행복한 사람 옆으로 가라'라는 타이틀은 내 관심을 끌기에 충분했다. 고백하자면 이때 난 많은 위로를 받았다. 들고 있던 노트에 여러 장의 메모를 적어 넣기도 했다. 이후로도 최 교수의 인문학 강의를 모두 찾아 들으며 세상을 좀 더 이해하는 느낌을 가질 수 있었다.

한편, 최인철 교수와 같은 인문학 강사가 있는가 하면, 《나는 질 때마다 이기는 법을 배웠다》와 같이 자신의 낮음을 진솔히 내어 놓고 허허 웃으며 그 쓴 시간을 이겨 낸, 김민식 피디 같은 실전 고수들의 강의도 있었다. 〈세바시〉 무대 위에 선다는 일은 분명히 누군가 그 대가를 치렀다는 뜻이다. 때로는 그 나름의 처절한 시간을 넘어선 역사를 써낸 결과인 것이다.

이 프로는 내가 한국을 떠나고 나서 생긴 것이지만 볼 때마다 한국이 참으로 건강하구나라고 생각하곤 한다. 한국이 세계에서 우뚝 설 수 있는 이유는 바로 이런 건강함 때문이지 않을까 생각한다.

또 아울러 생각되는 것은, 〈세바시〉와 같은 무대에서 자신들의 이야기를 끄집어 낼 기회가 없는 이들이다. 처절하게 삶을 살아 낸 우리 앞의 세대들도 자신들이 겪어 낸 시간들을 또 다른 누군가에게 희망의 씨앗으로 전해 줄 수 있지 않았을까 생각한다. 이런 무대가 각자의 삶을 살아온 모두에게 허락될 수 있다면 얼마나 다양함과 변화를 맛볼 수 있을까.

무대에 서기가 두렵다.

고교시절 교회를 나가기 시작하면서 처음 받은 훈련은 무대 서기였다. 주일학교 반사가 되어 주일 공과를 받았다. 그것을 스터디하고 나서 주일 아침 내게 할당된 반에 들어간다. 그런데 그 내용들을 20분간 가르치는 일은 내겐 가히 공포 그 자체였다. 그 어린아이들을 뭘 그리 두려워했느냐고 반문할는지는 모르겠지만. 나한텐 그랬다.

지금도 그 당황했던 첫 시간의 기억이 생생하다. 몇 장이나 되는 긴 공과를 달달 외워 그렇잖아도 빠른 나의 말로 쏟아 놓으니 불과 5분 만에 분량이 다 끝나곤 했다. 남은 긴(?) 시간 동안 뭘 할지 몰라 하는 내 표정을 보고 깔깔대던 꼬마 녀석들의 표정이 기억나곤 한다. 이 공포를 너무 힘들어하는 내게 담당전도사님은 "이 형제, 그냥 순종하는 마음으로 하세요." 하며 나를 다독거려 주곤 했다. 다행히 이는 얼마 되지 않아 극복할 수 있었다.

그다음에는 중창단의 멤버로 무대 위에 섰다. 나중엔 찬양 지휘자로 서기도 했다. 주일 예배 대표 기도자로 서기도 했다. 교회는 내게 무대 서기를 가르쳐 준 온상 같은 곳이었다. 이제는 여러 회사를 거치면서 배짱을 키운 만큼 수많은 사람들을 훈련시키거나 큰 미팅을 주관해 끌고 나가기도 한다.

그 두려움을 넘어서는 훈련들은 나의 또 다른 세계를 위한 준비이지 않았을까 생각한다.

나의 버킷리스트에는 여러 가지가 적혀 있다. 그 가운데 가장 해 보고 싶은 것 중의 하나는 바로 방송 무대에 서 보는 일이다.

대학시절, 문교부와 〈동아일보〉 주최로 열린 자유교양 독서대회라는 고전 읽기 콘테스트에 학교 대표로 출전한 일이 있었다. 그때 우연찮게 대학부 1위로서 금상을 받은 적이 있다. 이 일로 신문과 라디오 방송에 초대되어 인터뷰라는 걸 하며 매스컴을 타 보게 되었다. 그 기사와 방송을 접한 지인들로부터 인사를 받으며 매스컴의 힘에 새삼 놀라워하기도 했다.

나는 큰 무대 위에서 사람들에게 이야기하는 내 모습을 종종 상상하곤 한다. 아마 이런 일은 어떤 형태로든 나에게 일어날 것이라 믿는다. 내가 무대 위에 서고 싶다는 바람의 배경은 무엇일까. 내가 살아온 삶을 누군가 알아주기를 원해서가 아닐까. 어릴 때부터 내 희망대로 되지 않았던 일들도 이만큼 살고 나서 보니 그다지 나쁘지만은 않았다는 위로를 받고 싶은 것이 아닐까. 그러면서 자신의 모습을 확인하고 싶은, 그렇게 자신과 화해를 이루는 사리가 아닐까. 그래서 한결 더 이런 모습을 그려 보는지도 모른다.

내 삶의 이야기들을 들려주고 싶다.

나에게 정작 이런 무대가 주어진다면 나는 무슨 이야기를 할 수 있을까? 〈세바시〉의 강사들처럼 내가 주변 세상과 나눌 수 있는 나만의 세계, 내 삶의 주제는 무엇일까?

몇 년 전, 당시 근무하던 매스 뮤추얼이란 미국 보험회사의 캐나다 밴쿠버 컨벤션에 참가한 적이 있다. 마지막 시상식 날 회사의 최고 프로듀서들이 무대에 초대되어 상을 받았다. 그 가운데 톱 프로듀서로 뽑힌 40대 초반의 백인 남성이 있었다. 그는 벌써 몇 년째 계속 톱을 지키고 있던 이 회사의 에이전트였다.

그가 수상 소감 중에 한 일화를 소개했다. 자신의 입사 초기, 첫 번째 초대된 컨벤션에서 상을 받는 최고의 프로듀서들을 보면서 스스로에게 한마디 했단다. "Why not me?" 이 세 마디는 수천 명이나 되는 참가자들의 뇌리에 충분히 인식될 만했다. 내가 데리고 참가한 나의 그룹도 강한 동기를 부여받은 표정이었다.

지금 나는 바로 나만의 주제를 찾는 작업을 시작했다. 그것은 바로 책 쓰기다. 나의 삶을 바닥에 죽 늘어놓고 보면 어떤 가닥이 잡히지 않을까? 그저 먹고살기 위해 뛰기만 했던 세월들이지만. 그것이 어떤 모습일지 책을 써 보면 비로소 알 수 있을 것도 같다.

내게 앞으로 남은 시간, 이 나만의 세계를 정리하다 보면 누군가에게는 혹시 씨앗으로 남겨져 뿌리를 내릴 수 있지 않을까 생각해 본다. 또한 지금까지 살아온 시간보다 남은 시간이 분명히 적겠지만 훨씬 큰 보람을 느끼며 아내와 함께 미소를 지으며 보낼 수 있을 것 같다. 그러고 보니 결국 책 쓰기가 답이다.

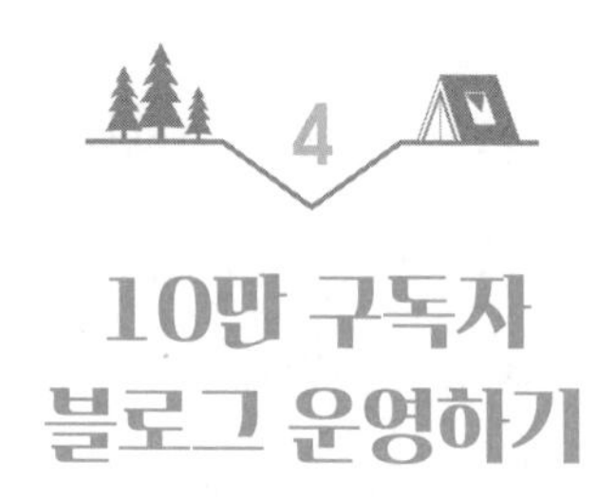

10만 구독자 블로그 운영하기

1990년대 초, 당시 다니던 듀폰 코리아가 울산에 플랜트를 신설할 때 난 그 현장에 있었다. 그때는 인터넷이 지금처럼 성행하지 않을 때였다. 회사에서 신설 공장을 세우는 준비 단계에서 진행하던 주요 과제 중 하나가 인트라넷을 까는 일이었다. 당시 회사에서는 지역별로 여러 나라에 동종의 플랜트들을 가동했었다. 그렇게 전 세계의 물량 공급을 조정할 뿐 아니라 기술, 마케팅에 신속히 협조하고 있었다. 이런 때 이와 같은 정보망을 유지하는 일은 매우 중요했다.

아침에 출근하면 시스템을 열곤 여러 나라에 있는 듀폰 각 플랜트의 진행 사항들을 서로 나누곤 했다. 이런 방식은 8년간이나 한국 회사에 몸담고 있다 온 나로서는 아주 생소하고 신기했다. 전 직장에서는 기안, 품의 등에 얼마나 많은 시간을 보냈는지 모른다. 그러나 이 회사에서는 이미 인트라넷의 이메일로 그런 기능을 대체하고 있었다.

이후 얼마 되지 않아 인터넷이 전 세계적으로 보편화될 무렵, 난 뉴질랜드로 공부차 떠나게 되었다. 그때 조만간 다른 나라의 시골구석에서 세계 어느 곳과든 물건이나 서비스를 사고파는 날이 올 거라는 생각이 들었다. 특히 살게 된 나라가 뉴질랜드라 더욱 한국이나 미국으로의 연결을 기대했는지도 모른다. 한적한 지구의 한편에서 세상을 바라보는 눈이 필요했던 것이다. 그때 미국의 허벌라이프를 한국에 소개하는 일을 연습 삼아 해 보기도 했다.

2002년 초, 우리 가족은 이민자로서 미국에 도착했다. 이때 이미 미국 내에서는 인터넷을 이용해 수많은 책과 기술을 팔고 있었다. 인터넷 백만장자가 부지기수로 늘어나고 있었다. 또한 파이낸스계의 구루들도 자신들의 아이디어를 끝도 없이 팔고 있었다. 하지만 난 당시 아직 꿈을 펼칠 만한 여력이 없었다. 생활전선에서 생계를 위한 일에 매진해야 했다.

이런 내게 한국에서 책이 한 권 보내졌다. 그 책은 바로 장두현의 《블로그의 신》이라는 책이었다. 그 책을 보면서 오래 잊혔던 생각이 저 밑에서 깨어 올라왔다. 그 책을 단숨에 일독하면서 얼마나 흥분했는지 모른다.

저자 장두현 씨는 '블로그 덕분에 취업하고, 블로그 덕분에 라디오에 출연하고, 블로그 덕분에 잡지와 인터뷰하고, 블로그 덕분에 연애하고, 블로그 덕분에 강의하고…'라며 블로그를 예찬하고 있었다.

그 책 제목의 앞부분에는 '천만 방문자를 부르는 콘텐츠의 힘'이라는 부제가 달려 있었다. 이 책에서 그는 블로그 시작의 소개, 블로그 글쓰기, 6개월 만에 파워 블로그 만들기 및 홍보 방법 등 제법 상세히 자신이 터득한 방법들을 소개하고 있었다.

실제로 나도 브랜드를 구축하고 자신의 비즈니스 영역을 확장하는 덴 블로그가 꽤 좋은 툴이라는 건 알고 있었다. 그렇지만 개념을 이해하는 것과 실제로 뛰어들어 시행하는 데는 엄청난 차이가 있다는 게 문제였다. 수많은 방문자를 불러들이고 그들에게 지속적으로 콘텐츠를 공급하는 동시에 기술적인 문제들을 해결하는 건 쉽지 않아 보였다.

뉴질랜드에서 함께 신앙생활을 하던 구역 식구가 있다. 그중 한 분이 오클랜드 근교에서 닭농장을 운영하면서 뉴질랜드의 일상을 소개하는 카페를 운영하고 있었다. 평소에 그렇게 조용하신 분이 얼마나 영향력 있게 카페를 운영하시던지. 그녀는 자신의 일상을 깔끔한 사진과 자신이 좋아하는 음식과 함께 매일 소개하고 있었다. 그 수많은 방문자가 다녀가면서 관심을 보이는 것이 내게는 적잖이 놀라웠다.

사실 이는 바로 정확하게 내가 그리던 모델이었다. 지구촌 어느 한적한 곳에서 한가하고 고요한 자신의 삶을 펼치는 것. 동시에 온 세상을 향해 문을 활짝 열고 생각을 나눌 수 있는 삶. 그것이 바로 내가 그리던 이상의 세계였다. 정확한 블로거의 모습인 것이다.

그러려면 필요한 자원들을 챙겨야 한다.

인기 있는 블로그를 나의 버킷리스트에 놓고 생각해 볼 때, 이젠 반드시 뭔가 행하지 않으면 기회가 다시 오지 않을지도 몰랐다. 이제는 더 미룰 수 없는 과제가 되고 말았다. 이때야말로 다시없는 시행의 기회가 될 수도 있을 것이다.

지금부터라도 이를 시행해 내는 데 내가 생각하는 두 가지 중요한 사항은 '콘텐츠'와 '운영 기술'일 것이다. 먼저 아무리 기술적으로 멋진 모습을 갖춰도 담기는 내용이 없다면 방문자의 발길을 유인할 수 없을 것이다.

내가 생각하는 콘텐츠로는 내가 쓰는 책들만큼 좋은 것이 없을 것이다. 왜냐하면 그건 바로 나의 삶이기 때문이다. 누군가 한국을 떠나 사는 나의 삶에서 정보나 인생을 보기를 원한다면 거기에 나눔이 있을 수 있다. 또한 누군가 나의 나이대의 사람이 내가 사는 모습을 보고 힘을 얻어 갈 수도 있을지 모른다. 자라 가는 자녀에 대한 정보의 공유가 필요하다면 거기 또 내가 있을 것이다. 넓은 세상을 돌아다닌 내 흔적이 누군가에게는 귀한 도전이 될 수도 있지 않을까.

한편, 콘텐츠와 함께 필요한 또 하나의 중요 요소는 운영 기술이다. 필요한 페이지의 디자인과 콘텐츠의 배열, 방문자 관리, 그리고 인터넷에서 효율적으로 노출되게 하는 기술 등 모두 중요한 기술이다. 그러나 이 부분이야말로 내가 일찍이 실패한 부분이기도 하다. 모두 내가 다 배워서 하겠다는 생각이 큰 문제를 초래해 끝없이 시간을 낭비하는 요인이 되고 말았던 것이다. 이제 효율적인 아웃소싱이 유일한 해답이 될 것이다. 만약 일정 비용으로 보다 큰 이익을 남길 수 있다면 이는 반드시 고려해야 하는 부분이다.

이젠 인터넷 없이는 살 수 없는 세상이다. 요즘 같은 코비드-19의 팬데믹 상황에서 생존을 꾀해야 하는 시절엔 개인 콘텐츠 사업을 심각하게 검토해 봐야 한다고 생각한다. 아니, 설령 이 상황이 끝난다 해도 이미 세상은 바뀌고 말 것이었다.

그러므로 지금부터는 본격적인 책 쓰기로 콘텐츠 내용을 풍성하게 할 뿐 아니라, 이를 블로그나 유튜브를 통해서 세상에 흘려보내는 일이 더없이 중요하다.

나이 제한도 없고 시간의 제약도 없으며 간편한 노트북이나 휴대전화만 있으면 되는 일이다. 문제는 어떤 자원을 효과적으로 이용할까 하는 것이다. 그러나 지금은 행복하게도 얼마든지 충분한 경험과 기술에 관한 도움을 얻을 수 있는 세상이다.

역시 이는 충분히 해낼 수 있다. 지금 첫발만 내딛는다면….

세계여행이란 꿈 달성하기

크리스천으로서의 삶은 늘 천국을 사모하는 삶이다. 어릴 때 나가기 시작한 교회에서 듣는 천국의 모습은 늘 아름답고 황홀했다.

"…그 성의 빛이 지극히 귀한 보석 같고 벽옥과 수정 같이 맑더라… 그 성곽은 벽옥으로 쌓였고 그 성은 정금인데 맑은 유리 같더라. 그 성의 성곽의 기초석은 각색 보석으로 꾸몄는데 첫째 기초석은 벽옥이요 둘째는 남보석이요 셋째는 옥수요 넷째는 녹보석이요 다섯째는 홍마노요 여섯째는 홍보석이요 일곱째는 황옥이요 여덟째는 녹옥이요 아홉째는 담황옥이요 열째는 비취옥이요 열한째는 청옥이요 열둘째는 자수정이라 그 열두 문은 열두 진주니 문마다 한 진주요 성의 길은 맑은 유리 같은 정금이더라…." (계 21:11~21)

나는 그다지 넉넉지 못한 환경에서 자라난 관계로 진짜 아름다운 것이 어떤 건지 잘 알지 못했다. 살던 동네도 넉넉지 못한 모습이었고 어디를 가도 그저 그런 풍경뿐이었다. 그래서 계시록의 이 본문은 자주 듣고 읽기는 했어도 천국의 모습은 그다지 그려지지 않았다. 그런 채 비싼 보석들의 이름만 머리에서 굴러 다녔다. 잘은 모르겠지만 하여튼 천국은 기가 막히게 멋진 곳인가 보다 그렇게 생각할 뿐이었다.

이런 내가 진실로 천국의 그림자를 본 것 같았던 때가 있었다. 언젠가 다니던 뉴질랜드 직장에서 호주로 발령이 나서 시드니로 이사하게 되었다. 이때 우리 가족은 그 나라를 떠나기 전 북섬의 맨 끝에 있는 케이프 레인가로 마지막 여행을 떠났다.

자동차로 북섬의 위쪽으로 올라가며 보이는 풍경은 인적 없이 그냥 진한 녹색의 숲과 진하디진한 푸른 물과 코발트빛 하늘뿐이었다. 여행 중 어느 산 위에서 차를 멈추고 이런 경치를 굽어보던 나는 천국을 떠올렸다. 아! 천국은 과연 이런 모습이 아닐까? 비로소 천국을 본 것 같았다.

후에 미국에 건너와서 몇 번에 걸쳐 긴 자동차 여행을 할 기회가 있었다. 동부의 숲과 강들, 서부의 광활한 사막, 계곡들, 캐니언들, 캘리포니아에서 서남부 멕시코까지 이어지는 푸르디푸른 태평양 바다와 비치들, 그리고 캐나다의 호수들, 하와이의 울창한 밀림들….

내가 여행하면서 느끼는 풍경들은 그냥 천국의 그림자 같았다. 이 땅에서 하나님이 지으신 세계를 통해 천국의 아름다움의 그림자를 미리 보여 주는 것이라고 생각되었다. 사람이 만든 멋지고 화려한 것들도 좋겠지만 이에 견줄 바가 되질 못했다.

아마도 미국은 자동차 여행의 최적지였다. 지금까지 다녔던 여행을 살펴보면 다음과 같다.

- 콜로라도 덴버로부터 유타 솔트레이크를 거쳐 옐로스톤을 돌아 다시 덴버의 로키까지
- 워싱턴에서 메인 주로 올라가 캐나다의 노바스코샤를 거쳐 퀘벡, 몬트리올, 오타와를 돌아 워싱턴으로 귀환
- 워싱턴에서 동쪽 맨 남단 플로리다의 키웨스트를 돌아 뉴올리언스를 거쳐 워싱턴까지
- 워싱턴에서 시카고로 올라가 미국의 첫 하이웨이인 66번을 타고 캘리포니아의 산타모니카 종점까지 내려갔다가 라스베이거스, 덴버를 거쳐 다시 워싱턴까지 대륙 횡단
- 미국 오대호를 모두 돌아 캐나다의 토론토를 거쳐 뉴욕을 통해 워싱턴까지
- 워싱턴을 출발해 시카고 북부의 캐나다 국경을 넘어 밴프까지의 횡단여행
- 하와이 마우이 섬의 하나(Hana) 하이웨이를 따라 섬 전체를 도는 여행
- 서부 워싱턴 시애틀에서부터 101 해안도로를 타고 캘리포니아 LA까지의 종주여행

아직 알래스카로의 종주여행은 하지 못했다. 하지만 그게 다음 여행의 첫 버킷리스트 항목이 될 것이다. 그다음엔 유럽을 돌고 싶은 희망이 있다. 그곳에서 제일 먼저 가 보고 싶은 곳은 북구의 나라들이다. 피요르드를 보게 되면 아마도 그곳이 뉴질랜드처럼 천국의 모델을 다시 보여줄 것 같다.

그러고 나면 동구의 나라들을 돌아보고 싶다. 분위기 있는 곳에서 음악, 맥주, 와인, 카페들 그리고 그들의 역사 이야기들을 듣고 싶다. 그러고 나면 남미로 가지 않을까…. 사실은 최근의 달라진 내 고국 한국의 변화상을 돌아보는 것도 큰 주제 중 하나다. 1996년 한국을 떠난 이래 엄청나게 달라진 모습들에 대해 많이 듣고 있는데 그 모습을 언젠가는 내 눈과 마음에 담고 싶다.

이에 여행에 관련해 함께 진행하고 싶은 사항들이 몇 가지 있다.

- 여행기 쓰기
- 블로그에 여행들 소개하기
- 잡지나 여행지에 원고 올리기

아직 일을 하고 있기 때문에 어떻게 시간과 비용을 충당할 수 있을지 모르겠다. 하지만 그냥 나의 상상과 꿈에 맡기기로 한다. 내 생각에 지금까지 했던 여행들은 자연스럽게 이뤄지곤 했다. 물론 일정이나 필요한 예산은 계획해야겠지만 너무 심각하게 따지거나 해 본 적은 없다. 업무와 관련해서 자연스럽게 연결된 경우도 많기 때문이다. 나는 이것을 행동으로 보이는 것이라고 믿는다.

네빌 고다드의 《리액트》에 나오는 글이 이 꿈을 이루는 지침이 되지 않을까 생각된다.

"원하는 것이 먼저 현실에 나타나면, 그 후에 믿음이 따라서 생기기를 바라는 게 인간의 마음입니다. 하지만 원하는 것을 가졌다는 증거가 나타나기 전에 원하는 것을 이미 가졌다는 의식을 취해야만 합니다. 증거는 뒤따라 나오지 의식에 앞서가지 않습니다. 목적지에 이미 다다랐다는 의식을 구하십시오. 이루었다는 증거가 의식의 뒤를 따를 것입니다."

PART 13

마음이 상한 사람들을 치유하며 기쁘게 하는 아름다운 인생 살기

· 김시현 ·

김시현

사회복지사, 상담사

사회복지사로 참좋은지역아동센터에 재직 중이며 개척교회 사모이다. 작가이자 동기부여가로, 또한 전 세계를 다니며 감정 코칭가로 활동하기 위해 관련 과정을 이수하고 있다. 현재 '감정을 다스리면 인생이 달라진다'라는 주제로 개인저서를 집필 중이다.

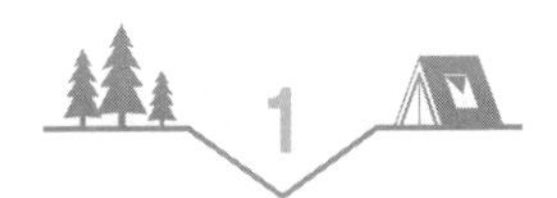

세계적인 감정 코치 되기

나는 책을 많이 좋아한다. 그래서 유명 유튜버가 소개하는 신간은 전부 사서 휴일에 도서관에 틀어박혀 종일 읽곤 했다. 그러던 중 만나게 된 책이 린다 번의《시크릿》이다. 이 책을 읽고 이전과는 전혀 다른 세상이 있는 것에 놀라움을 금치 못했다. 그리고 내가 생각하면 이루어진다는 것에 흥분되고 설레었다. 사람들이 잘 모르는 금광을 발견했구나 싶었다. 그때 나는 결심했다. '나는 온 세상을 다니며 마음코칭을 하는 명강사가 된다'라고.

이후 우연히 유튜브에서 한책협을 알게 되었다. 그 대표분의 사고가 나의 세계관과 일치했다. 올려 있는 전화번호를 누르고 작가님과 통화했다. 매우 겸손하고 확신에 찬 음성이 믿음을 주었다. 그 후에 한책협에 가입하고, 책 쓰기 수업을 받게 되었다.

"성공해서 책을 쓰는 게 아니라 책을 써야 성공한다."

사람이 평생 책 한 권 내는 것이 쉬운 일은 아니다. 그런데 이곳에서는 매일 예사로 책을 출간한다. "내가 많이 도와줄게요."라는 격려가 울컥하는 감동을 주었다.

내가 주로 보는 장르는 자기계발서와 성공학이다. 대표적으로 팀 페리스의 《4시간》이란 책이 있다. 이 책을 읽고 적은 시간을 일하면서 좋아하는 것들을 다 할 수 있는 경제적 여유와 자유로운 시간을 얻고 싶었다. 유튜버로서도 사업가로서도 젊은 나이에 일궈 낸 것에 큰 도전이 되었다. '지금 하지 않으면 언제 할 것인가.' 게으른 내게 미루지 않는 삶에 대한 지침서가 되고 있다.

김태광 작가의 《150억 부자의 부의 추월차선》이 있다. 이분은 24년 동안 250권의 책을 쓰고 9년간 1,000명의 작가를 배출했다. 사업가로서도, 유튜버, 1인 창업가로서도 성공한 나의 롤모델이다. 내가 읽은 책 중 김승호 사장의 《김밥 파는 CEO》, 《절제의 성공학》, 오프라 윈프리의 《내가 확실히 아는 것들》, 로버트 기요사키의 《부자 아빠 가난한 아빠》 시리즈, 나폴레온 힐의 《생각하라! 그러면 부자가 되리라》, 《놓치고 싶지 않은 나의 꿈 나의 인생》 시리즈, 롭 무어의 《결단》 등이 있다. 이들 작가들은 한결같이 긍정적이고 의식이 확장된 사람들이다. 생각의 비밀을 알고 있는 사람들로 무한한 가능성을 열어 놓고 있다. 이들에게는 어떤 것도 장애물이 되지 않는다. 이들은 대부분 유명 코칭가이며 사업가이며, 억만장자다.

나도 이들처럼 될 수 있을까. 먼저 나는 자신감이 부족하다. 그러니나 자신을 회복시켜야 한다. 나의 장단점을 명확하게 알아 가야 한다. 그러려면 우선 책을 쓰고 나의 정체성을 확립해야 할 것이다. 그런 후 유튜브를 통해 나를 알리며 내게만 있는 재능과 내가 겪은 경험으로 코칭을 할 것이다. 우선은 15년 경력의 사회복지사 상담 경험을 바탕으로 시작할 것이다. 롤 모델의 경로를 따라가려면 더 많은 공부도 필요할 것이다.

그 외에도 의식 확장을 위해서 꾸준히 관련된 독서로 마음공부를 지속할 것이다. 유튜브와 블로그 마케팅을 마스터하고 1인 창업을 준비할 것이다. 그러려면 내 작업실이 필요하지 않을까. 원 없이 책을 읽고, 책을 쓰며, 누구의 방해도 받지 않고 창의적인 활동을 할 수 있는 나만의 공간을 가질 것이다.

나는 어린 시절 많이 외로웠다. 사회적 약자의 고통을 잘 알게 된 이유다. 그래서 생긴 건지 모르겠다. 나의 공감 능력을 십분 발휘해서 내담자의 필요를 채워 주고 격려와 위로와 자신감을 불러일으키는 동기부여가가 되고 싶다.

나는 스무 살에 인격적인 하나님을 만났다. 그래서 어떤 어려움도 거뜬히 이겨 낼 수 있었다. 그때부터 나는 노트에 기도 제목을 적으면서 막연히 꿈을 키워 가고 있었다. 20~50대까지 많은 인간관계를 경험했다. 그래서인지 언제부터인지는 모르겠지만 잠깐의 대화를 통해서도 상대의 마음을 읽을 수 있었다. 예전에는 몰랐는데 나는 이것이 신이 내게 주신 특별한 능력이라고 생각한다.

나의 꿈은 이루어진다. 왜냐하면 내가 마음에 품었고 실행해 가고 있기 때문이다. 내가 감정 코칭가로 활동한다는 생각만 해도 가슴이 뛴다. 행복하다. 살맛나는 세상이 펼쳐져 하루하루가 천국이다. 다른 사람에게 행복을 주면서 더불어 나의 행복도 챙길 수 있으니 큰 만족감을 느낀다.

나는 천재들의 친구가 되고 함께 동고동락하면서 일한다. 세계를 다니며 방송, 문화, 예술 공연을 통해 세상을 아름답게 하는 사람이 된다. 나는 사람의 영혼을 살리고 재능을 발굴해 주고 목표를 발견하게 해 주는 감정 코치, 동기부여가가 된다. 내게는 하나님이 주신 재능들이 많다. 전에는 왜 그것을 작게 생각했는지 모르겠다. 이제는 내게 주신 달란트들이 얼마나 소중하고 감사한지 모르겠다.

나는 세계 여러 나라를 다니며 천재 친구들도 만나고 나처럼 마음이 상한 사람들을 치유하며 하나님과 사람을 기쁘게 하는 아름다운 인생을 살겠다. 제2의 인생을 살 수 있도록 따뜻하게 격려해 주신 한책협 코치님이 너무 감사할 따름이다.

언어의 연금술사로 거듭나 TV, 라디오 출연하기

연예인, 방송인, 작가, 강연가들은 TV와 라디오에 나와서 거침없이 자신의 생각을 드러낸다. 그들의 그런 당당한 모습이 너무 멋지다. 그들은 자신의 생각을 재미있고 부드럽게 술술 풀어낸다. 확신에 찬 그들의 말은 사이다처럼 시원한 청량감까지 더해 준다. 그뿐만이 아니다. 때로는 동네 구멍가게 이모처럼, 때론 동네를 휘젓고 다니며 놀던 깨벗 친구처럼 따뜻함과 편안함을 선사해 준다. 내 속내를 다 드러내도 부끄럽지 않은 그런 사람처럼.

일례로 라디오 프로 〈두시탈출 컬투쇼〉가 있다. MC와 게스트의 아무 말 대잔치가 펼쳐지는 현장이다. 그러나 몰입도는 장난이 아니다. 엄청난 팬덤층도 있다. 찧고 까부는 말에 빵 터지고 만다. 그러나 그 속에 진실성이 담겨 있다. 이것이 이들의 반전 매력이다.

내가 좋아하는 방송인은 개그맨 김제동과 김미경 강사, 김창옥 강사, 오프라 윈프리, 팀 페리스, 이금희 아나운서, 방송인 유재석 등이다. 어쩜 그렇게 재치 있고 말에 막힘이 없는지 신기할 뿐이다. 언어의 마술사란 표현이 딱 맞지 않는가? 이들은 자신감에 차 있다. 마음이 여유로워 상대방을 편안하게 잘 리드한다. 나도 자유롭지만 핵심을 벗어나지 않는 사람, 자기중심과 개성이 뚜렷한 사람, 마음에 깊은 샘이 있어 퍼내도 퍼내도 끝이 없는 그런 방송인이 되고 싶다.

이를 위해서 나는 책을 쓴다. 그리고 많은 책을 읽는다. 그 안에 소잿거리가 잔뜩 있기 때문이다. 유재석이 그 예다. 그는 바쁜 일정 중에도 한 달에 책을 50권 정도 읽는다고 한다. 트렌드를 읽고 대화의 폭을 넓히기 위함이다. 흠, 그렇다면 나에겐 더 많은 노력이 필요치 않겠는가. 시작이 많이 늦었기 때문이다. 그동안 가물고 메말랐던 내 감정에 꿈이라는 물을 듬뿍 줄 것이다. 그렇게 먼저 아름다운 세상을 마음에 그린 다음 종이 위에 옮겨 놓을 것이다.

나는 또한 나를 믿어 주어야 한다. 나는 지금도 충분하고 더한 일도 할 수 있는 사람이다. 이렇게. 이전에 나는 스스로 나서서 발표하는 일이 전혀 없었다. 순번에 의해서 하거나 뒤에서 떠밀려 엉겁결에 하는 경우가 대부분이었다. 발표 울렁증이 있었던 셈이다. 이러한 핸디캡을 극복하기 위해서라도 나는 TV와 라디오 방송에 공격적으로 출연하려고 한다. 기회가 되면 이금희 아나운서처럼 진행도 해 보고 싶다.

TV와 라디오에 나오는 나를 상상해 보았다. 무엇이 좋은지 시종일관 싱글벙글이다. 뿐만 아니라 정확한 발음과 부드러운 음성으로 명확히 핵심을 전하고 있다. 전하는 내용이 너무 알차고 유익하다. 2020년도 트렌드에 부합하는 매력적인 작가가 된 것이다. 생각만 해도 너무 행복하다. 부족하고 약점 많은 내가 그 핸디캡을 극복하고 누구나 원하는 것을 이룰 수 있음을 대변하고 있는 것이다. 특히 꿈이 없다고 말하는 청소년과 젊은이들에게 희망을 심어 줄 것이다. 그들을 위로하고 격려할 것이다.

"여러분도 충분히 할 수 있어요. 내가 했던 것처럼요. 꿈은 반드시 이뤄집니다."

역시 나는 감정 코칭가다. 모든 세대를 아울러 강퍅해져 가는 마음을 두드려 깨어서 말랑말랑한 감성을 회복시키는 것. 신이 주신 축복을 다 받고 살아갈 수 있도록 돕는 것. 이것이 내 인생 목표다.

이것들을 실현하기 위해서 나는 강연 과정을 마스터하고, 유튜브라는 현장에서 실행에 옮겨 갈 것이다. 언어의 연금술사로 거듭나는 것이다.

"나는 언어의 천재이고, 언어의 마술사다."

마음과 영혼을 바로잡아 주는 베스트셀러 작가 되기

나는 요즘 아침저녁으로 앤젤리너스 커피숍에 드나든다. 예전에는 돈이 아까워서 어디 상상이나 했던 일인가? 이곳은 24시간 운영하는 곳이라 밤새도록 글을 쓸 수 있다. 혼자 고독하게 날을 지새우지 않아도 된다. 새벽까지 함께 있는 손님들이 나 혼자 만리장성을 쌓는 데 큰 위안이 된다. 내 뜻이 이렇게 가상하니 누에고치에서 명주실이 술술 뽑혀 나오듯 글이 풀려야 하지 않을까. 앗, 그런데 첫 글자도 못 쓰고 멍 때리고 앉아 있거나 급기야는 꾸벅꾸벅 졸다가 올 때도 있다.

'큰일 났다. 얼른 A4용지 2장 분량 뽑아내야 되는데…. 카린(Karin), 잘할 수 있잖아. 미친 존재감 어디 갔니? 제발… come here….'

그러던 중 퍼뜩 이런 생각이 들었다. 나는 지금 내 감정을 다스려야 한다. 그래야 내 인생이 달라질 것이다. 풍부하다 못해 널을 뛰는 내 감정을 본다. 하지만 나는 이런 나를 사랑한다. 예민하고 민감하지만 그렇기 때문에 스펀지처럼 강한 흡수력이 있는 나를.

나는 기분이 좋으면 뭐든 할 수 있다. 그래서 조절을 잘해야 한다. 이른 새벽 좋은 음악을 듣고 영감을 주는 책을 읽으면서 내 영혼에 양식을 준다. 기분 좋게 하루를 시작하고 나를 다독이며 사람들을 축복한다. 그리고 축복받는 감사한 삶을 이어 나간다.

글쓰기는 창조하는 작업이다. "태초에 하나님이 천지를 창조하시니라…." 하나님이 명하사 자연을 창조하신 것처럼 나도 내 글을 창조해 나간다. 깨끗하고 말간 글을 쓰리라. 한여름의 냉수처럼 시원한 글을 써 내려가리라 다짐해 본다. 작가들의 로망은 베스트셀러 작가가 아니던가. 내가 쓴 글이 많은 사람들의 사랑을 받고 팬덤이 형성된다면 이보다 더 행복한 일이 어디 있겠는가.

내가 아는 베스트셀러 작가 중 나는 오프라 윈프리를 너무 좋아한다. 그녀는 그런 배짱이 어디서 나오는 것일까? 카리스마 넘치고 쿨한 여전사다. 10대에 성폭행을 당하고 바닥까지 내려간 상태에서 역경을 이겨낸 성공자다. 핸디캡이 한둘이 아닌 그녀가 떨치고 일어날 수 있었던 무기는 역시 긍정의 힘이다. 생각의 비밀을 알면서부터인 것이다.

그다음으론 브라이언 트레이시가 있다. 그는 불우한 성장 과정과 무일푼의 노동자에서 성공한 사업가로 변신했다. 이젠 그의 1회 강연료가 8억 원이다. 전 세계가 만나고 싶어 하는 작가가 된 것이다.

마지막으로 《네 안에 잠든 거인을 깨워라》의 앤서니 로빈스다. 그의 강연이 있는 날이면 한 도시의 도로가 정체될 정도로 엄청난 인파가 몰려온다고 한다. 역시 성공한 작가인 것이다. 그에 걸맞게 전용 헬리콥터를 타고 강의를 하러 다닌다. 상상만 해도 너무 멋지다.

이는 내 책이 나온 이후의 내 모습이다. 이 꿈을 내가 품었기 때문에 이미 이루어졌다고 나는 믿는다. 날마다 뛸 듯이 기쁘고, 내가 만나는 모든 사람을 소중히 여기며 사랑하고 아껴 주는 행복한 작가가 된 내 모습을 그려 본다. 그래, 나는 매력적인 베스트셀러 작가가 될 것이다. 이것이 내 꿈이다.

수많은 성공한 작가들이 그러하듯 나도 동기부여 작가로서 겸손함을 장착한다. 작가가 꿈인 꿈나무들의 모델이 된다. 힘든 이들을 진리로 인도하는 밝은 빛이 되고 메신저가 된다. 돈으로 도움을 주는 사람이기보다는 마음과 영혼을 바로잡아 주는 작가가 될 것이다.

나는 오늘도 멋진 작가가 되기 위해 앤젤리너스 커피숍에 자리를 잡고 앉았다. 드문드문 앉아 있는 사람들 중에는 독서하는 사람, 과제를 하는 사람, 자기계발을 위해 열공하는 젊은이들이 있다. 그 와중에 연애하느라 들떠 있는 청춘들도 간간이 있다.

이곳에서 나는 내가 좋아하는 책을 읽고 내가 좋아하는 카페에 들어가 댓글을 달고, 밤새워 책을 쓸 것이다. 좋은 글을 쓰기 위해 마음공부를 꾸준히 할 것이다. 내 감정을 잘 다스릴 것이다. 그리고 범주를 벗어나지 않도록 스승님의 조언을 받을 것이다. 성공한 베스트셀러 작가들의 저서를 읽으면서 본받을 점을 계속해서 찾아낼 것이다. 천국에 가는 그날까지 나는 작가로서의 역량을 높이기 위해 열공할 것이다.

작가로서의 삶을 살 수 있도록 나를 도와주신 김태광 코치님에게 감사한다. 죽을 것 같이 힘들었던 내 삶에 한 줄기 빛이 되어 주신 생명의 은인이시다. 이젠 내가 그 일을 하려 한다.

성공한 작가 되어 대형서점에서 사인회 하기

당신은 성공한 작가의 사인회에 가 본 적이 있는가?

나는 지금 작가로 성공해 사인회를 하고 있는 멋진 장면을 상상하고 있다. 가끔 유명 연예인의 사인회를 TV에서 본다. 팬들이 인산인해를 이루고 꽃다발과 선물을 들고 차례를 기다리는 모습에서 설렘이 전해진다.

"얼마나 좋은지 몰라요. 자신이 좋아하는 연예인을 코앞에서 본다는 게."

나도 좋아하는 연예인과 작가들이 많다. 꼭 만나보고 싶은 사람도 여러 명 있다.

사람은 사람을 먹고 산다. 또한 누군가를 사랑하고 살아야 행복하다. 받는 것보단 주는 것이 더 행복한 것도 사실이다. 받는 사람은 받으면 그만이지만 주는 사람은 준비부터 전해 주는 그 순간까지 두근반세근반 얼마나 설레는지 모른다. 그 사람만 생각하면 세상이 온통 핑크빛인 것이다. 고교시절 그만큼 순수했던 우리의 모습을 생각하면 웃음이 절로 난다. 나뭇잎만 떼구루루 굴러가도 까르르 웃음보가 터지곤 했다.

나이 먹었다고 이런 모습이 꼭 달라져야 할까? 우리는 언제까지나 순수한 소녀다. 좋아하고 싶은 사람을 좋아하고, 좋아하는 일을 하고 좋은 곳에 가서 아름다움에 감동하는. 엉엉 울기도 하고 뛸 듯이 좋아도 하며 사는.

먼저 이런 것들을 누리며 살아온 내가 베스트셀러 작가가 되어 혜성처럼 나타난다. 그리고 사인회를 대형서점에서 여는 것이다. 내가 사랑하는 사람들, 오프라 윈프리, 비욘세, 팀 페리스처럼 멋진 셀럽이 되는 것이다. 거기에 하나 더 얹는다면 인격적이고 매너와 유머가 섞인 매력적인 사람? 그런 사람이고 싶은 것이다.

나는 사인회를 기쁘게 준비한다. 이 글을 다 마치는 날 몽블랑 만년필을 구입할 것이다. 그것으로 사인을 해 주기 위해서다. 첫 번째 나의 사인회 장소는 교보문고가 될 것이다. 지난 토요일 비가 억수로 쏟아지던 날, 나는 딸과 함께 교보문고에 생애 처음으로 입성했었다. 어마어마하게 넓었다. 산더미란 표현은 이런 데다 쓰는 게 아닐까. 엄청난 책을 보니 너무 행복했다. 내가 서울에 산다면 매일 여기로 출근할 것 같다. 교보문고에는 한쪽에 소파들이 간간이 놓여 있다. 편안하게 책을 읽을 수 있도록 배려해 준 것이다.

"그랴… 여기구먼. 첫 번째 사인회는 여그서 하는겨…."

여기서 사인회를 하면 얼마나 좋을까? 내가 좋아하는 책과 나를 좋아해 주는 팬들과 그분들을 사랑하는 내가 만나는 행복한 곳. 여기는 교보문고 광화문점이다.

나는 오늘 베스트셀러 작가가 되기 위해 영혼을 갈아 넣은 책을 쭉 써 내려간다. 내 마음을 담고 사랑을 담아서 쓴 내 글을 읽고 마음이 따뜻해진다. 또한 희망으로 가득 차고 위로받는다면 나는 성공한 것이다. 그리고 나와 같은 사람들을 만나 서로 위로받고 다독거려 준다면 이 세상은 정말 살맛나고 아름다운 곳이 되지 않을까?

작가의 길을 걸을 수 있도록 지도해 주신 코치님께 감사한다. 이제는 틈만 나면 책을 쓰고 허공을 떠돌아다니던 내 생각들을 책에 담아 놓을 수 있어서 너무 행복하다. 이제는 책을 쓰며 사는 데 익숙해졌다. 한 달 전과는 사뭇 다른 나를 보고 깜짝 놀랐다. 결코 이전으로 돌아갈 수 없어졌다. 나는 독자에서 작가로 바뀌고 베스트셀러 작가로 거듭나 대형서점에서 사인회를 하는 작가 김시현이다.

상위 1%의 생각의 비밀을 아는 천재 억만장자 되기

당신은 억만장자의 꿈을 꿔 본 적이 있나요?

이 질문은 정말 받는 순간부터 좋아서 입이 귀에 걸린다. 절로 웃음이 피식피식 나온다. 그리고 하루 종일 되뇌어도 지겹지가 않다.

5년 전…. 나는 사회복지학 학사학위를 받기 위해 늦깎이 대학생이 되어 열공하고 있었다. 당시 나는 목표가 정해지면 제대로 해야 직성이 풀렸다. 맡은 일도 많았다. 남편의 교회 일을 도와야 했고 지역아동센터 사무국장으로서 제반 업무를 관리해야 했다. 가정에서는 네 아이의 엄마로서 완벽을 기하려 했다. 그 와중에 오전에 출근해 1시간 동안 알로에마임의 국장으로서의 임무도 완수했다. 출근 전과 퇴근 후에는 도서관에 가서 좋아하는 책을 읽어 대었다. 밤에는 대학 야간반에 등록해 사회복지학을 공부했다. 어느 것 하나 허투루 할 수 없는 것들이었다. 다 죽어라 최선을 다해야 하는 것들이었다.

'하루가 25시간이었으면….' 나는 막연히 다이어리에 꿈을 적으며 꿈에 부풀어 하루하루를 살았다. 그렇게 꿈을 좇느라 항상 시간에 쫓겼다. 다른 사람보다 1시간만 더 있었으면 좋겠다는 생각도 들었다. 그러나 나름 보람 있고 소소한 행복이 있는 날들이었다.

그러던 어느 날…. 내가 사랑하고 아끼던 사람들의 배신을 경험했다. 그 사람들을 위해서 나는 내 모든 것을 다 줄 수 있었다. 그런 나에게 돌아온 것은 배신감이었다. 물질적으로는 딱히 가진 것이 없었지만 나는 내 마음을 다해 그들을 도우려 애썼다.

반백년을 살면서 이제껏 나는 나를 위해서 살지 않았다. 남편과 아이들을 위해 열심히 살았을 뿐이다. 아동기관에서 일하는 만큼 그 아이들과 부모들에게 최선을 다했다.

하나님의 사람으로 살고 싶었던 나는 최선을 다해 성도들을 섬겼다. 그들이 잘되길 바랐다. 그들이 반듯이 세워지길 바랐다. 그들이 은혜를 다 받아 가길 바랐다. 그들… 그들… 그들을 위해서 밤잠을 설쳐 가며 내 몸이 부서져라 헌신했다. 그러나 그들은 내게서 필요한 것만 쏙 빼 가고 나중에는 나를 헌신짝처럼 버렸다. 적어도 10년 이상 도움을 주었던 사람들인데 은혜를 원수로 갚은 것이다.

나의 충격은 정말로 컸다. 내가 뭐 때문에 이렇게 남들을 위해 살아온 걸까? 나 자신은 온데간데없이 남이 잘되는 것을 보람으로 알고 바보같이 산 것이다. 결론적으로 나 자신은 챙기지 않은 채 남을 위해 너무 열심히 살았던 것이다.

지금은 담담하다. 그러면서 남을 위해 너무 열심히 사는 사람들에게 조언해 준다.

“당신 자신이 빠진 헌신이 무슨 의미가 있어요? 당신한테서 얻을 것이 없으면 결국 당신은 그들에게서 버림받아요…. 적당히 하세요. 그게 가족일지라도요. 내가 할 수 있는 일만 하는 겁니다. 각자의 삶은 각자 살아가고 헤쳐 나가는 거예요.”

나는 지금이 오히려 마음 편하고 여유롭다. 나에게 집중하기로 마음먹으니 하루가 백배는 더 행복하다. 알 수 없는 행복감으로 꽉 찬 느낌이다. 집 앞의 산책로를 걸으며 앞으로의 나의 삶을 어떻게 살 것인지 곰곰이 생각해 보았다.

나는 부자로 살고 싶다. 나는 남을 도우면 도울수록 오히려 부자가 되는 일을 하고 싶었다. 나는 무슨 일을 하든 대충 하는 사람이 아닌 전문가가 되고 싶었다. 나는 남에게 기쁨을 주고 박장대소하면서 모든 시름과 불행을 떨쳐 버리게 하는 능력자가 되고 싶었다. 개그맨을 웃기는 매력적인 사람이 되고 싶었다. 나를 키워 줄 천재들을 만나 폭풍 성장하고, 이후 나도 사람들을 능력자로 만들어 주는 코칭가가 되고 싶었다.

아름답게 자체 발광하며 여유로운 미소와 함께 등장하는 비욘세를 떠올린다. 나는 시욘세다. 그렇게 총정리한 내 인생 목표를 암호화해서 비밀번호로 만들어 사용하며 날마다 외치고 다녔다. 그것은 바로 이것이다.

“BgNr475298~*...”

"BgNr시현하다~*..."

B(beautiful)

g(genius)

N(new)

r(rich)

이것은 내 인생 목표이고 지금까지도 날마다 외치며 내실을 다지고 있다. 어느 날 얼마 정도를 버는 사람이면 족할까 고민하던 중 내가 타고 다니던 뉴모닝 차의 번호판이 눈에 확 들어왔다. '47조 5298.'

그래, 한 번 사는 인생 저 정도는 벌어야 하지 않을까? 그래, 너로 정했다. 나는 47조 5,298억의 억만장자다!

'나는 아름다운 여자다. 나는 천재다. 나는 뉴 리치다. 나는 47조 5,298억의 아름답고 천재적인 신생 부자다.'

그런데 신기한 일이 벌어졌다. 내가 5년 전에 정한 버킷리스트가 지금 모두 이뤄진 것이다. 한책협에 와 보니 이곳엔 천재 코치 도사님이 계셨다. 처음 온 나를 신생작가라고 불러 주지 않는가. 속으로 얼마나 웃었는지 모른다. 내가 원하던 것이 이곳에 총망라되어 있다. 모든 것이 다 이뤄진 것이다. 이젠 현실에 옮기기만 하면 된다. 내가 겪은 고통이 오히려 반전 드라마가 된 것이다. 이보다 더 행복할 순 없다.

재는 도대체 뭐 하고 다니는지 모르겠다고 비아냥거리는 사람들의 헛소리 따윈 이제는 신경 쓰지 않는다. 그러거나 말거나. 나는 그들에게 "닥치고 네가 가던 길이나 어서 가세요." 한다. 나는 더 이상 이상한 사람이 아니다. 상위 1%의 생각의 비밀을 아는 천재였던 것이다.

나는 내가 원하는 100개 이상의 버킷리스트를 모두 이루었다. 어떻게 그럴 수 있었나. 내가 기도한 것을 의심치 않고 믿었기 때문이다. 이를 위해 하나님께서 보내 주신 김도사님께 감사를 드린다. 나를 부의 추월차선에 진입할 수 있도록 도와주셨기 때문이다.

나는 오늘도 "나는 BgNr47조 5298억의 억만장자다!"를 외치며 마음을 다잡는다.

"내가 너희에게 말하노니 무엇이든지 기도하고 구하는 것은 받은 줄로 믿으라 그리하면 너희에게 그대로 되리라…." (마가복음 11:24)

비범한 100억대 부자로서 간호사들의 빛 되기

· 이선영 ·

이선영

탈임상 전문 간호사, 자기계발 작가, 동기부여가

RMIT대학교 경영학, 고려대학교 간호대학 졸업 후 삼성서울병원에서 병동간호사로서 약 7년간 근무했다. 현재는 주재원인 남편과 필리핀에 거주하며 글로벌 기업에서 재택근무 중인 탈임상 간호사이다. 임상에서 손을 떼며 마치 사형선고를 받은 것처럼 고통스러웠으나 막상 나와 보니 행복한 신세계에 충격을 받았다. 현재 간호사들에게 꿈과 희망을 심어 주는 주제로 개인저서를 집필 중이다.

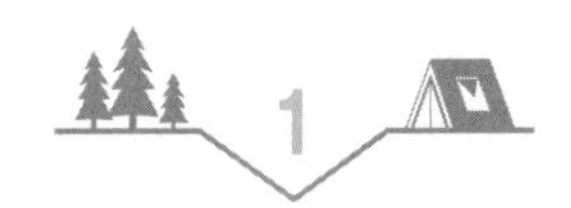

100억대 부자 간호사 되기

학창시절부터 나는 평범함을 꿈꾸었다. 크게 바라는 것도 없었고 현재보다 아주 약간 업그레이드된 평범함을 좇았다. 친구들이 나의 꿈을 물을 때면 나는 "평범하게 사는 게 꿈이야."라고 답하거나 심지어 "현모양처"라고 답하기도 했다. 그래서 나는 평범하게 되려고 끊임없이 노력했다. 때로는 사서 고생을 하기도 했다. 또한 그 과정에서 깊은 시련을 마주하기도 했다.

이런 내가 꽤나 확고하고도 뚜렷하게 추구했던 꿈이 바로 간호사였다. 이 꿈 하나만큼은 한 치의 양보도 없었다. 나는 부모님에게 미리 선포한 대로 경영학과를 졸업한 후 다시 간호의 길에 들어섰다. 간호사가 되기까지 굳이 그만큼의 우여곡절이 필요했을까 싶을 정도로 나는 내 꿈을 이루는 데 8년의 시간을 들였다.

내가 원했던 간호 일을 하며 나는 꽤나 행복했다. 좋아하는 걸 하며 돈까지 번다니 이런 축복이 또 있을까 싶었다. 내가 다달이 받던 월급,

나의 노동에 비해 절대 많다고 느껴지지 않았지만 턱없이 적다고 생각하지도 않았다. 힘들지만 나의 직업에 대한 자부심이 컸으니까. 나의 그런 '간부심'에 남편도 두 손 두 발 다 들 정도였다. '동종업계 최고 대우'라는 수식어 아래에서 마치 내가 정말 최고로 대우받는다고 착각했다.

나는 내가 원하고 바라고 갈망하던 그 모든 것을 이루었다. 후회 없는 유학생활, 내가 원하던 대학, 내가 원하던 진로, 내가 원하던 직장, 내가 사랑하는 남편, 내가 원하던 남매까지. 내가 그려 오던 그 평범함과 매우 흡사하다. 나는 끌어당김의 법칙의 대가다.

하지만 놀랍게도 나의 삶은 이전보다 전혀 나아지지 않았다. 왜일까. 나는 내가 원하는 평범함에 꽤 많은 욕망이 담겨 있다는 것을 알게 되었다. 화목한 가정에서 평범하게 내가 하고 싶은 일을 하며 만족할 만큼 돈을 벌고 사랑하는 아이들과 충분히 시간을 함께 보내며 내가 원하는 만큼의 휴식과 자유를 내가 원할 때 누리는 것. 이것이 내가 바라는 평범함이다. 이 평범한을 이 세상에서 이룬 사람이 있을까 싶을 정도의 평범함이다. 대한민국 0.1%에 해당하는 정도일까.

그런데 문제는 나는 이제껏 단 한 번도 '부'를 욕망하지 않았고 그것을 꿈꾸지 않았다는 것이다. 나는 이 평범함을 가장한 나의 욕망을 이제는 당당히 드러내 비범한 부를 이루리라 선포한다.

나는 부와 풍요로움을 원한다. 인류의 긴 역사 속 그 많고 많은 간호사 중에 100억 부자가 없다는 사실에 나는 의문이 간다. 내가 지금 100억 부자가 아니라는 사실보다 100억 부자 간호사가 없다는 것이 더 찝찝하고 이해가 가지 않는다. 이건 반드시 무언가 잘못되었다.

왜 간호계에는 스티브 잡스, 빌 게이츠가 없는가. 간호계에서 비범한 부를 이룬 비범한 이가 없다는 사실을 나는 용납할 수가 없다. 그 많은 간호사들은 다 어디로 갔는가. 그저 박애주의, 희생과 봉사의 정신뿐인가. 나는 간호사로서 부를 원한다. 그것도 100억대 이상의 비범한 부를 추구한다. 간호사를 대표하는 희대의 부를 내가 이룰 것이다. 먼저 차고 넘치게 이루고 그것이 흐르게 할 것이다.

딸내미로 입사해 두 아이의 엄마가 되기까지 온갖 시련과 풍파를 다 견디며 간호의 길을 걷고 있던 내게 갑자기 사형선고가 내려졌다. 일신상의 이유로 더 이상 임상을 할 수 없는 끝에 다다른 것이다. 그 모진 것들을 다 견뎌 왔는데 나는 왜 이 산을 넘을 수 없는 건지 피눈물이 났다. 처음에는 부정하고 외면하려고도 했지만 이 끝은 답이 없는 성질의 것이었다. 나는 8개월이 된 둘째를 끌어안고 밤낮없이 하염없이 울다 결국은 깨끗하게 받아들였다.

얼마 지나지 않아 감사하게도 아주 절묘한 타이밍에 남편의 해외발령이 확정되었다. 나는 나의 또 다른 꿈과 로망이던 주재원 마누라가 되었다. 나는 남편 말을 귓등으로 듣고 기어코 현지에서 취업했고 코로나로 인해 난생처음 재택근무를 하게 되었다. 나는 병원 밖의 세상에서 한 발자국 두 발자국 걸으며 나 스스로를 찬찬히 돌아본다.

내가 스스로에게 부여한 간호사라는 알은 꽤 단단했고 이를 깨는 과정은 매우 고통스러웠다. 불과 얼마 전까지만 해도 나의 꿈은 힘닿는 데까지 비사이드 너싱(bedside nursing)을 하는 것이었다. 30년가량의 임상을 마무리하며 함께 울고 웃었던 동료들과 조촐하게 케이크나 자르는 은퇴파티를 하는 것이 내가 그리던 꿈의 장면이었다. 지금의 나는 이러한 끝을 추구했다는 데 어이가 없을 정도다. 아니 왜, 미치지 않고서야, 라는 소리가 절로 나온다.

나는 간호사로서의 아이덴티티가 매우 강하다. 하지만 더 이상 임상의 옳고 그름, 어떤 것이 더 베스트 프랙티스(best practice)인지는 나의 주의와 관심이 가닿지 않는다. 나는 탈임상했고 부를 이루는 데 집중하는 탈임상 간호사다. 탈임상의 풍요로움은 자연히 임상으로 흐른다. 나는 이러한 풍요로움으로 간호계가 맞닥뜨리고 있는 여러 가지 문제들, 가혹한 문화, 혹독한 근무 환경, 간호 수가, 간호사의 처우 등 개선이 필요한 곳에 직간접적으로 선한 영향을 끼칠 수 있을 것이라 확신한다.

삼성병원에 자기소개서를 제출하며 나의 꿈에 대해 적었던 문구가 기억난다. 나는 '암환자의 빛'이 되고 싶다고 썼다. 그리고 그 덕에 혈액종양내과 병동에서 임상을 시작했다. 나의 시작은 암환자들의 빛이었지만 나의 끝은 '간호사들의 빛'이다. 간호사도 원하고 구하는 대로 그 모든 것을 가질 수 있음을, 간호사도 비범한 부자가 될 수 있음을 온몸으로 증명해 이 시대의 산증인이 되고 싶다. 나는 내가 이룬 부로 간호계에 의미 있는 한 획을 그을 것이다.

100억대 부자가 되는 것은 간호사로서 굉장히 큰 의의가 있다. 간호사의 마인드와 부자의 마인드가 단단히 결합되면 어떤 선한 영향력이 내 주변에 가득할지 생각만 해도 짜릿하다. 내가 끌어당기는 부와 풍요로움으로 간호사들의 연예인, 워너비라 불리며 모두가 나의 부, 나의 인성, 내가 전하는 풍요로움을 익히 알 정도의 멋진 삶을 살아갈 것이다. 나는 내가 이룬 부로 선한 일을 할 것이다. 후배들을 위해 블링블링한 간호대학 건물 하나 짓는 것쯤이야.

100억대 부자의 삶은 어떨까. 생생하게 상상해본다. 상상만 해도 즐겁다. 이제껏 병원이라는 나의 이용자에 고용되어 혹은 다른 누군가에게 귀속되어 살았던 삶은 아득한 나의 과거가 된다. 나의 이용자가 원하는 뿌옇고 잘 보이지 않는 목표를 위해 나의 시간과 노력을 쏟는 것이 아니라 나와 내 주변의 직접적인 성장에만 집중한다. 이로 인해 나는 더 능력 있는 사람이 되고 나의 한 시간의 가치는 범접할 수 없이 커진다.

나는 풍요로움을 느끼고 하루하루 진정 살아 있음을 느낀다. 한정된 돈으로 인한 자잘한 근심 걱정은 안 해도 된다. 별것도 아닌 선택지 앞에서 쓸데없는 고민에 시간을 할애하지 않아도 된다. 부모님 용돈, 거주지, 여행 등의 선택이 오히려 자잘하게 느껴진다.

부모님 용돈? 이제껏 고생하셨는데 한 장 드리지 뭐.

집? 여기도 괜찮고 저기도 괜찮은 것 같은데…. 그냥 다 할게요.

여행? 자, 올해의 여행지 세 곳 가족 투표 결과를 공유하겠습니다. 1분기 파리, 2분기 프라하, 3분기 몰디브로 선정되었습니다. 4분기 오로라 여행, 올해는 핀란드입니다. 이견 있는 사람은 와일드카드 제출해 주세요.

내가 집중하는 것은 어떤 맛있고 건강한 음식으로 나와 내 가족의 입을 즐겁게 할지, 어떤 취미와 운동으로 나의 신체적, 정신적 건강에 좋은 양분을 줄지다. 큰 그림을 그리는 데도 나는 거침이 없다. 어떤 재미있는 일로 더 많은 부를 창출할지 고민하는 시간은 행복 그 자체다.

과거를 찬찬히 돌아보며 나는 정확히 내가 원하고 두드리고 갈망하던 것만 모두 이루었음을 온몸으로 확인한다. 우주는 내가 상상하는 것 이상을 나에게 가져다주지 않음을 고백한다. 어렸을 때부터 나만의 평범함을 위해 부단히도 노력했다. 그리고 운 좋게 내가 누리게 된 이 모든 것들이 감사하지만 나는 아직 배가 고프다. 나는 이제 비범한 부를 꿈꾼다. 내 자유를 팔아 자유를 사는 것이 아닌 진정한 자유를 원한다. 100억대 부자, 나는 내가 원하는 끝에서 시작한다.

빛의 일꾼, 간호계의 김도사 되기

내가 간호사가 되고 싶었던 이유는 무엇일까. 온 우주에 선포하고 끌어당김의 대가가 되면서까지 왜 그래야만 했나. 반복해서 수없이 나에게 물어봐도 나의 대답은 참 한결같다. 나는 단지 사람들을 돕고 싶었을 뿐이다. 이왕이면 나의 무대가 사람을 살리는 병원이었으면 했다. 그리고 내가 원하는 만큼 오래도록 현역이고 싶었다. 내 고등학교 학생기록부 장래희망에는 간호사라는 세 글자가 학생 칸, 학부모 칸 양쪽에 가지런히 쓰여 있다.

이 꿈을 향한 내 열정은 참 애틋할 정도였다.

'내가 입은 간호사 가운이 누구보다 하얗고 빛날 수 있도록 도와주세요. 나를 거쳐 가는 모든 환자들의 마음을 어루만지시고 나로 인해 더 행복할 수 있도록 도와주세요. 언제나 간호사가 되고 싶다는 마음을 변치 않게 해주세요.'

정확히 2009년 4월 13일 고도원 님의 《꿈 너머 꿈 노트》에 작성해 놓은 나의 꿈이다. 막 간호의 길에 들어서는 준비를 하던 시점이었다. 종이 위에 쓰면 이루어진다기에 내가 쓴 유일한 꿈 한 가지다. 덕분에 나는 고려대학교 영어 고사 쿠엣(KUET)에서 전국 2등, 0.02%라는 성적으로 고려대학교 간호학과에 편입학했다.

끌어당김의 법칙이 무엇인지 그때는 제대로 몰랐다. 기적적인 이 결과는 꽤 인간적이고 양보의 미덕까지 있어 두고두고 만족스러웠다. 내가 원하던 것 하나를 이룬 이 성공의 경험은 나에게 큰 의미로 다가왔다. 꿈을 이루어 가는 과정들, 마침내 이루었을 때의 그 환희. 이 패턴을 기억하면 나는 못 이룰 일이 없을 것 같다는 생각이 들기도 했다.

그런데 기록적인 결과보다 더 놀라운 것은 사람들의 반응이었다. 그 점수로 왜 다른 과에 지원하지 않느냐는 것이었다. 왜 굳이 간호학과냐니. 내가 좋아서 한다는데 뭐가 문제인 건지. 나는 간호사가 되어서 심지어 핑거 에네마(finger enema; 손가락 관장)를 해도 행복할 것 같다며 웃었다.

나는 신규 간호사 때 임상에서 처음으로 핑거 에네마를 마주했던 순간을 아직도 기억한다. 핑거 에네마를 마치고 이마에 송골송골 땀이 맺힌 선배를 올려다본 순간. 나는 그의 얼굴에서 후광을 보았다. 임상에는 진정 존경받아 마땅한 선생님들이 많이 있다.

하지만 문제는 사람들이 이를 알지 못한다는 것이다. 간호사들이 이렇게나 멋진 일을 한다는 걸 세상 사람들이 몰라준다는 말이 아니다. 간호사 자신들의 얼굴에 후광이 비친다는 것을 간호사 스스로가 알지 못한다는 것이다. 그래서 나는 메신저의 삶을 살기로 결심한다. 간호사와는 거리가 멀다고 여겨지는 '부'와 이들을 연결하고 싶다. 이들에게 '버텨내는 삶'이 아닌 '부와 풍요로움이 가득한 삶'을 선사해 주고 싶다.

요새 나는 부와 풍요의 개념에 집중한다. 아이러니하게도 나는 이와 정반대의 부류에게서 더 많이 배운다. 바로 나의 헬퍼다. 운 좋게 주재원 마누라가 된 나는 옳다구나 하며 현지에서 취업했다. 나는 일을 해야 숨을 쉬는 사람이다. 나의 근무 시간 중 집안일과 아이들을 맡아 줄 헬퍼도 고용했다. 이들의 월급은 내 수입의 10분의 1이다.

그들과 내가 도대체 무엇이 다른 걸까. 이 속절없는 부의 상대성 앞에서 나는 강한 의문이 생겼다. 그리고 그 다름에 집중하기 시작했다. 그들은 쉬지 않고 열심히 일하지만 돈 버는 방법은 몰랐다. 또한 변화를 읽고 대비하지 못한다는 생각이 들기도 했다. 그 순간 이 모든 말은 바로 나를 향한 것이라는 깨달음이 왔다. 100억대 큰 부자들이 나를 두고 역시나 같은 생각을 하겠구나. '의식이 확장되어야 부를 담을 수 있을 텐데…. 쯧쯧.' 나는 소름이 끼쳤다.

정말로 무서운 것은 나의 헬퍼는 이 부의 격차 앞에 의문을 갖지 않는다는 것이다. 헬퍼의 관심은 이번 한 달을 벌어먹었듯 어떻게 다음 달도 그렇게 혹은 그것보다 조금 더 많이 벌 수 있는지에 꽂혀 있다. 나는 이를 보며 2교대, 3교대를 하며 골수까지 정성껏 갈아내던 지난날 나의 모습을 본다. 시간과 건강, 영혼까지 팔던 나의 모습이 오버랩된다. 나 역시 이제껏 그렇게 살았다.

헬퍼는 바로 나고 또 병원 속 간호사들이다. 나는 그제야 확신한다. 지금껏 해 왔던 것과는 전혀 다른 접근법이 필요하다는 것을. 이 알을 깨어줄 거인이 필요하다는 것을. 나는 무작정 책을 한 권 읽기 시작했다. 지금껏 그들과 같은 삶을 살았기 때문에 나는 이제 다름에 집중한다.

부와 풍요를 말하는 책을 읽다가 문득 이 모든 것이 내가 정의하는 평범함, 즉 내가 스스로 정하는 나의 자리에 달려 있다는 생각이 들었다. 그 모든 것이 나의 의식과 믿음에서 비롯되는 것이다. 지금껏 나는 열심히 산다고 살아왔는데 큰 변화는 없었다. 나는 항상 시간에 쫓겼고 경제적으로 그리 여유롭지 않았으며 육체적으로 버거웠다. 두 아이의 엄마가 되며 이 고통은 나날이 가중되었다. 해가 지나도 딱히 나아지지 않는 살림살이는 나를 고뇌하게 했다.

기혼녀 최고의 로망인 주재원 마누라가 되었지만 삶의 질은 매한가지였다. 새벽 6시부터 밤 12시까지 나를 위한 시간을 단 한시도 내지 못하는 나를 보며 나는 오히려 퇴보한 기분이 들었다. 이것 역시 나의 의식이다…. 주재원 마누라도 저마다의 의식 수준마다 누리는 삶의 질이 천지차이임을 깨닫게 되었다.

"왕관을 쓰려는 자 그 무게를 견뎌라."라는 말이 여기에 맞을지 모르겠다. 의외로 상주 헬퍼를 쓰기 꺼리는 주재원 가정이 꽤 있다. 막상 한 집에서 함께 지내려니 그 자체가 불편하게 느껴지는 것이다. 다른 사람의 시선을 유독 의식하고 눈치 보며 남을 먼저 배려하는 한국 사람들의 특징 때문이다. 그들은 타인의 시선과 간섭이 싫고, 관리하는 것이 번거로워 모든 것을 혼자 다 감당한다. 나는 다행히 물불을 가릴 여유가 없었다. 그 덕분에 사람을 쓰는 법을 배워 나가고 있다. 나의 의식을 피고용인에서 고용주로 바꾸는 이 시간들을 잘 기억할 것이다.

7년의 임상을 급작스레 마무리하며 나는 마치 사형선고를 받은 듯 고통스러웠다. 깊고 깊은 나락으로 떨어지던 그 느낌. 마치 세상이 끝난 것 같았다. 그러다 겨우 다시 활기를 찾았다. 내가 지금 탈임상 전문간호사의 길을 걷고 있다는 것을 깨달은 후부터다. 나는 간호사들의 메신저가 될 거야. 나는 나와 비슷한 간호사들의 힘이 되어 주겠다는 작은 생각 씨앗을 마음속 깊이 심었다. 그제야 나는 나다운 나로 돌아왔다. 병원에는 프리셉터가 있고 병원 밖에는 여러분을 위한 내가 있다.

어느 날 밤 나의 의식을 깨우는 김태광 작가님의 글을 마주한 후 나는 홀린 듯이 필사를 했다. 나는 거인의 어깨에 올라탔다. 나의 말과 글 또한 간호사들의 마음에 담겨 그들 역시 나의 어깨에서 시작하기를 진심으로 바란다. 그들의 성장이 곧 나의 성장이기에. 나로 인해 간호사와 부는 매우 가까워질 것이다.

나는 나의 선후배 동기 간호사들이 월 1,000만 원 이상의 수입을 올리는 억대 연봉자로 새로이 태어날 수 있도록 부의 추월차선으로 안내할 것이다. 1,000명의 억대 연봉 간호사를 양성할 것이다. 나의 지혜를 원하는 다른 간호사들에게 이를 전파할 것이다. 그들의 행복한 여정에 나는 큰 보탬이 될 것이다. 나는 그들이 나에게 끊임없이 간증하는 행복과 부, 풍요로움을 듣는 맛으로 세상을 살아가게 될 것이다. 온전히 부에만 초점을 두는 삶은 풍요롭기 그지없을 것이다.

항상 쉬지 않고 구하고 또 구하는 나를 보며 언젠가 어머니께서 푸근하게 말씀하셨다. "우리 딸은 복을 참 많이 받을 거야." 그러고는 성경 구절 하나를 보여 주셨다. "마음이 가난한 자는 복이 있나니 천국이 저희 것임이요." 이 글귀의 의미를 이제야 안다. 나는 끝없이 구하고 선포할 것이다. 그리고 나를 만난 간호사들 역시 마찬가지로 천국 같은 삶을 누리게 될 것이다.

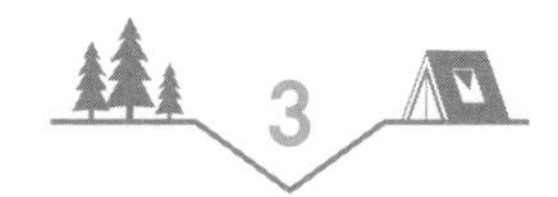

친정, 시댁 온 가족이 함께 크루즈여행 하기

사람들은 다른 그 어떤 여행보다 크루즈여행을 특별하게 느낀다. 나 역시 마찬가지였다. 내 인생과 크루즈여행은 멀게만 느껴졌다. 왜 그럴까. 크루즈는 배를 타고 이곳저곳 누비는 것이다. 그 특성상 비교적 오랜 기간을 여행을 위해 따로 떼어 놓아야 한다. 그에 따라 경비도 꽤 많이 든다. 그렇기 때문에 사람들은 크루즈여행을 넉넉한 시간과 여윳돈을 동시에 가진 성공자들의 전유물로 여긴다.

하지만 인간의 생애 주기별 특성상, 젊을 때는 시간을 팔아 돈을 버느라 시간도 여윳돈도 부족하다. 중년 정도 되면 돈은 있지만 여유 시간이 부족하다. 노년 즈음이 되어서야 은퇴하며 가용 시간이 많아진다. 하지만 이때도 대부분의 일반 노년층은 노후 대비를 하느라 여유 자금이 없는 경우가 많다. '크루즈여행'이라고 하면 충분히 부를 축적한 백발노인이 석양을 바라보고 있는 모습을 떠올리는 이유다.

나는 새파란 나이에 크루즈여행을 꿈꾼다. 돈과 시간을 모두 가진 자들만 할 수 있는 상징적인 의미의 크루즈여행. 나는 이를 30대가 가기 전에 경험할 것이다. 나의 부모님과 시부모님은 어느덧 노년에 접어들었다. 크루즈선에서 그들이 노을 진 석양을 행복하게 바라보는 뒷모습을 내 눈에 담고 싶다. 이렇게 하면 효를 다한 기분이 들까.

나는 엄한 아버지와 자상한 어머니 슬하의 막내딸이다. 특별할 것도 없는 매우 전형적인 4인 가족이다. 우리 어머니는 절약의 귀재셨다. 어머니의 옷장에는 30년도 더 된 옷들이 가득했다. 어머니는 물, 수도, 전기 등의 자원과 갖가지 소비재를 아껴 쓰는 방법을 나에게 꾸준히 전수해 주셨다. 어머니는 '알뜰살뜰'이라는 말을 즐겨 하셨다. 마치 어머니 기도의 오프닝 멘트인 '사랑과 은혜가 많으신 하나님'만큼이나 이 '알뜰살뜰'은 절대적이었다.

그중에 내 뼛속까지 아로새겨져 내가 항상 지키는 것은 치약을 완전히 다 쓰는 방법이었다. 치약을 다 써 갈 무렵 치약의 허리를 댕강 가위로 잘라서 나머지를 쓰는 아주 간단하면서도 획기적인 방법이다. 신혼 초에 남편은 이를 보며 마치 신세계를 본 듯 놀라움을 표했다. 나는 그런 남편의 모습에 새삼 더 충격을 받았다. 아니 이 세상에 치약의 마지막을 기리는 이 숭고한 의식을 치르지 않는 사람도 있단 말인가!

내 어미와 아비는 간이고 쓸개고 모두 내어주는 마음으로 나를 양육하셨다. 대부분의 가정이 그렇듯 우리 부모님은 극과 극의 양육 스타일을 선보이셨다. 그래도 나는 좋은 것만 잘 담아내었다. 나름 정신적으로도 안정적이었다. 고민을 오래 하는 성격도 아니었다. 이런 나의 멘털이 흔들리기 시작한 때는 나에게 사랑하는 자녀들이 생긴 후부터다.

딸에서 엄마로 새로 태어나는 과정은 다이내믹했다. 내 예상을 뛰어넘고도 남았다. 나는 어린 두 아이들을 양육하며 종종 젊었을 적의 어머니의 삶을 마주하곤 했다. 결국은 사랑이라는 말로 뭉뚱그려 표현될 그 희생과 내어줌. 젊은 날의 내 어미를 마주할 때마다 나는 형용할 수 없는 슬픔과 안타까움에 휩싸이곤 했다. 나는 어머니의 삶을 그대로 살고 있다. 어머니와 달리 나에게 추가된 것은 워킹맘이라는 타이틀 하나다.

직장생활을 하며 동시에 내 어미가 나에게 했던 그 모든 지지와 마음의 풍요를 내 아이들에게 선사해 줘야 한다. 도대체 내 아이들에게 나는 뭘 어떻게 해야 된다는 말인가. 무거운 부담감과 책임감이 나를 짓눌렀다. 아이들은 나를 온 우주로 여기고 있는데. 내가 보여 주는 만큼의 세계만 아이들은 볼 수 있다. 생각이 여기까지 미치면 숨이 막히고 두렵기도 했다.

그때부터였던 것 같다. 나에게는 당장의 나의 즐거움을 뒤로 미루는 습관이 생겨났다. 지금 잠깐 쉬고 싶어도 나와 내 가족, 아이들을 위해 뭐라도 해야 할 것만 같았다. 눈앞에 맛있는 것이 있어도 순서는 아이들 먼저, 남편, 그다음 나의 헬퍼, 마지막으로 나다.

언젠가 남편이 도넛을 여러 개 사 왔다. 여섯 살 난 아들이 배불리 먹어야 되니 최소 2개는 첫째의 몫이다. 혹시 모르니 3개를 빼놓고 헬퍼에게도 하나 고르게 했다. 어찌어찌하다 보니 막상 나는 도넛에 손도 대지 못했다. 이런 나를 보고 있자니 이건 무언가 단단히 잘못된 듯싶었다. 그깟 도넛이 뭐라고 내 입에 하나 넣는 게 그리도 힘들단 말인가. 나는 현재를 향유하는 법을 몰랐다. 내 안의 생각들이 나의 부를, 풍요로움을 막고 있다는 생각이 슬며시 피어오르기도 했다.

하지만 나는 더 이상 내 즐거움을 미루고 싶지 않다. 나도 도넛을 매우 좋아한다. 나는 당장의 즐거움과 행복을 원한다. 크루즈여행 역시 마찬가지다. 크루즈선에서 맞이하는 멋진 석양을, 나는 시간이 흐르고 백발이 다 된 후에나 보고 싶진 않다. 좋고 귀한 것을 더 젊을 때 경험하면 얼마나 더 행복하고 벅차오를까. 나는 새까맣고 윤기 나는 긴 머리칼을 휘날리며 석양을 맞이할 것이다. 나는 끝에서 시작한다. 크루즈여행을 마친 나는 이전과는 전혀 다른 내가 되어 있을 것이다.

나는 부와 시간적 여유를 모두 가진 크루즈선 내 다른 여행자들을 관찰하며 부에 더 가까이 다가간다. 부의 마인드를 온몸으로 체감하며 내 안에 담는다. 부모님과 시부모님은 특급 요리사들이 정성 들여 요리해 주는 산해진미를 삼시 세끼 배불리 드실 것이다. 여기를 둘러봐도 저기를 둘러봐도 마음속 사진기에 남고 싶은, 입이 떡 벌어지는 풍경들이 가득할 것이다. 그러노라면 이제껏 고생하며 살았던 삶이 아득해지는 느낌일까.

나는 대부분의 사람들이 행복의 끝이라고 말하는 크루즈여행을 그리 특별하지 않은 날에 누리고 싶다. 그냥 우리 가족이 다 건강하니 감사해서. 그냥 우리 가족들 모두 함께 모여 바람이나 쐬려고. 멋진 곳에서 가족사진이나 한 장 찍고 추억을 만들려고.

부모님, 시부모님과 떨어져 타국에서 지내는 시간이 길어질수록 애틋함은 커진다. 무엇보다 우리 아이들이 할머니, 할아버지와 함께한 추억을 만들 수 없다는 것이 가장 안타깝다. 크루즈선에서 할머니, 할아버지와 신나게 웃고 뛰어노는 나의 아이들을 떠올리는 것만으로도 행복감이 밀려온다. 우리 가족 모두의 즐거움으로 남게 될 크루즈여행을 할 것이다. 그날을 기대한다. 잊지 못할 추억과 진정한 쉼으로 또 한 발자국 나아갈 수 있을 것이다. 또 모르지 않나. 내가 친정, 시댁과 함께 크루즈여행을 한 내용을 여행 에세이로 담아낼지.

버킷리스트 24

초판 1쇄 인쇄 2020년 10월 5일
초판 1쇄 발행 2020년 10월 8일

지 은 이 **맹경숙 김여진 손수현 권연희 유은주 박수경 박 경**
최현희 김희정 최경선 한예진 대니 리 김시현 이선영
펴 낸 이 **권동희**
펴 낸 곳 **위닝북스**
기 획 **김도사 · 권마담**
책임편집 **김진주**
디 자 인 **김하늘**
마 케 팅 **포민정**

출판등록 **제312-2012-000040호**
주 소 **경기도 성남시 분당구 백현로97 다운타운빌딩 2층 201호**
전 화 **070-4024-7286**
이 메 일 **no1_winningbooks@naver.com**
홈페이지 **www.wbooks.co.kr**

ISBN 979-11-6415-068-7 (03190)

이 도서의 국립중앙도서관 출판도서목록(CIP)은 서지정보유통지원시스템 홈페이지(http://seoji.nl.go.kr)와 국가자료공동목록시스템(http://www.nl.go.kr/kolisnet)에서 이용하실 수 있습니다.(CIP제어번호: CIP2020040662)

위닝북스는 독자 여러분의 책에 관한 아이디어와 원고 투고를 설레는 마음으로 기다리고 있습니다. 책으로 엮기를 원하는 아이디어가 있으신 분은 이메일 no1_winningbooks@naver.com으로 간단한 개요와 취지, 연락처 등을 보내주세요. 망설이지 말고 문을 두드리세요. 꿈이 이루어집니다.

※ 책값은 뒤표지에 있습니다.
※ 잘못 만들어진 책은 구입하신 서점에서 교환해 드립니다.